中国农业科学院科技创新工程(ASTIP-IAED-2021-08)

中国农业科学院科技创新人才(ASTIP-IAED-2021-RC-01)

城乡差距的多维测度、成因及经济效应分析

Multidimensional Measurement, Cause and

ECONOMIC

Effect Analysis of Urban-rural Gap

叶　璐　王济民 ◎著

中国财经出版传媒集团
经济科学出版社
Economic Science Press

　　新中国成立以来，在实施追赶战略的导向下，中国城乡二元结构逐渐形成并不断巩固。近年来，中国经济发展创造了世界瞩目的"中国奇迹"，人民生活明显改善，但在经济发展的背后，不平等的问题逐渐凸显。收入差距，尤其是城乡收入差距是这种不平等的集中体现。随着宏观经济社会环境的变化，城乡差距已逐步延伸至经济、社会等领域。传统意义上的城乡收入差距不能完全体现城乡之间的不平等，"多维"应该成为城乡差距相关研究的重要视角。

　　在城乡关系的变迁过程中，城乡差距如何演变？受到哪些因素的影响？影响作用和影响程度如何？各个维度城乡差距之间存在怎样的关联性？在全面建成社会主义现代化国家的新阶段、新时期，城乡差距的演变是否对高质量发展产生阻滞影响？为回答上述问题，在对中国城乡关系的全面梳理的基础上，采用30个省份1993～2017年的数据，对居民生活、产业发展、要素配置和社会民生四个维度的城乡差距进行测度；基于多维不平等的理念，构建动态联立方程模型对各维度城乡差距成因以及维度之间的关联性进行实证检验；从经济发展新格局的视角出发，分析城乡差距对经济总量、经济效率、消费规模、资本规模的影响作用，为城乡差距与经济发展的关系研究提供实证检验，从缩小城乡差距、推动城乡融合的目标出发，对国内外典型的城乡融合发展模式经验和实现路径进行案例分析，为新时期城乡关系的新内涵、新特征的发现提供理论和实证分析基础，同时为后续城乡融合发展、全面建设小康社会等相关战略的部署和政策的实施提供丰富的经验支撑。

本书研究结论表明，（1）多维视角下测度的城乡综合差距以 -0.45% 的年均速度波动下降，并呈现"西高东低"的阶梯状分布特征。城乡居民生活差距缓慢下降，但差距水平依然保持高位，城乡社会民生差距逐渐凸显。产业发展和要素配置方面的差距呈"固化"特征，甚至出现加剧态势。（2）居民生活与社会民生维度的城乡差距存在"加剧"不平等的内在效应；城乡产业发展差距对城乡社会民生差距具有单向的"加剧"效应。城乡居民生活差距与城乡产业发展差距存在互动的负向关系。（3）四类形成因素对不同维度城乡差距的影响具有差异性。经济发展方面，人均地区生产总值每增长 1 单位，城乡社会民生差距缩减 0.12，要推动地区，尤其是欠发达的中西部地区经济发展，提升地方政府的财政能力。市场化方面，非国有化程度每上升 1%，城乡居民生活差距缩减 0.33，要素配置、社会民生的城乡差距分别增加 0.88、1.33，因此，要完善有为政府和有效市场的关系，发挥市场"无形的手"对资源的有效配置，同时需要政府"有形的手"对公共服务供给制度引导。城镇化方面，人口城镇化率每上升 1%，居民生活、要素配置的城乡差距缩减 0.24、1.88，城乡社会民生差距增加 0.77。城市规模结构每上升 1%，城乡社会民生差距扩增 0.17，因此，要以户籍改革推进新型城镇化，提升农民市民化的意愿，提高公共服务水平全民覆盖率。财政方面，涉农财政支出每增长 1%，居民生活、产业发展的城乡差距分别扩增 0.62、0.76，但从长期看，有助于城乡产业发展差距缩减。一般公共服务支出每增长 1%，城乡社会民生差距缩减 0.42，亟待改革和完善政府财政支出结构，纠正财政政策"城镇导向""经济导向"效应。（4）城乡综合差距对高质量发展具有负向影响。各维度城乡差距的影响存在显著差异。地区生产总值受居民生活、产业发展差距每 1 单位的影响，相应减少 0.03、0.01；全要素生产率（TFP）受到产业发展、要素配置的城乡差距每 1 单位的影响，相应减小 0.01、0.01。社会民生、要素配置的城乡差距对实际消费规模的影响依次递减，差距每扩增 1 单位，消费规模分别缩减 0.11、0.04。

实际资本规模受民生、要素配置差距每 1 单位的影响，相应下降 0.02、0.04。此外，城乡居民生活差距对消费规模具有"净正向效应"。城乡差距对经济高质量发展形成明显阻滞效应，缩减城乡差距，推动城乡全面融合发展成为高质量发展新时期，构建经济发展新格局的必然要求和发展趋势。

本书的创新主要体现在三方面：一是从多维视角出发，构建城乡差距的指标体系；二是从多维不平等视角出发，将多维城乡差距纳入同一框架，在分析外部影响因素作用的同时，检验各个维度之间的关联性；三是从经济发展新格局出发，实证分析城乡差距对经济总量、经济效率、消费规模、投资规模的影响，探讨多维城乡差距影响经济高质量发展的路径。

感谢中国农业科学院科技创新工程（ASTIP‑IAED‑2021‑08）、中国农业科学院科技创新人才（ASTIP‑IAED‑2021‑RC‑01）基金项目对本书的资助。本书由王济民研究员负责编制提纲和统稿工作并撰写第 1 章、第 7 章，叶璐撰写第 2 至第 6 章、第 8 章及参考文献。随着乡村振兴战略、城乡融合理论的不断发展，作者对城乡差距、城乡融合的相关研究还将进一步深入。书中不足之处敬请读者批评指正！

叶璐

2021 年 12 月

目录
CONTENTS

绪　论

1.1　研究的背景和意义

1.1.1　研究背景

2017 年 12 月，习近平总书记提出："放眼世界，我们面对的是百年未有之大变局。"① 金融危机爆发后期世界经济深刻变化调整，新冠肺炎疫情的暴发及全球性蔓延，形成了世界经济发展的新格局（汤铎铎等，2020）。从国内居民收入、消费水平来看，中国现代化进程经历了从温饱到小康，从总体小康到全面小康的两次飞跃（魏后凯，2020）。经济新格局、新征程背景下，准确把握乡村振兴工作的要点，推动城乡协调、全面融合发展，对促进经济高质量发展，实现共同富裕的战略目标具有重要的现实意义。

首先，开启全面建设社会主义现代化国家的新征程，解决发展不平衡不充分的问题，迫切需要补齐农村短板弱项。中国社会科学院农村发展研究所课题组（2020）从经济、社会、生态三个方面对农村全面建成小康社会的目标实现程度进行评估，发现农村在人民生活、社会发展等

---

① 习近平接见 2017 年度驻外使节工作会议与会使节并发表重要讲话 ［EB/OL］. 中华人民共和国中央人民政府网站，2017－12－28.

方面依然存在弱项。农村贫困地区，也仅是解决当前标准下的绝对贫困，广大农村地区基础设施落后、公共服务供给不足、多维贫困为特征的相对贫困的问题依然没有得到有效解决。从城乡的比较来看，城乡居民收入、消费差距具有波动的特征，且与主要发达国家相比，中国居民生活差距依然是高位徘徊。从农民收入来源看，工资性收入、转移性收入占比趋于下降，土地等要素成本的上升以及农产品价格"天花板"效应导致农业经营收入增长缓慢（魏后凯，2016），农民增收缺乏内在动力。收入领域的城乡差距问题没有得到根本性解决；城镇化的快速推进导致农村"年轻""男性""具有一定学历"的劳动力流失，农村人口老龄化、农业人力资本质量下降，城乡一体化的金融市场存在制度壁垒，资本双向流通不畅，城乡土地市场化进程缓慢，城乡要素配置短板效应明显（张海鹏和朱钢，2017）；城乡、工农产业之间的劳动生产率依然存在显著落差；农村医疗、教育、社会保障、养老等方面的公共产品供给"短板"尚未完全补齐，城乡社会民生差距凸显；在户籍、土地管理、就业等领域，城乡二元结构"固存"。当前，中国亟待补齐农村短板和弱项，推动城乡一体化。

其次，推动乡村振兴与城乡全面融合发展的有效衔接是加快推进农业农村现代化的重要保障。2020年，党的十九届五中全会首次提出"实施乡村建设行动"，需要"把乡村建设摆在社会主义现代化建设的重要位置""把促进全体人民共同富裕摆在更加重要的位置"，对实施乡村振兴战略，推进城乡全面融合发展，具有重要的战略意义和现实意义。新阶段，推动农业农村高质量发展，提升农村居民的生活质量，是全面推进乡村振兴的核心主题（魏后凯等，2021）。中国的农业、农村肩负保障粮食安全、保障数亿农民的就业与增收、保护生态环境等多重使命（刘彦随，2017）。守住18亿亩耕地红线，保障"中国人的饭碗牢牢端在自己手中"是农业发展的首要任务，但长期以来，农业小农生产经营方式、农产品生产成本和价格倒挂导致农业发展不具国际竞争力；土地、资本、劳动力等生产要素的城镇化集聚，引发了农业生产要素的流出，农村优质劳动力外流引发了农村老龄化、乡村地区深度贫困、农村环境污染和耕地退化等一系列乡村问题。农业生产、农村发展的诸多矛盾对新时期实现农业农村现代化，推动区域、城乡协调发展提出了新目标、新要求：通过制度供给强化城市资源向农村、农业流动，提升农业竞争力，实现农业高质量发展；加强农业农村基础设施建设，提升农村民生福利水平，加快美丽乡村建设；拓宽农民增收渠道，不让农民在实现"共同富裕"战略目标的过程中掉队。在实现全面建成小康社会目标、开启全面建设社会主义现代化国家新征程之际，全面实施乡村振兴，多举措推进农业农村现代化，城乡互促、共荣是实现这一目标的有效途径。

再次，构建经济发展新格局迫切需要扩大农村需求，畅通城乡经济循环。改革开放以来，中国经济快速发展，主要原因是积极参与国际分工，融入全球经济，经济发展更多依靠出口导向战略，依赖于国际经济大循环。新时期世界经济格局深刻变革，面对宏观环境的变化，中国政府对经济发展模式、战略进行调整，党的十九届五中全会通过的《中共中央关于制定国民经济和社会发展第十四个五年规划和二〇三五年远景目标的建议》提出，要加快构建以国内大循环为主体，国内国际双循环相互促进的新发展格局。作为农业大国以及正在跨越"中等收入陷阱"的经济体，中国具有推动经济双循环发展格局的基础条件，作为经济社会发展面临发展不充分不平衡问题、城乡二元结构显著的发展中国家，中国具有缩减城乡差距，推动城乡融合为经济赋能的巨大空间。农村是关乎整体经济社会发展的部门，通过要素、收入分配、产业发展和社会秩序等多种方式对经济社会产生显著影响（高帆，2019）。城乡二元分割不仅桎梏了城乡关系，也严重制约了农村和农民消费需求的实现和释放。在外部消费需求受到制约时，农村人口规模人但消费占比偏低的消费市场特征，将通过对资本积累、技术创新等方面的阻滞作用，对国内经济再生产环节以及国内国际经济双循环的互动产生制约作用（高帆，2020），亟待通过重塑城乡关系构建发展新格局。只有推动城乡要素的充分流动和再配置，加快城乡产业融合发展，使工农关系从失衡转向相对均衡，才能释放国内需求的潜力，形成国内经济循环的"增长极"。从这个意义来看，缩减城乡差距，推动城乡融合发展，不仅关乎"三农"问题的解决，更是关系到中国发展新格局的形成。

最后，"多维"成为区域不平等、贫困、社会公平等问题以及政策研究的视角。传统的城乡差距的研究多从收入视角出发，而收入并不能全面体现人类的发展。阿马蒂亚·森的可行性能力理论指出，人类的发展是多维的，收入维度的差距缓和不代表其他维度的同步变化。与单一维度的研究相比，多维度城乡差距的研究可以拓宽城乡差距的考察范畴，既涵盖物质生活，也涵盖精神、文化等领域的问题，并且，多个不同维度的差距之间并非完全独立，彼此的联系在一定程度上可能加剧城乡总体的不平等，即多维城乡差距之间存在不可忽视的"关联效应"。据此，从多维度认知中国城乡差距问题具有重要的价值和意义。

那么，在中国城乡关系的历史变化过程中，城乡差距的多个维度是如何演变的？诸多因素是如何影响城乡差距的多个维度？城乡差距的多个维度之间又存在哪些关联性？随着经济社会的发展，城乡差距的存在和演变是否对经济的发展形成阻滞作用？城乡差距是否对"三驾马车"之消费、投资产生阻滞作用，进而对构建经济发展新格局产生抑制效应？基于此，本书将在对城乡差距多维度测度的基础上，重点研究城乡差距的时序演变、形成原因以及对宏观经济发展的效应，为推动城乡全面融合发展提供参考建议和政策启示。

1.1.2　研究意义

1. 理论意义

通过对国内外文献的梳理发现，目前关于中国城乡关系历史进程、城乡差距的单维度测度、驱动因素方面的研究较多，但从多维度切入、系统性综合研究城乡差距的研究很少，对城乡差距的多维度关联性以及对宏观经济影响机理的研究更少，研究内容丰富了城乡差距的相关研究成果。通过系统分析中国城乡关系演变的现状及存在的城乡差距、省域层面的城乡差距时空演变规律及深层次影响因素，有助于全面把握省域城乡差距演变的客观规律，深化对城乡差距形成机理的认识。此外，本书还进一步探讨城乡差距的内在关联性、城乡差距对宏观经济的影响机制，是对城乡差距研究思路的有效拓展，有助于完善相关研究框架。

2. 实践意义

当前，城乡二元结构没有得到根本性的改善，旨在缩减城乡差距，实现农业农村现代化以及推动城乡融合发展的研究具有重要的现实意义。对我国城乡差距的多维度测度和影响因素的研究，有助于准确把握中国城乡关系的演变轨迹，科学研判各地区城乡差距的发展趋势，揭示中国城乡差距形成和演变的本质；对城乡差距的经济效应的研究，有助于正确认识城乡差距与经济高质量发展的关系，探究城乡全面融合发展的实现路径，为进一步制定相关政策提供现实参考和实证依据。

1.2 文献综述

城市和乡村的问题是人类社会发展的基本问题，也是政界、学术界和社会各界关注的焦点问题，更是经济社会发展的难题。国内外对城乡问题的研究很多，涉及城乡关系的演变轨迹、城乡差距的测度、城乡差距形成原因的分析等，丰富的文献为本书研究提供了可靠的研究参考。本书将从城乡关系理论和城乡关系演变历程、城乡差距的测度、城乡差距的形成因素、城乡差距的内在关联性、城乡差距的影响效应等方面进行义献的梳理，在对相关文献总结评述的基础上，提出主要研究内容和方法。

1. 关于城乡关系理论和城乡关系演变历程的研究

首先，在城乡关系理论方面，一是 19 世纪 50 年代前形成的城乡发展观。19 世纪中期，马克思、恩格斯的城乡关系理论，将城乡关系划分为

"城乡分离—城乡对立—城乡融合"的三阶段，首次提出城市与乡村的融合发展。二是城乡"二元"结构理论。刘易斯（Lewis，1954）指出，发展中国家存在两大生产部门，即城市地区的现代工业部门和农村地区的传统农业部门，两大生产部门之间劳动边际生产率的巨大差异导致农业劳动力不断流入城市的工业部门。只有在农业的剩余劳动力全部被城市现代生产部门吸收，两大部门劳动报酬趋于均衡时，城市与乡村差别才能消失。乔根森（Jorgenson，1967）指出，农业部门为工业的发展提供剩余劳动力和资本要素，是工业发展的基础和前提，对工业的发展具有决定性的作用，应重视农村的发展。三是"城市偏向"理论。利普顿（Lipton，1977）提出城市偏向理论，认为在发展中国家，尽管城市人口占比较小，但城市利益团体的组织性、对政策的影响力超过人口占比较大的农村利益团体，同时，受城市工业化经济发展模式的影响，税收、财政等政策具有"城市偏向"的特征，导致城市利益团体不断汲取农村的资源、资本等生产要素，从而形成并加剧城乡差距。四是城乡融合发展理论。弗里德曼和道格拉斯（Friedmann & Douglas，1975）从乡村发展视角出发，提出通过建立城市、乡村之间平等的联系推动乡村全面发展的战略理论。施特尔和泰勒（Stohr & Taylor，1981）提出"选择性空间封闭"发展理论，提倡重视乡村发展，以乡村建设推动乡村与城市之间的互动和联系，但更多强调乡村自身的发展，忽视了城市对乡村的作用和影响。麦吉（McGee，1991）从空间视角出发对亚洲地区一些国家城市、乡村两大空间系统的互动机制进行研究，提出了"desakota"模式，其实质是强调通过增强城乡之间的互动、相互作用、相互影响，推动城乡统筹协调，实现一体化发展。20世纪40年代，费孝通先生在对民国时期城乡关系的研究过程中提出城乡冲突与合作的论述，他认为，城乡之间存在对立和互补的两种关系，城乡对立的原因是两者的良性互动关系被破坏，要推动经济社会的发展，必须要"恢复城乡关系"，实现城乡合作，在生产和消费方面进行互补，乡村与城市同等重要。梁漱溟作为乡村建设学派的代表，提出以乡村发展为重心，实现"工业向农村分散，农业工业结合，都市乡村化，乡村都市化"的理想，其目的在于实现城乡互补，但梁漱溟认为，乡村应该是社会改革的重心。

其次，在城乡关系历史进程的研究方面，本斯和施密特（Bengs & Schmidt，2005）对全球国家的城乡关系进行研究，将城乡关系大致分为农业主导阶段、乡村依附城市阶段和网络结构阶段三个阶段，认为大多数发展中国家的城乡关系还处在第一、第二阶段，而欧洲的城乡关系则处在网络结构阶段即第三个阶段。诸多学者对中国城乡关系的历史进程进行研究时，依据不同的标准对城乡关系进行时段划分。（1）以 1978 年改革开放的时点进行划分。韩俊（2009）以 1978 年为时间节点，将新中国成立以来的城乡关系历程划分为改革开放前、改革开放后的两大阶段，分别从工农产品交易、资本以及劳动力等生产要素流通、产业发展、人口城镇化以及政策制度变革等方面对改革开放前后两大时段内的城乡关系历程进行梳理，提出未来城乡关系和谐发展需要解决的主要矛盾。张海鹏（2019）同样以 1978 年改革开放的时点为界，将城乡关系分为改革开放前期的城乡二元分割格局，农村为城市发展做出牺牲的阶段，但对改革开放后的城乡关系阶段划分更为细致，包括城乡二元经济结构破冰时期（改革开放至 20 世纪末期）、城乡二元结构向社会领域延伸拓展（21 世纪初期至党的十八大前）、全面建立城乡融合发展体制机制阶段（党的十八大以来）三大阶段，并从劳动力转移、政府对农业农村的投资、政策制度变革、基本公共服务供给等方面对不同时段的城乡关系进行分析。（2）以国家宏观战略调整为标准进行划分。郭星华、刘朔（2019）依据国家权力的下沉、回缩和再进入三大变化将城乡关系划分为三大阶段：一是 1949～1978 年，国家权力不断突破传统社会权力边界限制，直至农村，形成"单位制"运行模式下城乡长期对立关系结束时期；二是 1978～2012 年，国家权力收缩、市场机制不断扩张和完善下，城乡差距扩张的时期；三是 2012 年至今，国家权力回归乡村秩序的核心，城乡关系重塑时期。年猛（2020）以国家战略调整时点为界，将城乡关系进程划分为以下三大阶段：改革开放前国家实施重工业优先发展战略下城乡二元体制分割时期；21 世纪初期，国家由农村到城市的市场化制度改革下城乡二元制度逐步"破冰"，城乡差距经历缩小到扩大的时期；党的十六大以来实现全面小康社会目标下城乡收入差距缩小，城乡二元体制逐步破除时期。（3）以城乡关系理论为标准进行划分。马庆斌（2011）依据马克思、恩格斯的城乡关系理论，将新中国成立后的城乡关系依次划分为城乡融通阶段（1953～1957年）、大农村促进小城市阶段（1958～1978年）、城乡同步发展阶段（1978～1991年）、城乡发展失衡阶段（1992～2009年）和最后的城乡一体化阶段（2010年至今）。邢祖礼等（2019）将中国城乡关系的演变阶段划分为以下六个阶段：1949～1952年城乡关系自然发展阶段、1953～1978年城乡二元分割阶段、1979～1985年城乡关系缓和阶段、1986～2005年城乡关系失衡阶段、2006～2011年城乡一体化发展阶段、2012年以来城乡融合发展新阶段。（4）以制度变革、城乡关系战略调整为标准进行划分。张强等（2014）参照大城市地区城乡一体化发展先行实践经验以及理论总结，以制度演变、城乡差距水平为判断基准，将改革开放以来的城乡关系历程划分为：1978～2002年城乡一体化方针探索阶段，城乡差距不断扩大；2003～2020年城乡发展一体化格局形成阶段，城乡存在多方面差距；2020～2035年形成城乡一体化新格局的三个阶段。刘淑虎、任云英（2015）依据城乡关系演变的目标、机制和对象，从横纵两大剖面对新中国成立以来的城乡关系演进进行划分："以乡促城"起步阶段（1949～1978年）、"以乡促城"快速发展阶段（1978～2003年）以及城乡统筹发展阶段（2003～2011年），并从城乡经济关系、城乡社会关系两方面对不同时段的城乡关系进行评价。吴丰华、韩文龙（2018）结合城乡关系的自身特点以及国家对城乡关系的战略调整，将改革开放以来的城乡关系划分为四个阶段：农村市场化改革时期城乡关系向好阶段（1978～1984年）、改革重心转向城市后的城乡再次分离阶段（1984～2003年）、城乡关系统筹发展阶段（2003～2012年）以及全面建设小康社会下的城乡全面发展阶段（2012年至今）。

诸多学者根据城乡关系理论、中国城乡关系历史进程的研究为本书构建中国城乡关系发展战略框架以及对新中国成立以来不同时段城乡差距的演变分析提供理论借鉴和参考。

2. 关于城乡差距的测度研究

当前关于城乡差距测度的研究较为丰富，对单一维度的城乡差距测度的文献较多，主要采用两种方法。一是通过单一指标进行测度。如章国荣等（2003）从城乡收入差距视角出发，对总体收入差距、消费差距、投资收入差距等方面展开分析，发现体制和制度因素是导致城乡收入差距的深层次的原因。姜长云（2006）从城乡经济差距、城乡公共品的供给失衡和城乡制度创新失衡三个方面对城乡发展的不协调状况进行描述，并对其深层次的原因展开研究分析。蔡昉、王美艳（2009）利用泰尔指数法对2005年全国收入差距进行测算，结果显示，不包括农村流动人口的城乡收入差距占全国收入差距的比重为24.06%，而将农村流动人口纳入农村人口计算，城乡收入差距明显下降，表明流动人口被排除后城乡收入差距被高估。陈斌开、林毅夫（2013）采用城乡比值法对1978～2008年城乡收入差距进行测度，发现中国省域的城乡收入差距呈现先下降后上升的"U"型趋势。李实、朱梦冰（2018）利用基尼系数对改革开放以来中国收入差距、城乡收入差距进行测度分析，指出改革开放后的30年期间，中国城乡收入差距持续扩大，但近十年期间，城乡收入差距扩大的趋势放缓，表现出小幅波动的特征，但与发达国家相比，收入差距水平依然保持高位。此外，学者还采用同种方法对其他维度的城乡差距进行测度。如惠宁、霍丽（2008）利用城乡比值、基尼系数、泰尔指数三种方法对1985～2005年省域层面的城乡人力资本投资的差距进行测度，三种计算结果均显示城乡人力资本投资差距呈扩大化态势。白贵（2016）利用基尼系数、泰尔指数、变异系数对2002～2011年城乡公共福利差距进行测度，发现城乡义务教育差距不断缩小，城乡基础设施差距呈扩大趋势，城乡卫生资源的差距略有上升，城乡卫生费用差距在2007年后呈下降趋势。吴春霞等（2009）利用城乡比值法、基尼系数法对1993～2005年城乡义务教育财政支出差距进行测度，发现学生平均占有教育经费方面的城乡差距呈先扩大后缩小的变化趋势。二是利用简单的指标体系进行研究分析。如，特雷曼（Treiman，2012）利用1996年、

2008 年的全国抽样数据从教育程度、职业地位、收入、物质福利等对中国城乡福利差距进行研究，结果显示，中国总体福利水平得到极大程度改善，但城乡差距依然存在，并表现出"固化"特征。隋玉冰和牛耕（Yubing Sui & Geng Niu，2018）从城乡居民银行存款、风险金融投资、信用卡所有权等方面测度城乡金融差距，结果显示，城乡金融差距显著，需要增加农村金融服务供给。张应禄（2011）从人均地区生产总值、人均收入、劳动生产率、固定资产投资绩效四个方面对城乡经济差距进行描述性分析，但没有构建指标体系进行测度。李丹、裴育（2019）通过构建义务教育、医疗卫生、社会保障和交通服务四个维度的指标体系，运用比值法对 1997~2015 年城乡基本公共服务差距进行测度，结果显示，城乡医疗卫生差距总体呈上升趋势，城乡社会保障差距呈现下降趋势，但城乡公共服务差距依然显著。

城乡差距系统性、多维度的测度文献相对较少。郭玮（2003）从收入、社会福利、财产、生活水平四个方面对城乡发展不平衡的问题进行描述性分析，指出城乡产业特性、城市偏向的体制和机制以及城乡二元分割是城乡差距扩大的主要原因。农业部产业政策法规司课题组（2004）基于城乡经济社会统筹发展视角，从工农产业发展、经济、社会三方面对城乡差距进行描述性分析。叶兴庆（2004）从收入、消费、教育、卫生、社会保障、产业结构六个方面对城乡差距进行测度，并对城乡差距形成原因进行分析。王晓兵等（Xiaobing Wang et al.，2011）分别从城乡收入、消费、教育、医疗保健、就业、儿童抚养、养老保障、公共产品和服务、环境九个维度的差距进行描述性分析，并指出农业、农民的从属地位、政策扭曲、机会不均、农村社会公共产品供给不足等是城乡差距的重要影响因素。国内文献更多的是从城乡统筹、城乡一体化、城乡融合发展视角出发，构建指标体系，从多个维度对城乡关系进行评估和分析。我国学者杨荣南（1997）首次尝试从经济、人口、空间、生活、生态环境五个维度构建城乡发展一体化评价指标体系，开创城乡一体化研究的先河，但其仅构建了评价指标体系，没有结合数据和方法进行测度。基于杨荣南（1997）的研究，李同升、库向阳（2000）以工农劳动生产率、城乡收入比值、城市化与工业化水平差异、乡村经济和产业结构等构建城乡一体化指标体系，对城乡一体化水平和阶段进行判别。刘伟等（2010）从基础设施、政治服务、产业发展、居民生活四个维度对四个直辖市的城乡一体化进程进行比较和评价分析。孙久文（2010）对中国当前城乡经济社会发展中的农村经济、社会保障、农业人口流动、农地流转等发展不协调的问题进行研究分析，从城乡经济社会发展水平的均衡化、城乡居民权利的均等化和城乡公共服务的共享化对全国以及省域层面的城乡一体化进行综合评估，提出推进城乡统筹发展的战略措施。焦必方等（2011）从经济、生活、医疗教育三方面对长三角地区的城乡一体化水平进行评价分析。周江燕、白永秀（2014）从空间、经济、社会、生态环境四个维度出发，利用全局主成分分析法对城乡一体化水平进行测度，认为中国城乡发展一体化仍处于推进阶段，尚未进入城乡全面融合发展阶段。刘彦随等（Yansui Liu et al.，2013）从空间分布、经济投资、社会服务、生态环境、生活质量五个方面构建城乡一体化的指标体系对1996~2009年31个省份城乡一体化的发展指数进行测度，研究发现，中国城乡一体化指数呈现俱乐部的空间集聚模式。张海鹏、朱钢（2017）以2007年为起点，以设定的2020年全面建成小康社会下城乡一体化的目标作为标准，从经济发展、社会发展、生活水平和生态环境四个维度对2010~2014年省域层面的城乡一体化的实现程度进行测度，发现当前城乡一体化面临着城乡二元经济结构凸显、乡村要素配置短板、城乡基本公共服务均等化的提升空间大等问题。此外，还有学者借鉴人类发展指数（human development indicator，HDI）的理念对城乡差距进行研究。例如，宋洪远、马永良（2004）以及占绍文（2008）从人均收入水平、教育水平和医疗水平三方面计算城镇和乡村的人类发展指数，对我国城乡差距进行测度。

由城乡差距的测度以及城乡一体化的多维测度等相关文献研究可知，城乡关系的量化研究从单一维度逐步转向多维度视角，多维度的测度也从经济、产业领域逐渐向社会领域、生态环境、空间结构等方面延伸和拓展。

3. 关于城乡差距的形成因素研究

目前，从理论层面、实证层面对城乡差距单一维度的影响因素分析的文献较多，主要从制度、经济等方面对城乡差距的影响因素和影响机制进行剖析和阐述。

（1）制度类因素。学者对制度类因素的分析主要集中在城市偏向政策、户籍制度、财政制度等方面。农业部产业政策法规司课题组（2004）指出，"三农"问题从根源上来看是城乡二元经济结构的改革问题，农村财政资金投入不足、农村金融信贷存贷比例失衡、城乡分割的户籍制度、就业制度等体制机制是城乡协调发展的最大制度障碍。韩俊（2006）从推动城乡协调发展出发，提出建立城乡一体的、向农村倾斜的公共财政制度，推动劳动力、土地、金融等生产要素的城乡一体化市场建设，以及对城乡分割的户籍制度进行改革等方式加大对农村的支持力度，增强农业农村发展的活力。魏后凯（2016）对中国经济进入"新常态"条件下的城乡一体化格局研究分析，指出城乡二元结构是制约城乡一体化发展的制度障碍。尽管中央和地方政府在破解城乡二元体制机制方面做出极大程度的努力，但户籍、土地流转等制度方面二元结构显著，基本公共服务供给、社会保障等领域依然存在城市偏向的制度。金成武（2018）从财富可积累视角对城乡融合展开研究分析，指出减小城乡之间财富积累的差异，缩减城乡发展差距需要不断完善要素流动机制，同时，金融机制能够发挥独有的积极和消极作用，直接或间接影响不同群体的财富积累结果，因此，城乡融合过程中也应不断完善金融制度。孙久文（2021）提出"十四五"时期需要构建城乡融合发展的制度框架：城乡一体化的行政管理制度、城乡双向流动的要素管理制度、城乡均等化的公共服务设施管理制度以及体现社会公平的收入管理制度。

还有学者从具体的制度出发，分析各项制度对城乡差距、城乡协调发展的影响。一是城市偏向的政策。有学者对中国城乡差距研究，指出自20世纪90年代以来，城乡差距不断拉大，其主要原因是政府体制机制的问题。如陆铭、陈钊（2004）对城市化、城市倾向的经济政策与城乡收入差距的关系研究分析认为，城市化是城乡收入差距缩减的显著影响因素，而中国城乡收入差距的扩大化与地区政府城市倾向的经济政策有关。二是户籍制度。有学者认为，城乡收入差距（蔡昉和杨涛，2000；万海远和李实，2013）、城乡教育差距（Xiaogang Wu，2014）受城乡户籍制度的影响。例如，万海远、李实（2013）对户籍歧视的收入效应进行研究，对比不存在户籍制度障碍的城乡收入基尼系数以及引入户籍制度歧视的城乡收入基尼系数，发现户籍制度引致的职业选择歧视导致农户人均收入明显下降，不存在户籍歧视的城乡收入差距明显缩减，即户籍制度对城乡收入差距的扩大化具有推动影响。刘志强、谢家智（2014）对户籍制度改革与城乡收入差距的关系进行研究，发现户籍制度改革打破了劳动力流动的体制障碍，通过消除户籍歧视实现城乡居民均等化的社会福利待遇、工资待遇，有效缩减城乡收入差距，同时还发现，城乡人力资本、城乡金融发展差距对收入差距具有显著影响。邓群钊等（2020）从社会资本结构出发，实证分析户籍制度改革对城乡收入差距的影响作用，提出户籍人口城镇化水平的提高将有助于缓解社会资本对城乡收入差距扩大化的作用。三是财政制度。姜长云（2006）指出，现行财政制度、行政机制体制是城乡发展差距以及城乡公共服务供给差距扩大化的主要制度障碍。孙久文等（2011）指出，政府对"三农"财政支持力度不足，不仅不利于农村经济社会发展，同时对城乡协调发展产生显著制约作用，提出后续推动城乡协调发展需要重新确立制度框架、改革城乡产业发展、基础设施建设以及劳动力转移的思路。雷根强、蔡翔（2012）在城乡收入差距的成因分析中指出，地方政府"城市偏向"的财政制度对城乡收入差距的加剧具有正向影响，应该通过纠正公共服务财政支出的城市偏向来缩减城乡收入差距。也有学者指出，财政支出的各个项目对城乡差距的影响存在差异性，应该对财政支出项目进行细分，分析各个项目的作用机制。余菊、刘新（2014）在对城乡收入差距的影响机制分析中发现，财政社会保障支出对不同地区城乡收入差距的影响作用存在差异性。刘飞等（2018）研究发现，城乡社会保障的差距与居民消费差距之间存在倒"U"型的关系，城乡收入差距、城乡财富差距约束社会保障，扭曲对消费差距的影响作用。杨晓妹、侯姝婧（2019）将地方财政支出划分为一般公共服务支出、教育支出等六个子项目，分别对各个项目支出与城乡收入差距的关系实证分析，结果表明，一般公共服务、教育、涉农财政支出等对城乡收入差距具有显著的负向影响，社会保障、交通运输方面的财政支出导致城乡收入差距的扩大化。四是土地制度。张晓山（2008）指出，农民土地财产权利的实现标志着城乡二元结构的消解。在深化农村土地制度改革的进程中，应不断探索农民各类不同土地财产权利的实现形式，这意味着需要不断的组织和制度的创新，落实农民作为社区集体主体的民主政治权利，保障农民土地财产权利的实现。路乾（2016）指出，中国政府采用计划经济的思想指导农村发展、实施严格的土地用途管控制度、农村土地产权制度、土地市场制度的缺失是城乡差距存在的重要原因。计划经济模式的土地资源配置制度以及政府对农村集体土地入市的限制，对工商企业的农村、内陆地区的迁移形成阻滞作用，导致企业的生产成本、交易成本因厂房、土地租金等不断增长，现有的土地制度不再适应经济结构转型的需要，抑制了经济的发展。

（2）经济类因素。城乡差距经济类影响因素的分析主要集中在经济增长、国际化和对外开放、金融以及汇率三方面。一是经济增长。王小鲁、樊纲（2005）对经济增长与收入不平等的关系进行研究分析，发现随着经济的发展，我国收入不平等有可能进一步下降，合理的政策调整可以缓解收入不平等的程度。康妮和慕克吉（Connie & Mukherjee, 2005）对中国和印度的城乡融合与减贫的关系研究分析，认为农业经济的增长对农村地区的减贫影响程度高于对城市地区的减贫影响，而城市经济增长对农村减贫影响为正，但对城市减贫影响为负，并提出城乡融合的路径：政府财政支出更多投向农村地区，促进城乡劳动力的双向自由流动，促进乡村地区非农产业发展，推动乡村地区就地城镇化进程。李实、李婷（2010）分别从农村内部的收入差距、城镇内部的收入差距以及城镇与农村之间的收入差距变动对中国经济增长与收入差距之间的相关性进行检验，发现中国的收入差距没有给予"库兹涅兹假说"足够的支持。

张延群、万海远（2019）利用 1981～2016 年的数据对城乡收入差距进行实证检验，同时利用宏观经济模型对 2017～2030 年的城乡收入差距的演变趋势进行预测，研究发现，农业与非农产业之间劳动生产率的比值、农业从业人口比重以及城乡工资性收入差距是城乡收入差距的长期决定因素。高波、孔令池（2019）对中国城乡融合的经济增长效应分析，发现短期内城乡融合发展对经济增长存在单向的正向促进作用，从长期来看，城乡融合发展与经济增长之间存在双向因果关系。二是国际化、对外开放。万广华等（2005）利用 shaple value 方法对经济全球化与收入差距的关系进行实证分析，研究发现，经济全球化对收入差距的扩大化具有显著正向影响，且这种正向促进作用随时间的变化加强。李红等（2019）从商品流通和要素流动两方面评估对外开放对城乡收入差距的空间溢出效应。魏浩和赵春明（Wei Hao & Zhao Chunming，2012）对进出口贸易对城乡收入差距的影响进行研究，研究表明，进出口贸易通过劳动就业和工资对城乡收入差距产生抑制作用：一方面，通过扩大就业促进城乡收入差距缩小；另一方面，通过就业偏向导致城乡收入差距扩大化，因此，要重视国际贸易对城乡收入差距的影响。三是金融。汤森和上田（Townsend & Ueda，2006）对新兴市场经济体泰国 1976～1996 年经济扩展阶段金融结构、经济增长与收入分配不平等的相互关系进行研究分析，研究结果表明，金融结构可间接通过影响不同经济部门的收益从而对收入分配造成间接的影响。昆特和莱文（Kunt & Levine，2009）对金融与收入分配的文献进行回顾，实证研究表明，金融合同、市场化程度和金融中介机构的改善，不仅推动了经济的增长，同时对收入差距的缩减具有积极的影响。冯林等（2013）指出，投资和贷款的规模扩大化有助于促进经济发展，而城乡贷款、投资差距的扩大化是城乡经济发展差距扩大的主要原因，城乡金融资源配置差距表现为稳定的发展态势，必须优化农村信贷投入。温涛、王永仓（2020）对金融化与城乡居民收入差距的相关关系进行实证分析，发现金融部门的扩展与城乡收入差距存在稳健的"U"型关系，金融劳动力扩展与城乡收入差距存在正相关关系，国际贸易、外商直接投资在金融部门扩展对城乡收入差距的影响过程中具有中介效应，但这种中介效应存在地区异质性。余春苗、任长青（2020）构建金融服务渗透性、可得性和使用性三个维度的金融包容评价指标，并分析金融包容对城乡收入差距的影响作用，发现普惠金融政策实施的边际效应更大，金融包容度对城乡收入差距的扩大化具有显著的负向作用。

（3）非经济、非制度因素。一是自然资源禀赋或条件论。国务院发展中心课题组（2010）论证农业人口流入城市对扩大内需和推动经济增长的正向效应，指出乡村人口的流动是推动城市服务业增长和部门间劳动力资源重新分配的重要来源，也是我国经济转型升级的重要因素。张永岳（2011）指出，产业与人口的结构不协调、农业发展落后以及人地之间的矛盾是影响城乡一体化的重要因素。匡远凤（2018）对优质的农村劳动力城镇化就业对城乡收入差距的影响进行分析，研究结果显示，优质的农村劳动力转移到城镇就业，通过影响城乡之间人力资本分布不均进而对城乡收入差距扩大化产生显著的正向影响，而城乡收入差距的扩大化又对农村劳动力的择优转移产生反馈效应。二是技术进步。王德文、何宇鹏（2005）指出，资源分配的错位、收入再分配制度的城市化偏向以及不同部门之间的技术差异是城乡差距的影响因素。伊斯特伍德（Eastwood，2010）认为，农业的小农生产经营模式无法发挥规模经济效应，不仅导致农业与非农产业之间生产效率的明显差异，同时也对城乡一体化形成不利影响。刘红梅等（2012）对城乡一体化的影响机制进行分析，发现农村人均耕地面积、农业技术水平和农业现代化水平是城乡一体化水平的积极影响因素，而"城市偏向"导向下的收入分配、固定资产投资对城乡一体化具有显著的负向影响。程名望、张家平（2019）对互联网普及与城乡收入差距的关系进行研究，发现互联网等信息与通信技术的普及对农村居民的收入效应大于城镇居民，促使城乡收入差距的缩减。三是要素流通。匡远配（2013）从要素收入流的视角对城乡收入差距进行解释，发现资本和土地向城镇的流出导致城乡收入差距的扩大化，而劳动力的城镇化转移、市场化程度对城乡收入差距的缩减具有积极作用。何春丽、曾令秋（2019）分析要素配置扭曲对城乡居民消费差距的影响作用。卞元超等（2019）和余泳泽、潘妍（2019）从劳动力要素流通的视角分析高铁的开通与区域之间以及城乡之间的收入差距的相关关系，结论显示，高铁的开通对城乡收入差距、区域差距缩减具有显著的正向影响作用，但具有区域的异质性。龚明远等（2019）研究分析要素资源规模、要素配置结构对城乡收入差距的影响，研究表明，土地配置结构与城乡收入差距之间存在显著的正向关系，人力资本配置结构、土地配置效率对城乡收入差距具有显著的负向作用，尤以农村人力资本的影响作用最为显著。四是城镇化。林和陈（Lin & Chen，2011）对城镇化率较低、城乡差距过大的现象做出解释，认为新中国成立初期的重工业发展战略不仅导致物资资本积累较低，同时也是人口城镇化水平较低、城乡收入分配失衡的重要原因。张义博、刘文忻（2012）对人口流动、财政支出与城乡收入差距的关系进行分析，发现人口城镇化、农村劳动力的非农业化对城乡收入差距没有显著影响，但政府对经济的行政干预、国有企业劳动力就业比重均会导致城乡收入差距的扩大化。王能、李万明（2016）对城市化和城乡收入差距的动态关系进行实证分析，研究发现，短时期内，人口城镇化有助于城乡收入差距的缩减，但从长期来看，城市化对城乡收入差距的缩减具有正向的推动作用。周少甫、舒鹏（2020）指出，土地城镇化与审慎的宏观管理政策结合可以改善城乡差距扩大化的问题。聂高辉、宋璐（2020）对中国省域的人口城镇化、基础设施建设与城乡收入差距的关系进行研究，结果显示，城乡收入差距扩大的趋势逐渐减弱，城镇化只能在短期内缩减全国、西部地区的城乡收入差距，基础设施投资对缩减城乡收入差距的作用具有长期性。

4. 关于城乡差距的内在关联性研究

在城乡差距的内在关联性的研究方面，现有文献更多是探究城乡收入差距与城乡消费差距、城乡公共服务差距之间的互动关系。如骆永民（2010）将基础设施划分为交通、通信、环保等经济导向的基础设施以及教育、医疗、技术等社会民生导向的基础设施两大类，分别就城乡经济导向的基础设施差距与城乡社会民生导向的基础设施差距的互动关系进行研究，指出城乡经济导向的基础设施差距的扩大化对城乡社会民生导向的基础设施差距具有显著的正向影响，同时对城乡生活水平差距、农民的工资性收入同样具有正向效应。皮凯蒂和赛兹（Piketty & Saez，2014）对欧洲和美国的收入不平等、财富分配不平等的演变趋势进行分析，研究表明，20 世纪欧美地区收入、财富不平等的情势非常严峻，但欧洲的不平等程度在 20 世纪上半叶急剧下降，美国收入不平等重新抬头，不平等程度远超欧洲地区。吕炜等（2015）对城乡基础教育差距与城乡收入差距的关系研究分析，认为城乡教育不平等与城乡收入差距之间存在相互推动、相互影响的关系，应该加强对农村初中阶段教育的财政支持力度。贾琳（2018）利用联立方程模型和分布滞后模型对城乡收入不平等与城乡教育差距的互动关系进行实证分析，指出城乡收入的不平等对城乡教育差距具有正向影响，城乡教育不平等程度的恶化也会扩大城乡收入差距，城乡收入差距与城乡教育差距之间存在双向的正相关关系。李丹、裴育（2019）对城乡公共服务的不平等与城乡收入差距的相关关系进行研究，结果显示，城乡教育、医疗卫生和社会保障服务方面的差距对城乡收入差距具有显著的正向影响。

5. 关于城乡差距的影响效应研究

现有文献主要从宏观经济增长、中观的产业发展以及微观的居民生活出发分析居民收入维度城乡差距的效应。一是宏观的经济效应方面，伊斯兰（Islam，2014）就中国发展不平衡程度是否会导致国家陷入"中等收入国家陷阱"进行分析，认为中国经济社会发展已经偏离东亚的发展模式，不平等程度上升到很高的程度，并导致宏观层面的经济发展失衡、资本效率下降、社会矛盾凸显等问题，如果不平等程度不断加剧将会导致中国陷入"中等收入国家"陷阱，认为中国实施的收入再分配和协调发展的路径可以实现公平和效率并存。王俊（2009）运用 1985 ~ 2005 年的时间序列数据对收入差距与自主创新的关系进行研究，发现收入差距与国家自主创新之间存在倒"U"型非线性关系，但从长期来看，收入差距通过市场需求对国家自主创新能力存在明显的负向效应。王敏（2011）对城乡收入差距的效应研究发现，城乡收入差距的扩大化会抑制社会总体消费需求。朱喜等（2011）对农业全要素生产率研究分析，发现户籍歧视制度、城市偏向的政策不仅导致城乡公共服务差距凸显，同时，城乡差距的扩大化导致资本、劳动力等生产要素在农业、非农业之间的配置扭曲，阻碍了整个经济的发展。陈红蕾、覃伟芳（2014）和范建双等（2018）将城乡收入差距作为非期望产出，利用 Hicks Moorsteen 指数法计算中国经济包容性增长 TFP 指数，并分析城乡差距、城镇化等因素对中国包容性经济增长的负向效应。二是中观的产业发展效应方面，宋文飞等（2018）从供需两大视角出发分析城乡收入差距对企业全要素生产率的效应，发现城乡收入差距已成为企业，尤其是高利润企业 TFP 提升的阻滞因素，工业化程度、城乡消费差距的扩大化加剧了城乡收入差距对企业全要素生产率的负向影响作用。张超和胡瑞法（Zhang Chao & Hu Ruifa，2020）在对城乡收入差距对农业的影响作用的研究中发现，城乡收入差距扩大化显著增加了化肥的使用强度，而化肥使用强度与农村人均收入呈倒"U"型关系，农产品播种量大、技术进步都能够降低化肥使用强度，因此，要缩小城乡收入差距，鼓励农业科技推广，实现农业规模化生产。王青、陈志刚（2019）研究了农村土地违法非农化的影响机理，认为城乡收入差距的扩大化会导致农村土地违法非农化规模显著扩大化。三是微观的居民生活效应方面，魏君英、何蒲明（2011）对城乡居民收入差距对农村居民消费的影响进行实证分析，发现城乡居民收入分配差距的扩大化导致城乡居民消费差距的扩大化，农村平均消费倾向下降，农民相对消费减少。冯婧、陈志鸿（2015）从居民主观幸福感出发分析城乡收入差距的影响效应，发现城乡收入差距的缩减对城镇以及农村居民的幸福感的影响具有差异性：降低了城镇居民的幸福感，但有助于农村居民幸福感的提高，随着农村人口的城镇化，城乡收入差距的缩减对城镇、农村居民幸福感均具有显著的推动作用。马潇萌（2016）对城乡差距的健康效应进行分析，指出城乡收入差距、城乡资本差距和城乡产业差距等不利于城乡居民健康状态的平等，其中，城乡收入差距对健康不平等的累积效应最大。

6. 文献评述

从国内外的研究现状可知，以往的研究呈现"三变"的特点。（1）研究方法从定性向定量或两者结合转变：国外对城乡关系理论的研究比较成熟，国内在城乡关系方面的研究多参考和借鉴国外的发展理论，对新中国成立70多年、改革开放40多年来的城乡关系演变轨迹进行梳理分析，但多以定性研究为主，定量研究为辅。（2）对城乡差距的关注点从收入、消费向重视基础教育、公共服务、社会福利等方面转变：在城乡差距的测度方面，以城乡收入差距研究文献最多，研究逐步从收入向消费、教育、公共福利等方面扩展，指标也从单一的城乡比值、不平等指数逐渐向多维、系统的评估指标体系、城乡融合度指数、城乡协调度指数等转变。（3）从单一维度城乡差距的研究向关注城乡差距的内在关联性转变：对城乡差距的分析从单一维度的研究到评估城乡收入差距与城乡基础设施差距、城乡公共服务差距的互动性转变。总之，现有的关于城乡问题的研究已经达到一定的深度，对城乡差距多个维度的测定和影响机制分析起到了借鉴意义。

尽管，学者对中国城乡差距的研究已取得显著成就，但现有研究还存在以下问题。（1）与推进城乡融合发展的理论建设相比，公认的城乡差距的多个维度指标体系的构建尚处于萌芽阶段，现有的城乡差距研究也多从单方面的差距或者从城乡一体化、城乡融合角度出发构建城乡一体化评估水平。而城乡一体化指标体系没有将状态类指标（如地区整体的经济发展水平）和城乡对比指标的评估加以区分，以地区总体的发展状况对城乡一体化进行衡量，掩盖了城乡之间发展差距的实际情况，如，以地区总体污染治理、人均绿地面积、万元地区生产总值能耗等指标衡量地区城乡生态环境一体化，高估了农村的卫生环境发展水平。并且在指标的设计上更多重视可操作性，忽略指标的系统性、层次性，在指标、维度的确定方面虽然有一定的理论基础，但主观随意性较大且呈碎片化。（2）在城乡差距的关联性研究方面，仅局限于两个维度的城乡不平等的研究，鲜有关注城乡差距的多个维度的关联效应，且现有文献以城乡收入差距的研究居多。（3）在城乡差距形成原因的分析方面，现有的思路都是对某一维度城乡差距的形成机制进行研究，并没有将城乡差距的其他维度纳入分析框架，并没有考虑城乡差距影响下多重因素的影响机制。（4）在城乡差距的效应方面，现有文献以城乡收入差距的效应分析为主，其他维度的城乡差距鲜有涉及。

综上所述，城乡差距尚有一些问题亟待解决和回答，城乡差距的影响机制还需要更深层次的研究分析：结合上述文献研究可知，经济、制度、产业、社会性因素对城乡差距产生影响作用，将城乡差距的多个维度纳入同一分析框架，各类因素的影响程度和影响作用如何？在各类因素的综合作用下，城乡差距之间存在怎样的关联性，是完全独立还是完全相关？是相互抑制还是相互促进的关系？从全面实现小康社会的目标出发，经济发展是为实现财富增长，城乡差距的缩减是为促进财富分配的均衡。城乡收入差距对经济的负向效应已被证实，城乡差距其他维度的存在和演变是否对经济增长效率同样产生负向影响，城乡差距的多维演变是否偏离了实现共同富裕的战略目标？带着对上述问题的回答，本书从多维度视角出发，在对城乡差距进行多维量化的基础上，分析城乡差距的形成原因以及城乡差距之间的关联性，并从经济高质量发展的内涵出发分析城乡差距的经济效应。

1.3 研究目标与内容

1.3.1 研究目标

1. 总目标

本书拟基于中国城乡关系演变轨迹，重点分析居民生活、产业发展、要素配置和社会民生四个维度城乡差距的时空演变特征，探讨城乡差距的多维形成机制，并进一步研究城乡差距对宏观经济的效应，比较分析国内外城乡融合发展模式，对缩小城乡差距，实现城乡融合发展，构建经济发展新格局，推动全面建设社会主义现代化国家提供政策建议和参考。

2. 具体目标

（1）揭示我国城乡关系的演变轨迹以及总体的城乡差距状况。本书拟在对我国城乡关系不同时段划分的基础上，对综合因素影响下的全国总体的城乡差距的演变轨迹进行描述性分析。（2）城乡差距的多维测度与分析。本书拟分别采用全局主成分分析方法测算城乡综合差距、分维度的城乡差距，采用非参数法等方法对我国城乡综合差距、城乡差距的时空规律进行描述，把握城乡差距变化的内在规律。（3）探讨城乡差距形成的原因。本书梳理城乡差距形成的相关理论分析，在参考文献研究的基础上构建理论假说，分别从全国总体、区域视角对城乡差距的多维引致因素进行实证分析，同时，利用不同的模型对城乡差距的内在关联性进行研究，深化对城乡差距形成机制的认识。（4）研究城乡差距的经济效应。本书构建理论假说，实证分析城乡综合差距、城乡差距的多个维度对经济总量、经济效率的影响，并对城乡差距对消费规模、资本规模的影响机制进行检验。（5）案例分析城乡融合典型模式。多案例分析国内外不同的城乡融合模式，探讨产业、公共服务、要素配置以及制度等方面的成功经验。

1.3.2 研究内容

（1）对现有文献全面梳理，构建城乡差距研究的理论框架。本部分主要是为全书的实证分析提供理论支撑和研究框架。在对研究所涉及的城乡二元结构理论、城乡融合理论、产业结构理论以及经济社会发展理论等进行梳理的基础上，识别城乡差距的多维关键影响因素，为研究奠定理论基础。同时，对相关文献研究进行梳理归纳，总结现有研究取得的进展和研究不足，在借鉴相关理论研究和研究成果的基础上，设定本书的理论框架。

（2）对全国总体的城乡差距的演变轨迹的分析。本部分在构建宏观环境、国家战略、制度变迁、城乡关系战略四个方面的城乡关系分析框架的基础上，从产业发展、要素配置以及公共资源分配等方面对新中国成立70多年来不同时段城乡关系进行梳理，并对中国总体的居民收入消费、产业发展、要素配置以及社会民生等方面的城乡差距进行描述性分析，为研究提供现实依据。

（3）测度、分析我国城乡差距的多个维度。本部分首先构建城乡差距的多个维度、基础指标评价体系，在对城乡差距测度基础上，分别利用非参数分析方法、空间相关分析方法对城乡综合差距、分维度的城乡差距的时空特征进行定量描述分析，以期全面、综合把握省域层面城乡差距的时空差异，同时也为下文的实证分析提供数据支撑。

（4）实证分析城乡差距的成因以及内在关联性。本部分首先从理论层面分析城乡差距形成的深层次原因。其次，结合城乡差距形成的理论框架、已有的文献研究选取关键变量，建立城乡差距的多维影响因素实证分析模型，以某一维度城乡差距为因变量，其他维度城乡差距为自变量，地区经济发展、市场化程度、财政制度、城镇化四类因素作为关键解释变量，构建动态联立方程模型，实证分析各类影响因素对全国总体以及东、中、西三大区域城乡差距产生的影响。最后，构建四个维度城乡差距的方程模型，通过对比不同方程模型中，城乡差距的不同维度影响作用，以观测城乡差距的多维内在关联性，最终全面把握城乡差距的形成原因、互动机制。

（5）城乡差距的经济效应分析。本部分将首先基于经济高质量发展的内涵，检验城乡综合差距、城乡差距的多个维度对经济总量、经济效率的影响作用。其次，从城乡差距对经济的影响机制出发，分析城乡综合差距、城乡差距的多个维度对消费规模、投资规模的影响机制，以此科学地揭示城乡差距对宏观经济增长产生的影响。

（6）典型案例分析。从城乡融合视角出发，对国外的英国"田园城市"发展模式、美国"大都市"发展模式、德国"城乡均衡"的发展模式以及中国的"南张楼村"发展模式、"苏南"模式以及"成都模式"进行典型案例分析，总结归纳各类模式的政策规划、产业发展、要素配置、社会民生以及基础设施建设等方面的成功经验和做法，分析其特色和"瓶颈"，从中凝练出不同地区依据地方特色和资源禀赋优势，缩减地区城乡差距、推进城乡融合发展的关键路径。

（7）主要研究结论。本部分是全书的研究总结。首先，根据研究提炼全书的主要研究结论。其次，此基础上提出未来城乡融合发展的主要实现路径以及政策启示。最后，阐述未来研究需要进一步解决的问题。

1.4 研究方法

1. 文献研究法

从城乡差距的测度、城乡差距的形成原因、城乡差距的内在关联性、城乡差距的效应等方面对国内外相关文献进行全面梳理和总结。其中，在中国城乡差距的成因分析部分，分别从地区经济发展、制度政策、市场化、交通便利条件、城镇化等方面对城乡差距的各维度影响研究进行回顾和梳理。由此建立城乡差距相关问题研究的认识，为后续的研究奠定良好的理论基础。

2. 计量分析方法

在对城乡差距的测度方面，采用全局主成分分析方法对城乡差距以及城乡综合差距进行估算。为分析城乡差距的关联性以及形成原因，建立动态联立方程模型，通过动态 GMM 估计法对 7 个方面的因素影响机制进行研究分析。为分析城乡差距的多个维度对宏观经济的影响，采用 Hicks – Moorsteen 指数法对 TFP 指数进行测度，并利用双向固定效应模型、2SLS 工具变量估计方法分析城乡差距的多个维度对经济总量、TFP、消费规模以及资本规模的影响。

3. 定性分析与定量分析相结合

在对新中国成立 70 多年城乡关系的梳理和不同阶段的分析过程中，对中国城乡差距进行描述性分析，基于此，从省域层面利用时间序列数据对城乡差距进行测度，进行量化处理。同时，利用典型案例分析法对不同类型的城乡融合模式进行案例分析。

1.5　研究创新点

在学习、总结和研究现有的城乡差距、城乡一体化的研究文献的基础上，存在以下创新点。

第一，构建城乡差距的多维度指标体系。从增长与发展的关系看，增长是为实现经济总量的增长，发展是要实现增长过程及增长结果的高质量。以收入为标准衡量城乡差距，与高质量发展的理念、"以人为本"的发展理念不相适应。基于城乡全面融合发展理论、阿马蒂亚·森的可行性能力理论，构建城乡差距的多个维度指标体系，不仅包括收入维度，同时涵盖民生、要素、产业发展的维度，全面、综合反映城镇和乡村之间的不平等状况。

第二，探索城乡差距的多个维度之间的关联性。根据多维不平等理论，多个维度的不平等之间并非是独立不相关的，但也非完全重叠的关系，这种既非完全不相关也非完全重叠的关系导致单一维度的城乡差距无法全面、综合反映中国真实的城乡差距水平和变化趋势，因此，研究分析多个维度城乡差距之间的相关关系非常必要。在对城乡差距的成因分析，不仅将各类影响因素纳入模型，同时将其他维度的城乡差距纳入分析框架，不仅通过动态联立方程模型的回归系数考察各类影响因素的影响作用，同时也对城乡差距的多个维度的"关联效应"展开分析，探析多个维度之间的逻辑关系。

第三，分析城乡差距的多个维度对宏观经济发展的影响。基于经济高质量发展的理论，从经济发展水平、经济效率出发，将城乡综合差距、城乡差距的多个维度作为主要解释变量，实证检验城乡差距扩大化对宏观经济高质量发展造成的"损失"。基于此，从构建经济发展新格局出发，以经济总量、经济效率作为经济高质量的衡量指标，以驱动经济"三驾马车"的消费、资本作为因变量，检验城乡差距的多个维度对经济高质量、消费规模、资本规模的影响机制，以期分析城乡差距的不同维度对发挥农村消费市场潜力，推动经济发展新格局的影响作用和影响程度，将城乡全面融合发展提到新的高度。

第2章

基本概念与理论基础

2.1 基本概念

2.1.1 "城"和"乡"的概念

"城"和"乡"是社会学的概念。学者对"城市"（urban）和"乡村"（rural）的概念界定和范畴进行广泛研究，原因是对城镇和农村的定义以及范畴的划分不仅是学术关注的问题，同时这些问题涉及地理空间、社会发展、环境保护、推动农业发展的路径、公共服务等。"城""乡"概念的混乱不清，不仅会导致政策指向出现不明，同时也给涉农、支农政策的部署和实施带来不必要的麻烦（党国英，2015）。

在我国城市是行政区划的组成部分，根据《中华人民共和国城市规划法》，城市包括直辖市、市、镇，是依据国家行政标准建制的。1955年国务院首次颁布《关于城乡划分标准的规定》，对"城""乡"的划分标准进行规定。该规定指出，城镇的建制标准为常住人口2000人以上，居民50%以上是非农业人口的居民区，或者常住人口为1000~2000人，非农人口超过75%的居民区。乡村为城镇和城镇型居民区以外的区域。1986年，国务院放宽了市镇建制的标准，规定非农人口超过6万人且国民生产总值超过2亿元的镇可以设置为"市"。1999年，国家统计局下发《关于统计上划分城乡的规定（试行）》将"市"解释为建制的城市市区，镇为建制镇的镇区。2006 年，国家统计局发布《关于统计上划分城乡的暂行规定》对城区、镇区进行重新划分，其中，"城"包括主城区、城乡结合区，"镇"包括镇中心区、镇乡结合区和特殊区域，"乡"包括乡中心区和村庄。2008 年，国务院正式颁布《统计上划分城乡的规定》，并于 2008 年 8 月 1 日正式实施，该规定以行政区划为基础，将中国的地域划分为城镇和乡村，城镇包括城区和镇区，乡村是规定划分的城镇以外的其他区域。

目前对"城"和"乡"的划分主要分为三种：一是以建制镇为标准，将建制镇及以上的区域划为"城市"，不设建制镇的乡以及建制镇以下的区域划为"乡"；二是以县为标准，将县以上的区域划分"城"，镇级以下的区域划为"乡"；三是以城市为标准，将大中城市划为"城"，县级城市及以下区域划分"乡"。就本书研究的城乡差距而言，"城""乡"是指不同发展阶段，具有城市、乡村主体特征的城市和乡村，为了后续的研究与国家、地方政府的计划、政策、研究同步，研究成果容易被接受，本书中的"城""乡"以 2008 年国务院正式颁布的《统计上划分城乡的规定》作为主要参考标准。

2.1.2 城乡差距的概念

1. 城乡差距的基本概念

城乡差距，是基本社会制度与一系列衍生制度条件下，城乡主导产业的生产方式决定的城乡发展水平的差距（刘美平，2009），是某一区域（国家）内"城"和"乡"两大经济系统在同一时期内发展不平等、不均衡的状况。在资本主义社会，尤其是在工业快速发展和资本高度集中的垄断时期，城市通过机制体制、市场经济等对乡村资源和生产要素实施剥削和掠夺，导致城乡出现严重分化，加剧城乡社会、经济等方面的矛盾。在新中国成立初期，因特殊的历史背景和经济发展的需求，乡村为城市工业、经济的发展做出重大的牺牲，大量的农村资源投入城市和工业发展，从而导致城乡在经济、社会、制度等方面呈现二元分割状态。

城乡差距可分为绝对差距与相对差距两大类。其中，城乡绝对差距指城乡居民的收入、教育、就业、消费等方面以及城乡两大系统在环境保护、产业发展、资源要素配置等领域的绝对差值；相对差距是指城乡在经济社会总体中的相对份额的差异程度。由于绝对差距不能反映某一方面城乡不均衡的相对程度，难以进行比较，因此，在分析城乡收入、消费、就业等差距的研究中，学者多采用相对差距的概念。

2. 城乡差距的内涵延伸

长期以来，我国城乡二元体制下，经济建设为中心的国家战略、城市偏向的政策制度以及工业导向的产业机构体系加剧了我国"城乡分割、土地分治、人地分离"的矛盾，制约了我国经济发展方式转变、城乡发展转型和机制体制转换的三大进程（刘彦随等，2016）。值得注意的是，我国城乡差距在不同时期的表现形式和形成原因存在阶段性特征（高帆，2018）。新的时期，随着经济总量的不断增长和经济动能转换，城乡差距也表现出新的特征和新的变化趋势。随着宏观环境的变化以及国家宏观战略的调整，城乡差距的内涵不断从经济领域向其他领域延伸和拓展。（1）自新中国成立以来，作为世界上最大的发展中国家，我国也长期存在以农业农村为代表的"传统部门"和以城市为代表的"现代部门"并存的二元经济发展格局。城乡二元结构首先表现为城乡两大部门差异化的工资水平和劳动生产率，即城乡居民收入差距和城乡产业发展差距是城乡二元经济结构的集中体现。（2）农村市场化改革、人口流动限制放宽、农业剩余劳动力的非农转化，在一定程度上促使农民收入提高，城乡收入差距扩大化的趋势得到一定程度的遏制，城乡居民收入差距动态演变。但受到分割的户籍、土地等制度性因素的限制，农民的城镇化、非农产业的转移仅仅是从事职业、行业的转变，农民的户籍身份没有改变，在就业选择、子女教育、社会保障获得等方面与城镇户籍居民存在显著差距。即除了城乡经济二元结构外，我国城乡二元结构还表现为城乡公共服务的二元结构，城乡居民在基础设施、教育、卫生医疗、社会保障等方面还存在显著差距。改革开放以来，尤其是在经济繁荣发展和财政收入持续稳定增长的前提下，针对城乡公共服务供给的巨大落差，中央政府的支农、惠农政策相继出台和实施，城乡公共服务供给的均等化被放在更为凸显的位置。但对于不同的地方政府，追求经济增长与公共产品合理配置格局并不完全一致，增加公共产品和公共服务供给意味着给地方政府政绩带来"明星效应"的经济导向型的财政支出被挤占和压缩。现有的社会民生导向的财政投资在"城镇偏向"的政策引导下更多地向城镇居民倾斜和分配，农村、农民被边缘化。实践表明，城乡居民在医疗、公共服务获得等方面的落差并没有随时间的变化出现明显的改观，"农民工"、"留守子女教育"、城乡居民医疗自付比例的落差、"空心村"等现象就是城乡二元社会结构的佐证。(3) 城乡二元经济结构不仅表现为城乡居民收入的差距，同时还表现为工农产业劳动生产率、产出比重的巨大落差。新中国成立初期，农业、农村为重工业发展战略的实施做出巨大牺牲，农业、农村发展严重滞后于工业。为增强农村经济活力，改革开放后，我国以家庭联产承包责任制拉开农业改革的帷幕，促进乡村产业发展，提升乡村生产力，乡镇企业异军突起，小城镇建设快速推进，城乡关系向好发展。与此同时，在以经济发展为中心的战略导向下，我国实现了"站起来"到"富起来"的转变，与之相伴的是，城市工业的发展速度远超农业、农村的发展，"城市偏向""唯 GDP"发展观等城乡二元制度不断被强化，这进一步拉大了城乡、工农产业的发展差距。(4) 交换对一切要素来说，是包含在生产过程中或由生产所决定（姚毓春和梁梦宇，2020）。新中国成立以来，中国城乡关系的演变也是城乡要素流动方式转变的过程。新中国成立初期，为实现"先进工业国"的发展战略，确保农业生产力服务于城市工业化的生产，建立独立的工业化体系，政府通过计划经济体制采取统购、统销等方式促使资本、资源单向流入城市。改革开放后，随着社会主义市场经济体制的建立，人口、劳动力流通限制逐渐放宽，但在市场资源配置作用下，资本、资源、劳动力等受到"资本逐利"的影响，依然表现为"乡—城"单向流动趋势，加速城镇地区的发展，乡村地区长期处于要素"失血""贫血"状态，城乡要素配置失衡（姚毓春和梁梦宇，2020）。

由上述可知，我国城乡关系在经历传统的经济结构转化后进入新的阶段。这一阶段，城乡差距的内涵发生了新的变化，从单一的经济领域延伸至社会、产业发展等多个领域，不能简单地依据城乡居民收入差距的收敛做出城乡差距已经缓解或者城乡融合发展已经实现的误判。

2.1.3 城乡统筹、城乡融合的概念

1. 城乡统筹的概念

城乡关系的理论研究认为，城市和乡村作为经济系统的整体，是不可分割的，从长远来看，只有二者实现协调、统筹才能实现最终的发展目的。日本学者岸根卓郎（1985）从系统论的角度出发，试图超越城市、农村界限的"人类经营空间"的建立，认为"充分发挥城市和农村的引力，破除二者的壁垒，建设自然—空间—人类三大系统的城乡融合社会"。2002 年，党的十六大首次提出"城乡统筹"的概念，其实质就是城市和乡村经济、社会两大方面的统筹，或者如党的十六大提出的实现城乡物质文明、政治文明、精神文明三个方面的统筹。诸多学者对城乡统筹发展的内涵进行解析。陈希玉（2003）提出城乡统筹的内涵是，为改变长期以来经济社会发展中的工业倾向、城市倾向的思想和发展理念，通过体制、机制改革破除城乡二元分割制度，实施城乡统一规划，更多关注农业、农村和农民的发展，实现城乡协调发展。陈希玉（2003）还指出，城乡统筹的内容应该包括生产力布局、产业结构调整、就业、社会事业和投入五个方面的城乡统筹，全方位涵盖经济、社会的各个领域。鞠正江等（2003）认为，城乡统筹的内容主要包括经济资源、政治资源和社会资源的城乡统筹，最终实现城乡经济的均衡发展，实现城乡政治文明的统筹以及城乡精神文明的统筹。还有学者从实施主体出发对城乡统筹进行界定，如陈锡文（2003）指出，城乡统筹要实现体制和政策的

统筹，打破城乡二元分割的发展理念，强化农业、农村和农民发展的战略定位。张红宇（2003）提出，城乡统筹是要建立城乡良性发展的经济运行体制。胡进祥（2004）也指出，政府是实施城乡统筹的主体，城乡关系是城乡统筹的对象，统筹的主要内容包括空间、产业、社会进步三方面的城乡统筹，城乡社会进步是统筹的核心。

基于上述讨论，城乡统筹发展应包括以下内容。首先，从实施主体来看，中央和地方政府是城乡统筹的主体。城乡统筹的实质是中央、地方政府和有效市场之间关系的不断完善，是在遵循市场经济基本规律的基础上，通过政府统筹，调节收入再分配，改革城乡二元分割的制度，以城乡一元发展观为指导，通过政府宏观调控弥补市场配置的缺陷，引导要素流向效率较低的农村地区，促进农业、农村和农民的优先发展。其次，从内容来看，统筹城乡经济发展是第一要务，但从长期来看，城乡统筹发展应该是涵盖经济、社会、文化、政治、生态等全面、综合性的统筹。再次，从目标来看，城乡统筹的目的是实现城乡之间的良性互动，通过城乡之间要素的流通、产业的发展缩小城乡之间的差距。最后，从实现路径来看，城乡统筹发展提倡通过工业反哺农业、城市补偿农村的方式进行。

2. 城乡融合的概念

融合，指不同事物的合体。依据中国城乡融合的战略目标，城乡融合发展应该是"多样而统一的发展"（金成武，2019），不是让城市和乡村"同质性"，具有相同的外在形态，而是在资源要素统一市场配置的宏观环境下，发挥城乡各自的比较优势，形成互补、共促的发展关系。魏后凯（2020）指出，城市和乡村是相互依存、互促共荣的命运共同体，城市对乡村的发展发挥引领、带动作用，乡村支撑城市发展，城乡功能互补，城市与乡村的地位和权利是平等的，甚至是给予乡村优先发展的机遇，而不是将乡村放在被动的从属地位，更不是将乡村置于经济社会发展的边缘位置。城乡融合是多方面、多层级的全面融合，本质是通过城乡之间的互动、融合，推动形成城乡共荣的命运共同体、利益共同体和责任共同体的有机整体（张晓山等，2020）。首先，作为命运共同体，农业与非农产业之间是相互促进的关系，农业不仅承担保障农产品供给和粮食安全的使命，同时还承担生态保护的功能，农业的生态、文化功能不断显现，非农产业为农业的发展提供先进的管理理念和技术进步，对农业的发展发挥示范带头作用。其次，作为利益共同体，城市与农村应该是你中有我，我中有你，协调一致，融为一体。针对农村的短板弱项，需要城镇给予支持，促使城乡居民公平、共享改革开放的成果，城乡要素双向流通的制度壁垒需要打破，实现平等交换，自由流动，改变要素乡—城单一流动的局面。最后，作为责任共同体，需要政府承担城乡统筹发展的责任，摒弃城市偏向的传统思维，实施城乡统一的规划和管理。从城乡融合的目标任务来看，城乡融合发展包括以下四个方面的内容。

第一，城乡居民生活等值化程度不断提升。尽管改革开放以来，随着经济的繁荣发展，城乡居民收入和消费水平有了极大程度的提高，近年来，城乡收入、消费的差距呈现稳定的持续缩减态势，但从收入来源来看，城乡居民人均财产性净收入差距最大，2019 年这一城乡比值（农村为 1）高达 11.64 倍[①]，而房产价值差异是造成城乡居民之间财产性收入差距的主要原因。当前，农民收入主要来源于工资性收入和转移性收入，经营性收入占比不断下降，农民增收缺乏内在动力。此外，受制于城乡户籍制度，农民所获得的社会保障水平依然低于城镇居民，这说明改革开放的成果在城乡之间尚未实现均衡共享。新时期城乡融合发展并非是实现城镇居民和农村居民收入、消费水平完全相同，而是期望在充分发挥市场资源配置决定作用的过程中，尽管乡村与城市在生产生活方式、社会形态等方面存在差异，城乡居民因先天性自然禀赋条件和自身努力程度存在一定的收入、消费差距，但这种差距因为社会保障、财政转移支付等政策制度因素的屏障限制，能够控制在适度范围内，不会加剧社会矛盾，不会造成经济效率损失，不会偏离共同富裕的国家宏观战

---

① 《中国统计年鉴·2020》。

略目标。农村居民在收入、消费水平、就业机会、居住条件、居住环境、养老、医疗、教育等方面享受与城市居民等同的生活质量。

第二，城乡要素流动自由化程度不断提高。基于马克思、恩格斯的城乡关系理论，当城市从乡村中分离出来，得益于先进的工业革命和城市化，城市集聚资本、技术、人力资本等生产要素，而农村地区拥有丰富的土地资源、充足的低技能劳动力，与城市之间的资源禀赋存在互补性的关系。新时期的城乡融合，应该是城市和乡村发挥各自优势，取长补短，促进城市资本下乡，吸引技能型人才和高新技术的农村集聚推动农业规模化生产经营，提高农业生产效率，同时，通过城镇化进程推动农村非农人口转化和农地规模化经营，从而消除"城市病""空心村"等一系列抑制现代化国家建设的问题，实现城乡融合发展。从中国城乡关系的演变可知，改革开放初期，中国城乡生产要素的流动主要表现为农村劳动力的城镇化、非农产业的流动，但这种流动性因为宏观环境、国家战略、制度变迁、地区资源禀赋等因素的影响呈现单方向乡—城流动的特征，资本在资本趋利属性以及城乡二元分割的制度下不断向城镇、非农产业集中，城乡要素配置的结构、总量都表现出巨大差距。新的时期要实现城乡融合发展，需要推动城乡要素的双向、自由流动。针对目前农民进城落户难、农村产权市场发育滞后、要素市场的制度壁垒等问题，需要在宏观战略不断调整，制度改革和完善的基础上，正确处理中央、地方政府与有效市场的关系，促使资金、人力资本、技术进步、土地等生产要素在城乡之间自由、双向流动，加快推动城乡一体化的要素市场，提高要素配置效率，增强城乡两大部门之间的经济联系。

第三，城乡产业布局优化，城乡产业融合发展。改革开放初期，我国城乡两大部门之间一直是农村发展第一产业，城镇发展第二、第三产业的产业分布格局，但随着改革开放对农村劳动力流动性限制放宽，农村劳动力实现了非农转化，以乡镇企业推动城乡融合发展的"苏南模式"就是最好的佐证。苏南地区借助良好的区位优势在农村发展工业产品和农村集贸市场，极大地推动了农村地区产业融合发展，自此，三大产业在城乡之间的分配不再是"农村农业，城镇工业和服务业"并存的格局，农村出现了三次产业并存的格局，在珠三角、长三角等东部沿海发达地区，农村地区的第二、第三产业产值甚至超过第一产业（高帆，2019）。新的时期，随着"三农"问题的逐步化解，乡村振兴战略的提出和不断实施，农村被赋予新的功能和定位，农村除了通过粮食生产保障中国粮食安全，发展农产品加工等方式为工业提供原材料和中间产品，同时，乡村特色、乡村文化都被赋予新的功能和作用，在农业生产的同时还应当具有休闲农业、生态农业等新的功能，形成产业融合。同时，在产业的融合过程中，农业还应当充分利用和吸纳第二、第三产业先进的技术、管理创新，延伸农业产业链、价值链，通过利益联结机制促使农村居民共享发展成果，促进农民增收。

第四，城乡基本公共服务均等化。城乡二元结构不仅体现在经济领域的城乡居民收入消费的差距，社会领域同样存在城乡二元结构，导致城乡居民因为户籍身份在公共服务获取方面存在显著差距。城镇居民往往具有"从摇篮到坟墓"健全的国家正规社会保障，而农村居民只能通过集体或私人提供有限的社会保障。随着新农保、新农合等制度的实施和全国覆盖，城乡服务均等化的进程不断推进，但城乡居民社会福利均等化依然存在巨大压力，农民所获得的公共服务水平依然低于城镇居民。针对乡村公共服务供给长期处于"缺血""贫血"的状况，城乡融合发展需要不断加大农村教育、医疗、社会保障等基本公共服务的供给规模和质量，聚焦农村公共服务的"短板"和薄弱环节，不断推进城乡基本公共服务供给均等化的过程，尽快推动城乡公共服务标准的统一，实现城乡制度的并轨，分时段推进城乡公共服务的均等化。

2.1.4　城乡差距与城乡统筹、城乡一体化及城乡融合发展的关系

"城"和"乡"的分离是社会生产力发展到一定程度因社会分工导致的必然结果（马军显，2008）。城市产生于农村，当"城"从"乡"分离，城乡关系应运而生。城乡关系指的是城镇和乡村在政治、经济、社

会、制度等方面相互作用、影响的互动关系。依据马克思和恩格斯的观点，城乡关系的演变一般遵循"城乡分离—城乡对立—城乡融合"的发展逻辑（许彩玲和李建建，2019）。改革开放以来，中国经济快速发展，经济结构性矛盾逐渐凸显，尽管改革开放后，农村市场化的改革促使城乡二元结构逐渐"破冰"，但城乡收入差距持续扩大，超过国际警戒线（李爱民，2019）。为破解农村、农民、农业发展权益受损的问题（陈锡文，2014），2003 年，党的十六大提出城乡统筹发展的战略思想，并将其置于"五个统筹"的首位，通过增加"三农"财政支出、减免农业税、建立农业支持和补贴政策，以及实行新农合、新农保等政策，加大农村公共服务投资，城乡对立的二元分割状态开始加速转化。2012 年，党的十八大提出"城乡一体化"的概念，通过新农村建设、城乡一体化和新型城镇化建设等战略部署，采取"以城带乡""以工促农"的方式，对农村实施"多予少取放活"的理论方针，推动农村经济社会发展。2017 年，党的十九大提出"城乡融合"的概念，将农村放置在与城市对等的地位，农村不再被动、从属于城市，农村、农业被赋予新的地位和功能，农村改革更加注重提高自我发展能力，更加强调发展的内生性、自主性，以及与城市的平等性。中国的城乡关系战略经历了"城乡二元分割、城乡统筹、城乡一体化和城乡融合"的四个阶段。

（1）城乡差距是历史发展阶段，城乡融合是城乡关系的终极目标，是在生产力高级化阶段生产关系变革的产物。城市产生于乡村，但随着生产力的发展以及农村剩余的出现，产业的分离促使城市从乡村分离出来，并表现出与乡村不同的特征，如人口、资本等生产要素的集聚，经济、社会等方面的发展均与农村地区存在显著差别。工业化、城市化的快速发展，非农产业与传统农业生产效率的巨大差异吸引劳动力等生产要素在城市集聚，推动城市生产力大幅度提高，城乡关系出现根本性的变革，即城市在经济、政治和社会发展等领域占据主导地位，从而导致前期城乡差异逐渐表现为对立的关系。但是，马克思、恩格斯认为，城乡对立、城乡差距只是城乡关系的历史阶段，而城乡融合才是城乡关系的发展趋势和最终目标。[①] 原因是城乡二元分割的格局也有其局限性，资本、劳动力等要素在城市的高度集聚导致要素生产效率的降低，最终导致边际规模收益递减，同时，城市人口的过度集聚导致的生态环境质量下降、交通拥堵等问题造成"城市病"，另外，由于长期劳动力、资本等生产要素的乡—城单向流动，造成的"空心村"、农业发展缓慢甚至停滞等问题也带来了新的乡村问题。如不改变城乡二元对立的格局，必然会阻碍现代化国家的建设和发展。随着城乡发展战略的调整和完善，资本的逐利性驱使资本向农村回流，同时，城市文明、现代生产技术以及管理理念等被带到农村，推动农村、农业的发展，推动城乡之间的良性互动，城乡融合发展。按照马克思、恩格斯的观点，城乡融合不是在城市出现后就能实现的，而是在经历较长时间的城乡差距、城乡对立的发展阶段，当生产力发展到一定的阶段，生产资料私有制废除后，城乡融合才能实现（欧万彬，2012）。

（2）城乡统筹、城乡一体化和城乡融合是相互区别又相互联系的关系，是对城乡关系认识不断深化的过程。2019 年 4 月，国务院发布《关于建立健全城乡全面融合发展的体制机制和政策体系的意见》同时使用了"城乡统筹""城乡一体化""城乡融合"的概念，并将统筹城乡发展与城乡一体化纳入城乡融合发展的框架中，由此可知，统筹城乡发展、城乡一体化和城乡融合发展三者之间并非相互替代，而是并存的关系，三者之间既有区别又有联系（张晓山等，2020）。

从区别来看，首先，城乡统筹、城乡一体化发展战略的实施都是基于城市视角，用城市的理念去改造农村，用城市的文明统领农村文明，农业、农村依然处于从属、被领导的地位，和城市地位并不对等，农村发展更多依赖城市"供血""输血"，缺乏内生发展动力。从实际情况来看，城乡二元结构没有得到根本性的变革，各地区在发展过程中依然存在城市统筹农村资源，城市挤占农村、工业发展压缩农业发展空间的现象，城乡差距扩大化的发展趋势没有得到根本扭转。城乡融合发展更加

---

① 马克思恩格斯全集（第 46 卷上册）[M]．北京：人民出版社，1979．

强调城乡之间的双向互动，将乡村放在与城市同等的地位，注重乡村"造血"功能的建立，促进乡村经济社会自身发展能力的提升。其次，城乡统筹更加强调的是政府的统筹，地方政府是城乡统筹战略实施的主体，推动城乡资源的合理配置是地方政府的首要任务。城乡一体化是城乡关系发展的终极目标和最高阶段，实现城乡规划布局、产业发展、基础设施、公共服务等方面的一体化，最终实现机会均等、成果共享、生活同质、城乡同荣的城乡共同体。城乡融合发展更加强调推动城乡二元机制体制的一元化。融合，是城乡统筹发展、城乡一体化的战略思想的继承和深化，也是实现城乡一体化的重要路径。即，城乡统筹是手段，城乡一体化是目标，城乡融合是一种状态和过程（魏后凯，2020）。

从联系来看，城乡统筹、城乡一体化和城乡融合发展的目标和理念是一致的，都是将城乡看作有机的统一体，都强调通过要素的自由流动、合理配置，推动城乡协调发展，最终实现共同富裕的战略目标；都是为了解决城乡发展不平衡、乡村发展不充分的问题，破除城乡二元结构而提出的，其目的都是建立与所处时期相符的城乡关系战略，推动经济社会的发展。

2.2 理论基础

2.2.1 城乡二元结构理论

荷兰社会学家伯克（Boeke）最早提出"二元结构"，为了对发展中国家的经济进行研究分析，经济学者对"二元结构"进行拓展和延伸，产生诸多二元经济结构理论。美国发展经济学家刘易斯（Lewis，1954）提出的二元经济结构理论，将发展中国家经济部门分为传统农业生产部门和现代工业部门，现代工业部门的劳动力供给具有无限弹性，劳动工资率由劳动的边际产出决定，传统的农业生产部门存在大量的剩余劳动力，遵循边际生产率递减规律，农业生产部门不仅边际劳动生产率低下，劳动报酬也远低于城镇现代工业部门，即只要两大生产部门之间存在劳动报酬差异，农业部门的劳动力就会不断向城镇现代工业部门转移，随着农业部门劳动工资率的提高，传统农业部门和现代工业部门的收入差距将逐渐缩减。虽然后续很多经济学家对刘易斯模式提出质疑，认为受到人口规模等因素的限制，农村不存在无限的劳动力供给，并且现代产业部门也不可能对劳动力存在无限制的需求，而且这种城乡二元理论更多的是侧重于城市现代工业部门的发展，没有考虑到传统农业的发展问题。但是，不可否认的是，刘易斯模式为城乡收入差距以及人口流动等相关研究奠定了理论基础。

拉尼斯和费景汉（Ranis & Fei J C，1961）基于刘易斯二元结构理论的研究进行扩展和修正，形成了费景汉—拉尼斯模式，也称为拉—费模式。与刘易斯模式一样，该模式同样认为发展中国家存在两大部门，但拉—费模式认为，刘易斯模式过多重视现代工业部门的发展，忽略了农业生产部门对工业发展的影响作用，因此，在对刘易斯模式进行完善的基础上提出现代工业部门与传统农业部门均衡发展的思想，主张在现代工业发展过程中重视农业农村的发展，农村不仅为工业提供廉价劳动力，同时也为工业的发展提供物质生产资料，提倡利用科学的技术提高农业生产率。拉—费模式（Ranis – Fei Model）的提出对二元结构理论进行了完善，但在发展中国家，传统农业部门是否存在无限的劳动力供给，工业部门是否存在无限的劳动力需求弹性，学术界对此提出质疑（Hayami & Rutan，1985）。

乔根森（Jogenson，1967）提出，农业是社会发展的基础，工业部门的发展依赖于传统农业部门的"剩余劳动力"和人口规模，在农业部门没有剩余劳动力的时候，现代工业部门必须依靠现代技术进步促使劳动生产率的提高。乔根森的二元经济结构理论更加重视农村农业的发展，强调城市和农村的互动关系，也再次强调先进技术对提高产业生产率的重要作用。基于此，托达罗（Todaro，1969）、哈里斯特和托达罗（Harrist & Todaro，1970）将二元经济结构理论与城市就业问题相结合进行研究，提出在二元经济结构中仅考虑收入差距不能决定劳动力的转移，仅通过扩大工业部门的规模不能解决城市失业问题，应该重视农业对经济发展的重要性，提高农民的就业率，缓解城乡之间就业不平衡的现象，发展农村经济，增加农村基础设施和基本公共服务供给，缓解农村人口向城市流入，缩小城乡差距，实现融合发展。

2.2.2　城乡融合发展理论

"城乡发展不平衡不协调，是我国经济社会发展存在的突出矛盾，是全面建成小康社会、加快推进社会主义现代化必须解决的重大问题"，习近平总书记在关于《中共中央关于全面深化改革若干重大问题的决定》的说明中对于建立新时代中国特色社会主义工农城乡关系做出深刻论述，提出要从我国城乡发展不平衡不协调以及二元结构的现实国情出发，实现城镇和乡村的贯通，推动城乡一体化发展。党的十九大指出"发展不平衡不充分的一些突出问题尚未解决；民生领域还有不少短板，城乡区域发展和收入分配差距依然较大，群众在就业、教育、医疗、居住、养老等方面面临不少难题"，这些困难都与城乡融合发展密不可分。2019年4月，国务院发布的《中共中央 国务院关于建立健全城乡融合发展体制机制和政策体系的意见》（以下简称《意见》）指出"影响城乡融合发展的体制机制障碍尚未根本消除"，实现城乡融合发展要突破很多重要问题。

党的十六大首次提出"统筹城乡经济社会发展"，党的十六届三中全会把统筹城乡发展作为科学发展观的重要内容，并将城乡统筹置于"五个统筹"之首，提出建立有利于逐步改变城乡二元经济结构的体制。党的十七大提出建立以工促农、以城带乡的长效机制，建立城乡一体化发展新格局。在统筹城乡发展战略的指引下，2012年，党的十八大提出要推动城乡发展一体化，促进支农、惠农政策的落实，增强农业农村的自身发展动力，深入推进新农村建设和扶贫开发工作，推动农业现代化发展，加快完善城乡发展一体化体制机制，着力在城乡规划、基础设施、公共服务等方面推进一体化，促进城乡要素的自由流动、公共资源的合理分配，建立新型工农、城乡关系。2017年，党的十九大提出实施乡村振兴战略，加快推进农业农村现代化，促进农业与第二、第三产业的融合发展，巩固和完善农村基本经营制度，深化农村土地制度的改革，推动农村制度变革。为贯彻落实党的十九大精神，2018 年，《中共中央 国务院关于实施乡村振兴战略的意见》提出通过促进城乡融合发展助推乡村振兴，打破机制体制藩篱，充分发挥市场在资源配置中的基础性作用，促进城乡要素合理流通，提高要素配置效率，加快形成工农互促、城乡互补、全面融合、共同繁荣的新型工农城乡关系，2019 年 4 月，国务院发布的《意见》明确提出建立健全城乡融合发展的体制机制，着力破除户籍、土地、资本、公共服务等方面的体制机制弊端，构建城乡规划布局、要素配置等相互融合和协同发展的体制机制，加快推进农业农村现代化，标志着我国城乡关系进入新时代。《意见》提出 2022 年、2035 年和 21 世纪中叶时期城乡融合的主要任务和目标：一是城市和农村地区要素的融合，包括劳动力、土地、资本等的融合；二是区域的融合，城市与乡村不存在明显的划分，发挥各自功能，相互影响，相互促进，共同发展；三是经济生活的融合，在基础设施、医疗保障等公共服务方面实现城市和乡村的平等（孔祥智，2020）。城乡融合发展理论从城乡要素配置、基础设施建设、产业发展、公共服务等维度为城乡差距研究提供理论基础。

2.2.3　公平和效率的关系理论

公平和效率贯穿人类社会发展的进程，是经济发展与分配体制不可回避的重要议题，公平和效率的关系以及实现路径研究受到学术界的广泛关注。效率作为经济学领域的重要研究内容，通常被定义为帕累托最优，即实现资源的最优配置，在投入一定的情况下获得最大的产山，或在产出一定的条件下实现投入成本的最小化，强调最大程度地实现社会财富的积累。公平侧重于探讨机会、结果、制度等的平等性。公平和效率的关系理论主要有以下三种论述。

（1）公平优先理论强调在处理二者关系的问题上优先考虑收入、财富分配均等的问题，尽管市场在资源配置方面具有不可比拟的优势，但市场配置本身的缺陷——资源配置的盲目性也会造成资源配置的错位，对市场运行产生不利影响，此外，效率至上的市场机制导致的收入、社会福利分配的差距也会打击劳动者的积极性，对社会稳定造成不利影响。以旧福利经济学家庇古为代表的"功利主义公平"认为，要实现社会福利最大程度积累，就必须实现社会福利的公平配置。美国伦理学家约翰·罗尔斯（1997）提出，正义原则的公平是分配公平原则的前提，同样优于效率原则，主张通过正义的原则对财富、收入进行分配，促进结果的均等化。无论是结果公平还是机会公平，公平优先强调分配的均等化，主张政府"有形的手"对市场进行干预，在一定程度上能够为经济的发展创造稳定的社会环境，均等化的收入、财富分配在一定程度能激发劳动者的积极性，从而推动经济发展，提高经济效率。然而，西方发达国家的实践表明，公平优先的发展理念并没有如理论那般推动经济社会的发展，激发劳动者的积极性。我国在新中国成立到改革开放前期实施了公平优先的发展理念，在经济发展过程中力图通过"大跃进"和"人民公社化"运动提高经济生产率，通过单一的全民所有制提高生产效率，然而，这段时期内我国 GDP 低迷，人民生活困难，劳动者的生产积极性低，生产效率低下。实践表明，公平优先是不可取的。

（2）效率优先主张在处理公平、效率二者的关系时优先考虑以自由竞争为主要特征的效率，原因是自由化的市场竞争不仅能够实现资源的最优配置，同时能够实现社会财富的积累，从而为收入、财富分配提供坚实的物质基础，改善社会的不公平，减缓贫富差距。奥地利学派的代表人物哈耶克（Hayek，1944）从自由主义的视角出发，认为市场竞争的结果是公平的，政府干预市场，对收入、财富进行再分配会导致更大的不公平，最终导致公平和效率都不能实现。芝加哥学派的代表人物弗里德曼（Friedman，1944）同样主张效率优先，他认为，自由就是效率，只要维持有效的交换自由，效率就越高，从而社会公平程度就越高。效率优先的支持者认为，市场机制是经济社会发展的决定性因素，政府"有形的手"对市场进行干预，实际是用一种不平等去代替另外一种不平等，同时，效率优先观点还认为，经济的增长依赖于社会发展中的富人的财富和投资，而收入的再分配会减少这部分人的财富和投资，破坏市场机制的作用，阻碍经济增长，不利于经济效率的提高。效率优先强调的公平是机会均等，忽视结果公平，忽视收入、财富的分配均等化，关注的重点仅仅是财富的积累和生产效率的提升，过多地追求效率只会在经济分配时更有利于利润获得者，不利于工资获得者，拉大了贫富差距，不利于社会的稳定。可以说，效率优先的最终结果也只能是收入、财富的不平等。

（3）公平与效率协调兼顾主张将效率和公平放在同等重要的位置，试图在公平和效率之间进行权衡，既能保持市场机制的调节作用，又能发挥政府对收入、财富差距扩大化的干预，维持社会稳定。经济学家萨缪尔森（Samuelson，1992）提倡既要发挥市场自动调节机制对资源配置的效率，促进社会财富积累，同时也要在不影响经济效率的前提下通过累进税、转移支付等手段向社会低收入者提供补贴，缓解贫富差距过大的问题。美国福利经济学家奥肯（Okun，1962）认为，最大的公平就是机会的均等，认为机会均等化是实现公平和效率的重要选择，提倡在社会和政治领域应当实行公平优先的原则，但在经济市场领域应当在一定程度上实行效率优先，在两者呈现同等重要性的时候，可通过奥肯漏桶原理实现公平和效率之间的权衡。新中国成立以来，中国的经济制度实现了计划经济体制向市场经济制度的逐步转变，在公平和优先的政策抉择过程中也经历了"公平优先""效率优先"的历程：改革开放前实施计划经济制度，推崇平均主义旨在调动社会成员的生产积极性，但实践表明这种"公平"对经济效率产生了损害性的作用，我国经济发展低迷，社会成员生产积极性较低，产业发展动力不足。改革开放后，在自由市场机制的引导下，我国经济快速发展，社会发生巨大转变，但同时也带来了收入贫富差距、财富分配不均，损害了低收入人群的权利平等、结果平等，导致这部分利益群体的社会需求没有得到满足，社会公平和社会稳定遭遇破坏。据此，实行效率、公平兼顾的政策，不仅能推动经济发展，保证经济效率，同时也能通过政府财富再分配机制等制度变迁实现财富的均衡分配，保障社会的稳定，实现经济发展与共同富裕的双重目标。

2.2.4　阿玛蒂亚·森的可行能力理论

1999 年诺贝尔经济学奖得主阿玛蒂亚·森（Amartya Sen）提出以 GDP 的增长、社会现代化程度、收入水平对发展进行评判是狭隘的，提倡依据人的"实质自由"的扩展情况对经济社会的发展观进行评价，并将实质自由定义为"免受贫苦，诸如饥饿、营养不良、可避免的疾病、过早死亡等人的生存的基本可行能力，以及能够识字算数、政治参与等方面的自由"。阿玛蒂亚·森指出，"可行能力是一个人有可能实现的、各种可能的功能性活动的组合"，并归纳出五个重要的工具性自由：政治自由、经济条件、社会机会、透明性保证、防护性保障。"政治自由"位居五个自由首位，指的是保障和维护公民政治权利和其他基本权利；"经济条件"指"为了实现生产、交换以及消费的目的，个人能够利用经济资源的机会"，而个人所能获得的经济权益由其能够利用的经济资源禀赋、价格、市场机制等因素决定；"社会机会"指保障个人在教育、医疗保健等社会公共服务方面享有平等的权利和机会，这些权利和机会对个人获得高生活质量的实质自由产生影响，对政治自由、经济条件具有重要的影响；"透明性保证"是保障大众对信息公开透明的需要；"防护性保障"指的是政府制度性的保障，如失业救济、贫困救助等，用以保障生活底层的个人免遭更为严重的痛苦。这五种自由是工具性的自由，目的是拓展个人的可行能力，实际也是相互联系和相互促进的，一种"自由"出现问题，也会对其他"自由"产生影响，甚至是对总体的社会系统的稳定和发展产生不利影响。因此，阿玛蒂亚·森还提出："为了与这五种工具性自由相适应，需要建立包括民主法律体制、市场结构、教育和医疗保健设施、传媒等多层级的机构。"

基于上述的五种工具性自由，阿玛蒂亚·森提出权利贫困的理论，认为贫困不仅是经济领域的收入、消费的贫困，还表现为其他形式和状态，诸如福利、政治等方面，贫困的本质是多维度的，他还提出"能力贫困"的多维方法。基于阿玛蒂亚·森的"能力贫困"理论，学者对多维贫困理论不断拓展和运用。例如，国际通用的多维贫困指数（multidimensional poverty index，MPI）对全球的国家贫困问题展开研究分析，从贫困剥夺的发生率、贫困剥夺的深度综合反映贫困的构成，获得学术界和政界的普遍认可。联合国开发计划署（UNDP）从预期寿命、预期受教育年限和人均国民收入三个维度对全球各国人类发展指数进行评估，并形成人类发展报告。

阿玛蒂亚·森的"实质自由"和可行能力理论以及学者对多维贫困指数、人类发展指数的研究对城乡差距的多维研究视角分析具有重要的启示意义。我国城乡融合等政策、乡村振兴战略贯穿着多维度的"赋能"理念，表现为经济生活的改善、逐步完善的福利体系、就业机会的增加、人力资本的改善、社会保障兜底以及对"三农"问题解决的持续性的政策关注。传统意义上，学者习惯从收入、消费或其他维度对城乡差距进行研究分析，但实际上城乡差距是综合、复杂的社会现象，涉及城乡经济、社会、环境等诸多方面，是"多维"的概念。在城乡融合的过程中，既要对城乡收入差距进行研究分析，探索缓解收入不平等的路径，同时不可忽视城乡社会保障、基础设施建设、公共服务等方面的差距。尤其是在当前市场经济高速发展、生产效率大幅度提高的条件下，城乡、工农、产业等方面的差距逐渐拉大，这种差距扩大化的趋势如果不能得到遏制，将对社会的稳定产生不利影响。因此，为了保障农民与城镇居民享有平等的"自由"和"机会"，必须通过对城乡差距的研究寻求城乡融合发展，赋予农户充分的"自由"和"可行能力"。阿玛蒂亚·森的可行能力理论为中国城乡差距的多维度测度、评价提供了理论依据。未来，以多维城乡差距指标替代传统的经济差距指标体系可能成为中国城乡差距识别、瞄准和解决的新趋势。

第 3 章

中国城乡关系演变轨迹

新中国成立以来，中国城乡关系在立国战略、富民战略和强国战略三大国家战略下，历经"对立""趋好""统筹""融合"四大阶段。国家战略、制度变迁以及城乡关系发展战略的演变促使中国城乡关系经历深刻变革并得到极大改善，但城乡二元结构没有得到根本性破除，不同时段的城乡不平等表现出不同的演变趋势和特征。城乡差距与同时期城乡关系战略、国家战略以及制度变革等密不可分，城乡关系演变是展开城乡差距研究的必要前提，是必须厘清的背景。只有准确把握不同时段城乡关系的特征，并按不同时段对城乡关系历程进行分析，才能按阶段探究不同时段内城乡差距的驱动因素。本章在对新中国成立以来城乡关系的演变历程分析的基础上，对中国整体的居民生活、产业发展、要素配置和社会民生方面的城乡差距进行描述性分析。

3.1 中国城乡关系发展的逻辑框架与战略形成

中国城乡关系的发展始终存在以下四个特点：（1）中国城乡发展战略始终坚持党中央的核心领导地位，形成以中央、地方政府为主导的城乡关系发展战略；（2）党中央始终坚持"以人为本"的执政理念，不断满足广大人民群众的发展需求，维护人民群众的根本利益；（3）中国政

府始终围绕国内外宏观环境的变化、国家战略、制度变迁对城乡关系的
发展战略进行动态调整；（4）城乡关系的发展始终围绕政府—市场关系
进行动态演变。城乡关系是在中国宏观战略逻辑框架下动态演化的结果。
对中国城乡关系的动态演变趋势分析，既是对以往中国城乡关系的经验
总结，更能对中国城乡融合发展形成有益指导。

3.1.1　中国城乡关系发展的逻辑框架

中国城乡关系的演变并不是独立存在的，而是在宏观政治经济环境、
国家发展战略、政策制度变革、城乡关系发展战略四个因素相互影响、
相互作用的结果。其基本逻辑是：中国政府在正确认识国内外宏观环境
的基础上，确立相应的国家战略指导中国经济社会的发展以及城乡关系
的变革。随着国家战略的确立，中国政府先后采取计划经济、市场经济
等经济制度，就产业发展、要素配置以及公共服务供给等形成制度政策。
制度政策的演变又进一步推动中国城乡关系发展战略的实施，进而推动
城乡关系的演变。其逻辑框架如图 3 - 1 所示。

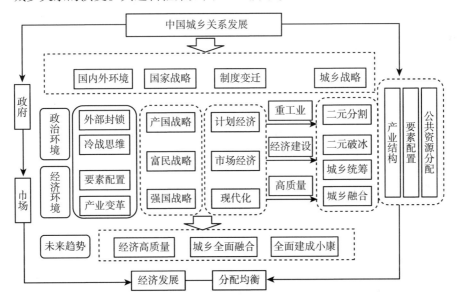

图 3 - 1　新中国成立以来中国城乡关系发展的逻辑框架

国内外宏观环境、国家战略、制度变迁以及城乡关系发展战略发挥着不同的作用。其中，国内外宏观环境的变化直接决定国家宏观战略以及城乡关系发展战略的选择，是影响城乡关系发展的重要因素。国内外宏观环境又可分为政治环境和市场经济环境。国家战略是制度变迁和城乡关系发展战略的基础和前提，当国内外环境发生变化，中央政府对当前的经济社会发展形势做出准确预判，确立相应的国家发展战略。制度变迁则表现为制度的调整和完善，也对后续的城乡关系发展战略具有指导意义。在国内外环境、国家宏观战略以及制度变迁的三重影响下，城乡关系发展战略得以形成和实施，城乡关系发展战略是为实现国家发展宏观战略服务的，是实现国家宏观发展目标的具体路径。在国家战略的引领下，城乡关系发展战略为推动中国城乡关系良性发展提供政策支撑。

3.1.2 中国城乡关系发展战略的形成

在不同的阶段，城乡关系发展战略存在差异，但总体来看，城乡关系发展战略的内容主要包括：以城乡格局为基础，以地方政府为主要实施主体，以政策和地方政府管理为制度建立的途径，以实现城乡之间的要素配置、产业发展、公共资源配置为重点。

城乡格局及其与国家战略目标之间的落差决定了城乡发展战略的主要内容和目标任务。基于国内外环境的变化以及国家战略的实施，城乡两大部门在资源禀赋、制度、要素等因素的综合影响下会形成不同的城乡格局，当城乡关系失衡时，会通过产业发展、要素配置、公共服务供给、基础设施建设等不同方面表现出来，并对国家战略目标的实施产生不利影响。地方政府是国家宏观战略、中央政府制度的主要执行者，地方政府的执政能力和政策落实效度也是影响城乡关系的关键因素。政策和政府管理是城乡发展战略的保障，新中国成立以来，每一时段内城乡发展战略都以系统的制度建设为支撑。例如，1994 年分税体制改革支撑了"中国特色联邦主义"制度设计（周黎安，2007），促使地方政府更具财政自主权。一方面，在"经济发展导向"和"城镇导向"的战略指引下，地方经济性财政投资推动城市经济发展的同时拉大城乡经济发展差距；另一方面，在"经济发展导向"下，经济性投资不断"挤压"民生消费性投资，在"城镇导向"的战略指引下，财政投资更多用于改善城市居民的社会福利与公共基础设施完善，农村公共服务长期处于"缺血""贫血"状态，拉大城乡社会民生差距和城乡基础设施差距。为推动城乡统筹发展，2007 年，成都、重庆等在中央政府的引领下，开展国家统筹城乡配套改革试验区，在土地要素市场化方面，创新性试点城乡建设用地增减挂钩项目，推动土地规模化经营，实施农村土地产权制度改革。

　　总体来看，城乡发展战略依托国内外环境的变化以及国家战略的调整和实施，通过制度改革解决城乡要素配置、产业发展、公共资源分配等问题，以促进城乡要素的合理配置，产业结构的优化升级，城乡公共资源的均衡分配，最终在推动经济发展的同时，缩小城乡差距，确保"经济发展"与"均衡分配"协调共进。

3.2　新中国成立以来中国城乡关系的变迁

　　新中国成立以来，在立国、富民、强国等国家战略的调整背景下（刘秉镰等，2019），城乡关系不断演变，并呈现新特征、新趋势（见表 3-1）。结合宏观环境、国家战略以及制度变革的时间节点，中国城乡关系大致可分为以下四个阶段：改革开放前期的城乡二元分割阶段、改革开放至 21 世纪初期城乡关系趋好以及城乡收入差距扩大化的阶段、21 世纪初期至党的十八大前期城乡统筹发展阶段以及党的十八大以来城乡全面融合发展阶段。

表 3 – 1   城乡发展战略的形成与演变

国家战略选择		城乡发展战略的形成				
战略选择	目标任务	城乡格局	产业发展	要素配置	公共资源	制度配套
立国战略，建立独立工业体系与落后的农业体系的矛盾	重工业发展，形成追赶效应	二元分割形成和巩固	重工业优先	资源、要素向城镇、工业集中；人口限制流动	为城镇提供全方位的保障；农村为"个人"+"集体"	统购统销制度；农地集体制度，严格的户籍管理制度
富民战略，实现"站起来"到"富起来"的转变	经济建设为中心	二元破冰与收入差距扩大化（改革开放到21世纪初期）；城乡统筹（21世纪初到党的十八大之前）	非农产业为导向，粗放式增长模式	资源、要素城镇化、工业化导向，经济性投资"挤占"民生性投资	1978～2002年农村边缘化；2003～2011年开始重视"三农"问题，逐渐加大农村公共服务供给	土地产权制度改革；统购统销制度、价格制度取消；新农保、新医保制度
强国战略，满足人的全面发展需求	经济包容性增长，高质量发展	城乡全面融合发展（党的十八大以来）	三次产业融合发展，产业结构升级	消除要素市场壁垒，建立城乡统一要素市场	加大农村公共服务供给，加强基础设施建设	乡村振兴战略，城乡全面融合发展体制机制等

3.2.1 改革开放前：立国战略下城乡二元体制形成和固化时期

新中国成立至改革开放前期，中国在外部经济封锁的国际环境以及国内农业经济为主体的背景下，确立"立国"战略，以政府为主导推动重工业发展战略（林毅夫和陈斌开，2013）。为保障战略的实施，对西方工业发达国家形成追赶，在制度方面建立计划经济体制，在城乡战略方面建立以工业为主导的城乡二元制度体系。这一时段内的城乡关系的特征是"乡村养育城市，农业支持工业"（何秀荣，2018）。

为迅速建立独立完整的工业体系，中央政府在计划经济体制建立和不断调整的背景下，在经济发展方面通过设立工农产品"剪刀差"、农产品统购统销、农业集体经营制度等方式剥夺农村剩余，牺牲农业农村为重工业发展提供资源和资本。"大跃进"以及人民公社化运动导致中国总体生产力低下，经济低迷，城市商品粮供给紧缺，农村地区出现饥荒。为防止农村人口盲目外流，对城市造成巨大冲击，1958 年，中央政府公布实施《中华人民共和国户口登记条例》限制农村人口的城市化流动。随着户籍制度的建立，与户籍相关的就业、商品粮供应以及居民衣食住行等一系列制度安排导致城乡社会二元结构的形成。这一时段内的城乡关系，除了三年国民经济恢复时期以及 20 世纪 60 年代国民经济调整时期城乡关系出现良好发展趋势外（刘应杰，1996），其余时期内基本是城乡分割的状态，城乡发展存在严重问题：在产业发展方面，重工业的发展战略与劳动力冗余、资本不足的现实发生错位，资本密集型的产业发展需求导致资本对劳动力的替代效应和挤压，不仅导致工农产值差距不断扩大化，同时，城乡之间劳动力要素流动停滞，导致农业因冗余的劳动力，生产效率低下，工农产业生产效率的差距也呈扩大趋势；在要素配置方面，通过工农"剪刀差"、农产品统购统销的方式导致农业积累不断向工业转移，受户籍制度等政策的影响，大量剩余农业劳动力沉淀在土地（吴丰华和韩文龙，2018），农民没有自由就业权利，导致城乡资本、劳动力配置失衡；在民生领域，为稳定城市发展，为城市居民提供完备的生活保障，而农村居民因流动限制被排斥在这一体系之外。过高的储蓄率以及物质资本的积累导致居民自主消费不足，消费市场萎缩，进一步"固化"城乡二元结构。

3.2.2　改革开放到 21 世纪初：富民战略下城乡二元结构逐渐破冰

随着国际环境逐渐放宽，1978 年后中国将立国战略调整为富民战略，旨在通过改革开放促进经济快速发展，实现"站起来"到"富起来"的转变。以经济建设为中心，中国开始在经济领域引入市场机制，实现计划经济向市场经济体制的过渡：一是打破农村集体所有制，放宽户籍制度等实现农村劳动力的流通；二是逐步取消统购统销、农村价格机制，实现资本等要素的流通。依据改革开放的时序变化，将这一时段的城乡关系发展细分为两个时段：一是改革开放初期实施农村市场化改革的背景下，城乡关系趋好阶段；二是改革开放后期到 21 世纪初期，改革的重心转移至城市的背景下，城乡差距扩大化阶段（谢志强和姜典航，2011）。

首先，改革开放初期，中国市场化改革的重心在农村。1978 年，安徽省凤阳县小岗村的"大包干"拉开了农村市场化改革的序幕，通过家庭联产承包责任制赋予农民土地自主经营权利，极大地调动了农民生产的积极性，解放农村劳动力，农村土地、劳动力等生产要素的配置效率大幅提高，农副产品产量大幅增长，农民收入也随之提高。与此同时，国家相继出台多项政策和改革措施，推动城乡关系趋好发展：党的十一届三中全会提出提高农副产品的收购价格，缩小工农产品价格"剪刀差"；1985 年出台《关于进一步活跃农村经济的十项政策》逐步废除统购统销制度，以市场交易替代计划供应作为粮食流通的主要渠道；1983 年，国务院提出允许、鼓励农村从事工商业、乡镇企业的发展，允许发展多种经营形式，乡镇企业"异军突起"，成为农民转移就业、农村经济发展的支撑力量。随着农村市场化改革的推进以及乡镇企业的发展，城乡差距缩小化，城乡关系趋好：从产业发展来看，农业生产力得以释放，粮食产量大幅度增长，农业总产值不断提高，工农产业差距不断缩小；从要素流通来看，城镇集贸市场的开放和迅速发展，以及户籍制度的逐步放宽，劳动力开始在城乡之间以及农村内部流动，农业劳动力非农产业化趋势明显增长；从居民生活来看，得益于粮食产量的增长、工农价格"剪刀差"的缩小以及农村工商经营业的发展，城乡收入差距持续缩小。

其次，在改革开放到 21 世纪初期，市场化改革从农村转入城市，资源配置受到政策以及市场机制的引导，逐渐向城镇以及东部沿海经济开放区倾斜，农村经济衰退，城乡差距再次扩大化。此阶段内，在城市的改革方面，为调动城镇企业职工的生产积极性，政府对城镇居民收入分配制度、国有企业工资制度进行改革，通过对国有企业产权制度改革的方式推动非公有制经济、民营企业的发展。在农村和农业的改革方面，继前期的农产品价格体制改革，自 1997 年国家开始深化粮食流通体制的改革，农村非农产业的快速发展极大程度增加了农民收入，促进了城乡要素的流动。1997 年，国务院相继出台户籍管理制度意见，促进小城镇和中小城市放宽落户限制，人口迁移快速推进，城镇化的快速发展为城市基础建设以及工业发展提供大量廉价劳动力，也为城市创造更多的消费需求。但这一时段内，改革的重点依然是城市，农村改革具有局限性。从产业发展来看，尽管随冗余劳动力的流出，农业生产效率有所提高，但工农"剪刀差"依然存在，工农产品比价依然不合理。工业化优先的产业发展路径，导致全国尤其是东部沿海开放城市出现大力发展工业的趋势，农业被边缘化，城乡、工农产业发展差距再次扩大化；从要素流通来看，农村剩余劳动力的流出，导致城乡物质资本、劳动力配置的双重失衡；从居民生活来看，农民的赋税负担较重，农民收入增长幅度有限，与城镇居民的收入差距扩大；从社会保障来看，受户籍制度的影响，农村流动人口、农民在社会保障、就业、教育、医疗等民生方面与城镇居民存在明显差距。诸多因素的影响下，城乡差距不断扩大化。

3.2.3 21 世纪初到党的十八大前：城乡统筹发展阶段

伴随前期改革开放的推进，中国经济实力不断增强，后发赶超优势不断显现。但随着经济体的迅速发展，城乡居民之间的收入、社会民生差距扩大（朱玲和何伟，2018），并逐渐成为经济社会可持续发展的阻碍因素。面对前期城乡收入差距不断扩大，并超过国际警戒线的严重问题，党中央对城乡关系战略出现了较为明显的从"城镇优先"向城乡统筹发展的转型。2002 年，党的十八人提出统筹城乡发展的理念，并将城乡统筹发展置于"五个统筹"的首位，旨在转变"以乡促城"的城乡关系，建立"工业反哺农业，城市带动农村"的新型城乡关系。2003 年，党中央农村工作会议首次提出对"三农"实施"多予、少取、放活"的方针和政策，加大对三农的财政投入规模：一是从财政方面不断加大对农业、农村的投资规模，通过粮食直补、良种补贴等多种财政补贴方式支持农业生产；二是取消农业税赋，减轻农民负担，保障农民的合法权益；三是加大对农村基本公共服务的财政补贴。自 2003 年开始，一系列支农惠农政策相继出台，通过免除农村地区基础教育阶段学杂费，对贫困学生实施财政补助等方式将农村义务教育纳入财政保障范畴，通过新型农村合作医疗保障制度的试点和全民覆盖，打破农村公共服务边缘化的格局，将农村医疗卫生事业纳入财政保障范畴。2007 年，党的十七大报告提出加快建立城乡一体化的体制机制，并通过重庆、成都国家级统筹城乡综合配套改革试验区进行城乡一体化发展模式的探索。

通过一系列的体制机制改革，中国城乡差距出现新的变革。随着人口城镇化的快速推进，农业劳动力的非农转化促使农村居民收入结构不断改善，城乡居民收入差距下降，扭转了 1984～2003 年差距扩大化的趋势。但城乡关系依然存在很多问题，受制于土地、劳动就业、金融等要素市场化制度壁垒，城乡要素市场化没有出现根本性变革。随着经济社会的发展以及人民生活水平的提高，城镇化与工业化的错位以及歧视性户籍制度的影响，城乡社会民生差距日益凸显。

3.2.4 党的十八大以来：强国战略下城乡全面融合发展阶段

党的十八大以来，国内外经济形势正经历深刻变化和调整。从国际环境来看，后金融危机时期的经济复苏不如预期，引发金融危机的全球债务不断积累，贫富差距不断拉大（中国社会科学院经济研究所，2020）。伴随中美贸易摩擦的不断升级，欧美等西方发达国家调整对华战略定位和对华经贸关系，国际社会形势深刻变革，导致中国长期以来利用国际市场发展本国经济的模式不可持续。国内方面，自 2012 年开始，中国经济进入"新常态"，经济增速放缓。2019 年新冠肺炎疫情的暴发、全球性蔓延导致居民消费大幅缩减，与消费需求紧密联系的产业因市场需求萎缩缩减投资规模，裁减人员以节约成本维持生存，不仅对劳动力要素供给产生不利影响，同时对资源配置效率产生负向影响，可以说，全球性疫情的暴发和蔓延对中国经济增速产生明显的"拖累效应"。即，中国经济结构性矛盾、新冠肺炎疫情的冲击以及国际社会格局的逆转形势三重因素叠加导致中国经济增长下滑（高帆，2020）。面对这"百年不遇之大变局"，为最大程度激发经济活力，国家开始实施强国战略，强调经济高质量发展（刘秉镰等，2019）。城乡关系在这一时段内也以高质量发展为主要战略，在实施路径上呈现更加强调农村的作用和地位，推动经济增长与城乡协调发展共同推进的特点。

就城乡关系的发展，党中央提出一系列理论和战略，以实现城乡全面融合发展。基于农村贫困、农业产出水平低、生产效率低下的客观事实，在全面建成小康社会的背景下，开展全国性的精准扶贫，保障社会底层农民的生活需求，提高农民收入；推动城乡融合发展以实现乡村产业兴旺，推动农业农村现代化。2018 年，《中共中央 国务院关于实施乡村振兴战略的意见》提出建立"工农互促、城乡互补、全面融合、共同繁荣"的新型工农城乡关系，这是对城乡统筹、城乡一体化发展理论的继承和延伸，是对当前经济社会发展阶段城乡关系的准确判断。在政策的指引下，一系列措施得以落实。在农业现代化发展方面，通过农村土地制度、集体产权制度改革等方式推动农业适度规模经营，建立现代农业产业体系，形成新型农业经营方式和组织方式，促进农村第一产业与第二、第三产业的融合发展。在城乡融合的机制体制方面，实施户籍管理制度的改革，通过取消农业与非农户籍的划分标准，实施城乡统一居住证登记制度，旨在消除城乡人口流动的制度障碍。制度的变革促使户籍人口城镇化率呈现明显的增长趋势，农村流动人口的公共服务获得感明显提高。在基本公共服务供给方面，党的十八大提出全面建立覆盖城乡居民的社会保障体系，加快城乡居民基本养老保险、基本医疗保险制度的衔接和并轨，城乡一体化公共服务体系建设加快推进。实施新型农村养老保险、新型农村医疗保险与城镇居民养老保险、医疗保险并轨，目前，覆盖全国的城乡统一的城乡居民医疗保障制度、城乡居民养老保险制度已经建成，农村公共服务供给水平大幅度提高。加强农村基础设施建设，推动农村供水、供电、人居环境、能源、道路等生产性基础设施和生活性基础设施建设。在要素流通方面，以"三权"分置改革推动农村土地流转，建立健全城乡建设用地市场制度，盘活农村闲置土地，发挥市场在土地资源配置中的决定性作用，推进城乡一体化的土地市场建设。不断放宽城市工商资本进入农村的限制，不仅允许社会资本进驻农业，并且允许资本投资农村，社会资本投资"三农"的规模明显增长。城乡要素自由、双向流通增强。

在顶层设计和一系列举措下城乡关系持续改进：与改革初期，甚至是 21 世纪初期相比，城乡要素、商品流动性增强，要素配置效率提升，产业结构持续优化升级。然而，需要看到的是，城乡居民生活差距依然表现为波动的变化趋势，未来十年甚至可能会出现反弹趋势（李实和朱梦冰，2018），城乡公共产品供给差距依然显著（孔祥智，2020），工农产业的生产率依然存在明显差距，要素市场的制度壁垒尚未完全消除。即，这一时段内城乡二元结构没有得到根本性的变革，并出现了新的特征和变化趋势，不能简单以城乡收入差距的缩减做出城乡差距已然缩减、城乡全面融合发展新格局已经形成的错误判断。

3.3　中国城乡关系发展的问题

从上述城乡关系的演变历程可知，中国城乡关系的发展本质上是要实现城乡产业的融合发展，城乡要素的有效配置，城乡居民收入、消费的均衡以及城乡社会民生、城乡基础设施的融合。新中国成立到改革开放前期，中国加快重工业发展，致使城乡二元分割格局。改革开放后，经济快速发展战略以及"城镇优先"的制度导向一直存在，阻碍了中国经济的高质量发展，导致居民生活、产业发展、要素配置以及社会民生领域的城乡关系呈现出诸多问题，城乡差距表现出新的特征和演变趋势。

3.3.1　城乡收入消费差距下降，但依然保持高位

图 3 - 2 显示了城乡消费、城乡收入的比值。总体来看，城乡收入比

值与城乡消费比值表现出类似的演变轨迹，城乡收入、消费差距经历了四个演变阶段。

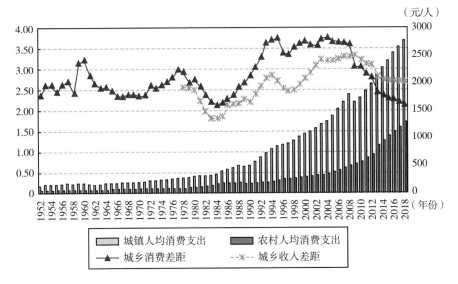

图 3-2　1952~2018 年城乡居民收入消费差距

注：所有数据均利用 1950 年为基期的居民消费指数进行平减处理，以消除物价等因素的影响。

资料来源：2008~2018 年的数据由 2009~2019 年《中国统计年鉴》整理所得。2008 年之前的数据来源于《新中国 60 年》。

（1）第一阶段改革开放前期（1978 年前），城乡消费差距呈"上升—下降—上升"的变化特征。一是 1952~1958 年，城乡消费差距呈波动态势，但总体幅度较小。原因是 1952 年中国完成土地改革制度后开始试验、推广多种形式的合作化组织，1952~1958 年，农业总产值增加，谷物产出增长速度超过人口的增长率，城乡之间不存在明显的差距。二是 1958~1961 年，集体化的人民公社运动以及 1958 年开始连续三年的自然灾害导致严重的农业危机，农业产出大幅缩水，粮食缺口导致全国人口大规模下降，城镇居民可获得商业粮供应制度的保障，人口减少少于农村（Xiaobing Wang et al.，2011），致使城乡消费差距扩大。三是 1961~1970 年，城镇人均消费水平与农村居民人均消费差距的缩小化。原因是 1961~1963 年国民经济三年危机迫使城市人口向农村地区迁移和遣返，1966 年开始的"文化大革命"以及"上山下乡"运动给经济社会发展带来巨大冲击，极大地制约了经济的发展。四是1971～1977年的城乡居民消费差距扩大化。即在统购统销、户籍制度等政策安排下，城乡之间形成的二元结构导致农村普遍处于贫困状态，重工业发展战略不仅导致工农产业关系失衡，同样也对城乡消费差距的扩大化产生影响。

（2）第二阶段（1978～1984年），城乡消费差距、城乡收入差距均保持下降态势，原因是为提高农业生产效率，全面推动生产力发展，我国通过家庭联产承包责任制开启农村市场化的改革（高帆，2018），通过取消统购统销制度、开放粮食市场、提高农产品收购价格等方式，不仅推动1978～1984年农业产出的惊人增长（姚毓春和梁梦宇，2020），而且全社会农产品短缺的问题也得到了解决，农民收入在这一时期快速增长，城乡居民收入消费差距下降。

（3）第三阶段（1984～2002年），城乡居民收入消费差距在经历"上升（1984～1995年）—下降（1994～1997年）—再上升（1997～2003年）"的波动变化，总体表现为扩增的态势。20世纪80年代中期，随着对外开放的不断深入和社会主义市场机制的不断完善，我国经济社会发展战略重新进行调整，从注重农村农业发展重新转移到城市，资源在政府和市场的双重引导下向城市和沿海地区集聚（姚洋，2008），伴随着城市改革的快速推进，农村发展改革基本停滞，且国家财政对农业农村投入严重不足，农村经济开始衰退，城乡关系再次回到失衡的状态。党的十四大以后，我国开始实施市场经济体制改革，在城市进一步深化收入分配、劳动就业、社会保障制度改革，探索建立与市场经济制度相匹配的民生保障制度，为推动农业农村发展，通过提高农副产品收购价格、建立粮食价格保护制度等方式增加农民收入，保障农民权益。政策的实施促使1994～1997年城乡居民收入、消费差距下降。随后国民经济进入通货紧缩阶段，为刺激经济增长，保障经济活力，政策再次向城市倾斜，财政资源更多地投入城市生产和经营活动，有数据显示，1996～1998年，"三农"财政资金不超过1000亿元，1998年暴发的特大洪水更是将农村财政投入不足的短板暴露无遗（秦富等，2006）。另外，农村地区，农产品过剩导致价格过低，农民税负过重等导致1997～2003年的城乡二元经济结构更加显著。

（4）第四阶段为党的十六大以来（2004～2018年），城乡收入差距、城乡消费差距均表现出持续下降的缩减态势。2002年，城乡人均收入比值增长至3.11，远超国际警戒线（李爱民，2019）。如何缩小城乡居民收入、消费差距，促进经济社会的稳定发展成为亟待解决的重要课题。自党的十六大以来，中央政府一直致力于解决城乡发展不平衡、不均衡的问题，相继实施城乡统筹发展、城乡一体化和城乡融合发展战略。2004～2018年，城镇、乡村人均消费水平不断提升，城市人均真实消费支出从2004年的1314.40元上涨至2018年的2772元，乡村人均真实消费支出从2004年的348.48元上涨至2018年的1287.28元，这一时段内的城乡居民收入、消费差距也呈下降趋势，但收入、消费的城乡差距依然分别保持在2.69倍和2.15倍。[①]对于未来城乡收入、消费差距的发展趋势，李实、朱梦冰（2018）指出未来十年这一差距还会在高位徘徊，在综合考虑各项影响因素的影响下，甚至还可能会出现反弹。

3.3.2　产业高级化与产业分化共存，城乡产业发展差距固存

产业是经济社会发展的基础，城乡二元经济结构除了表现为城乡居民收入差距外，还体现为工农产业结构不合理，产业发展失衡。纵观中国城乡关系发展史，纵然在改革开放初期，乡镇企业的崛起打破了"城市工业、农村农业"的产业布局，但乡镇企业随后因管理、政企不分等原因退出市场，农业依然是农村的主导产业，工业、服务业依然集聚在城镇地区。笔者对1952年以来的农业（第一产业）和非农产业（第二、第三产业）的比较劳动生产率、反二元对比系数（二元对比系数的倒数形式，值越大，工农产业的结构差越大，二元特征越为显著）进行描述型分析。[②]从图3-3可知，我国城乡产业发展差距显著。

---

① 2005～2019年《中国统计年鉴》。
② 第一产业产值、第二产业产值和第三产业产值分别以1952年为基期进行价格指数调整。

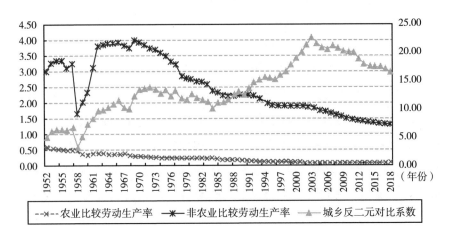

图3-3 中国三次产业比较劳动生产率及反二元对比系数

资料来源：2008～2018年的数据由2009～2019年《中国统计年鉴》整理所得。2008年之前的数据来源于《新中国60年》。

第一时段（1952～1969年），农业劳动生产率下降，非农产业劳动生产率的变动趋势与城乡反二元对比系数的变动接近，均呈先下降后上升的波动变化。1952年，农业部门和非农部门的比较劳动生产率分别为0.610和2.980，城乡反二元对比系数为4.88，到1958年，随着非农部门比较劳动生产率的大幅度下降，城乡反二元对比系数下降至2.93，城乡产业发展差距缩小，这一差距的缩小是建立在整体国民经济发展水平较低的基础之上的。1952年，国民经济开始恢复，大规模经济建设逐渐展开，城市人口迅速增加以及农村因灾害减产造成粮食供需缺口。1958～1969年，非农产业部门比较劳动生产率提升至3.98，城乡反二元对比系数为12.14，这一时段城乡产业发展差距快速扩大化，原因是20世纪50年代后期，为快速改变我国经济落后的发展状况，实现赶超英美国家的战略，政府发动"大跃进"运动高潮，片面追求工农业生产和建设的高速度，实行"全民大炼钢运动"，并带动其他行业的"大跃进"，在各地粮食生产不足、纷纷告急的情况下，依然不断追加基础设施建设的投资，增加钢铁产量指标，资源、农村劳动力的极端浪费，导致1958～1969年"大跃进"初期，城乡产业发展差距急剧扩大化。

第二时段（1969～1984年），工业劳动生产率、城乡反二元对比系数表现为波动下降的特征。1969～1976 年，"文化大革命"和"斗、批、改"运动的展开加剧社会矛盾，引发社会全面动乱，对经济、教育、科学、文化等领域的发展造成严重破坏，导致中国非但没有缩小与发达国家的差距，国民经济下滑，工业受到的冲击最为严重，这一时段工农劳动生产率、城乡反二元对比系数均出现下滑趋势。随着"文化大革命"的结束，极"左"思想得到纠正，政府通过大力缩减基础设施建设规模、精简职工数等方式扭转国民经济下滑的趋势，努力发展对外贸易和技术交流，大力推动工业发展。1978～1984 年，国家将改革的重点放在农村，通过家庭联产承包责任制改革、学习南斯拉夫的贝科倍模式兴办农工商联合企业（姚毓春和梁梦宇，2020），促进农业三次产业融合发展，极大程度解放农村生产力，在城乡劳动力限制流通的大环境下，乡镇企业异军突起，农村劳动生产率大幅度提高，促使城乡产业发展差距不断缩减。

第三时段（1984～2003 年），农业、非农产业劳动生产率均出现下降态势，城乡反二元对比系数呈现增长状态，即城乡二元结构再次凸显。为实现"站起来"到"富起来"的转变，我国实施"城镇优先发展"战略，改革的重心重新放到城镇地区，资源在政府、市场的双重引导下集中于城镇和工业体系的发展，促使我国经济总量与经济增速双重增长，创造了世界奇迹，但这一总量和增速的增长背后隐藏的经济结构变革的问题导致城乡产业发展差距不断拉大，城乡反二元对比系数在 1984～2003 年呈不断下降的发展态势。

第四时段（2003～2018 年），城乡产业发展差距表现为持续缩减态势。伴随刘易斯拐点的来临，我国人口红利逐渐减弱，资本投资边际效率递减、高杠杆、泡沫化的风险导致新古典经济增长的两大因素——劳动力和资本在经济发展过程中遭遇"瓶颈"，科技进步作用凸显（马晓河和余涛，2020）。同时，2008 年全球金融危机的爆发对中国经济发展产生不利影响，中国经济由高速增长转为高质量发展阶段，经济增速从 2007 年最高的 14.2% 下降至 2019 年的 6.1%，伴随经济增速下降，经济动能转换，产业结构深刻变革，2003～2018 年，第二、第三产业的劳动生产率从 1.88 下降至 1.31，降幅 30.32%，相对地，农业劳动生产率基本没有发生显著变化，第二、第三产业劳动生产率的快速下降导致这一时段城乡反二元对比系数呈现波动下降的趋势。

3.3.3 制度壁垒和市场分割问题凸显，城乡要素配置差距扩大化

城乡二元经济结构下，要实现经济增长就必须通过农村剩余劳动力的非农转化实现要素流通，事实上，市场制度不完善的国家普遍存在要素错位的问题（刘金全等，2018）。学者对中国问题的研究发现，我国农业与非农业生产部门要素存在错位的情况，主要体现在城乡劳动力错位（Banerjee & Duflo，2005）、资本错位（袁志刚和解栋栋，2011）等要素配置的错位。尽管改革开放后，随着我国经济制度从计划经济向市场经济过渡，市场化程度极大地减缓了资源配置的扭曲程度（刘贯春等，2017），但长期以来，政府形成的"城镇优先""增长激励型"导向的政绩观促使生产要素的配置更多地向城镇、"利大利好"产业发展倾斜，因此，要素错位配置是造成我国城乡经济二元结构的重要因素（龚关和胡关亮，2013；王颂吉和白永秀，2013）。生产要素主要包括土地、劳动力和资本。这里主要从劳动力、固定资产的城乡格局进行分析。

1. 城乡劳动力差距

由图 3-4 三次产业劳动力占比指标的变动可知，自然灾害导致粮食减产，农村人口、劳动力大幅度下降，从事第一产业劳动力占比从 1957 年的 81.22% 断崖式下降至 1958 年的 58.23%，在城镇地区，为稳定城市发展，中国的城镇知识青年"上山下乡"，推动了城市人口向农村反向迁移，导致这一时期内（1958~1962 年）第一产业劳动力呈增长趋势，而城市第二、第三产业的劳动力不断减少。自 1962 年后，第一产业劳动力占比呈持续波动下降趋势，第三产业劳动力占比呈持续上升趋势。对比第二、第三产业劳动力就业比重可知，在 1970~1994 年工业化的初始阶

段，第二产业劳动力占比高于第三产业；在 1995 年后，第三产业劳动生产力占比超过第二产业劳动力占比，在 2011 年后超过第一产业劳动力占比，并表现出持续增长趋势。在 2011 年后，工业、农业劳动力占比都表现出持续的下降趋势，按照克拉克第一定律，中国的三次产业结构趋于合理化，但城乡人力资本还存在显著差距。如表 3 - 2 所示，1996 年以来，城乡人口受教育年限的比值（农村为 1）在 1.39：1 左右徘徊，没有明显的趋好迹象。城乡大专以上人口占比的差距在 1998 年到达 30.14：1，尽管随着各项政策的实施，这一差距逐渐缩小，但到 2018 年，依然保持在 8.59：1 的高位水平。

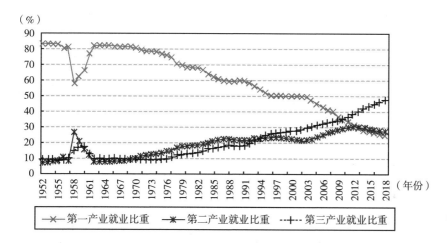

图 3 - 4　1952 ~ 2018 年三次产业劳动力占比情况

资料来源：2008 ~ 2018 年的数据由 2009 ~ 2019 年《中国统计年鉴》整理所得。2008 年之前的数据来源于《新中国 60 年》。

表 3 - 2 　　　　　　　　　1996 ~ 2018 年城市、县镇人口受教育情况

年份	城镇 6 岁以上人口受教育年限（年）	农村 6 岁以上人口受教育年限（年）	城市大专以上学历人口占比（%）	县镇大专以上学历人口占比（%）
1996	8.34	6.08	6.69	0.26
1997	8.63	6.23	8.72	0.30
1998	8.59	6.29	8.44	0.28
1999	8.77	6.37	9.34	0.35
2000	9.33	—	9.81	0.50

年份	城镇6岁以上人口受教育年限（年）	农村6岁以上人口受教育年限（年）	城市大专以上学历人口占比（%）	县镇大专以上学历人口占比（%）
2001	9.37	6.75	12.31	0.65
2002	9.44	6.78	13.16	0.71
2003	9.29	6.86	—	—
2004	9.68	6.99	15.13	0.89
2005	9.43	6.77	14.38	0.76
2006	9.97	7.05	18.38	—
2007	10.07	7.17	19.13	1.08
2008	10.09	7.27	19.08	1.18
2009	10.16	7.36	20.29	1.46
2010	10.35	7.56	21.50	2.06
2011	10.39	7.56	22.47	2.27
2012	10.50	7.61	23.33	2.25
2013	10.58	7.68	24.33	2.40
2014	10.57	7.66	24.54	2.52
2015	10.68	7.68	27.19	3.48
2016	10.63	7.66	26.35	3.11
2017	10.79	7.77	27.93	3.47
2018			26.96	3.14

资料来源：作者依据历年《中国人口与就业统计年鉴》《中国统计年鉴》整理所得。受教育年限 = 6 × 小学学历人口比例 + 9 × 初中学历人口比例 + 12 × 高中学历人口比例 + 15 × 大专及以上人口比例。

2. 城乡固定资产投资差距

如图 3 - 5 所示，总体来看，1981～2018 年，城镇、乡村的固定资产投资总额呈持续增长趋势，而城乡固定资产投资比值总体扩大。具体来看，城乡固定资产投资差距的变化可分为三个阶段。（1）1981～1994 年，城乡固定资产投资差距呈现波动中上升的变化趋势，城乡比值增长至 1994 年的 3.86。该时段内，1981～1984 年，国家改革重点在农村，不断加大对农村、农业的投入，农村固定资产投资上涨幅度超过城市，城

乡之间劳动力平均占有固定资产投资额的比值呈现下降趋势。自 1985
年开始，中国经济发展重心从农村转移至城市，伴随改革重心的转移，
资本源源不断地通过市场化配置的方式向城镇地区倾斜，城市化进程加
速进行，城乡固定资产差距明显扩大。（2）1994～2008 年，在经历
1994～1998 年持续下降后，城乡固定资产投资差距在 1998～2008 年的
10 年期间呈持续扩大化的发展趋势。原因是 1997 年开始，我国进入通
货紧缩时期，国有经济实施战略性调整，为刺激经济快速发展，国债资
金更多地投入城市基础设施建设。同时，1998 年，国务院颁布加快城
镇住房建设的政策，城市住房开始进行市场化的改革，随着房地产业的
发展，城市固定资产投资规模大幅增长。相对的是在农村地区，政府通
过实施家庭联产承包责任制等方式鼓励农民投入生产，减少国家财政对
农业、农村的支持（刘明辉等，2019），导致"六五""七五""八五"
期间农业财政支出占比不断下降，直至"九五"期间，农业资金投入
才开始出现扭转局势（秦富等，2006）。在城镇国债投资比重加大、房
地产业快速发展以及农村地区财政比重不断下降的综合影响下，1998～
2008 年，城乡固定资产投资差距不断扩大。（3）2008～2018 年，城乡固
定资产投资差距在经历两年短暂的缩减后依然呈扩大化的趋势。2008 年，
全球金融危机的爆发同样对中国经济产生显著的影响，尽管 2009 年以来
我国通过"4 万亿元救市"[①] 避免了经济的剧烈动荡和调整，但经济的
复苏并不顺利（汤铎铎等，2020），在通货膨胀、资产价格泡沫增长的
影响下，城镇真实固定资产投资增速放缓，而农村固定资产投资额的增
长加速进行，城乡比值呈下降趋势。在 2012 年后，中国产业结构优化
升级，对资本密集型创新产业、信息技术产业的发展需求促使城镇固定
资产投资继续保持增长趋势，相对地，农村地区产业发展更多的是劳动
密集型传统服务产业化的发展，固定资产投资增速缓慢，即产业结构的
高级化不仅加剧了城乡产业的分化趋势，同样也在一定程度上导致城乡

[①]　2009 年以来，国家连续两年新增 4 万亿元的投资计划，加大对城镇基础设施建设、房地
产业等领域的投资，旨在通过大规模的经济刺激拉动经济增长。

物质资本差距扩大。

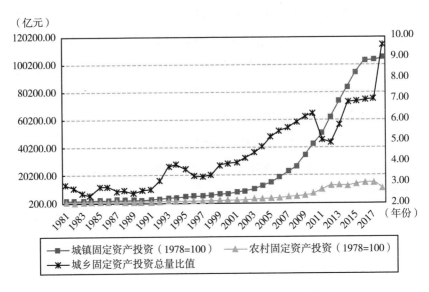

图 3 – 5 1981～2018 年城乡固定资产投资情况

资料来源：1981～2010 年的数据由《中国固定资产投资统计年鉴》整理所得。2011 年以后的城乡固定资产投资数据由作者计算所得。

3.3.4 农村公共服务供给不足，城乡社会民生差距显著

自实施重工业发展战略以来，为实现工业化的快速发展，维护城市的稳定，城镇职工"从摇篮到坟墓"均被纳入国家保障范畴（张海鹏，2019），而农村实施"私人＋集体"的社会保障制度。仅在 1992 年，民政部门发布建立县级农村养老保险的方案，但仅针对乡镇企业、私营企业职工以及农村从事工商经营活动的个人户、农村的民办教师等人员（孔祥智，2020）。1995 年，国务院提出逐渐引导农民参与养老保险制度，也就是俗称的"旧农保"。1997 年，国家在对国有企业进行改革的过程中建立了城镇职工基本养老制度，实现政府、企业共同出资与私人投资结合的养老模式，而农村地区则被边缘化（马军显，2008）。2009 年，国务院开始实施新型农村社会养老保险的试点，即"新农保"，并逐步实现全国地区的全覆盖。2011 年，国家开启城镇居民社会养老保险制度，并推

动"新农保"与城镇居民养老保险的衔接、并轨,建立统一的城乡居民养老保险制度,提高城乡居民养老保障的发放标准和待遇。从实践来看,在政策的落实过程中,受到经济发展阶段、经济发展水平以及地方财政能力等因素的影响导致不同地区在居民的缴费、补贴标准等方面存在明显的差异,而且城乡之间的保障范围、保障标准等方面也存在明显的差距,特别是在人均资源占有率方面。

1. 城乡医疗卫生差距

从表3-3可以看出,(1)自1993年以来,农村人均医疗保健支出始终低于城镇居民,城乡比值(农村为1)在1993~2003年呈波动上升的变化趋势。2003年开始,中央政府开始加大农村公共服务的投入,2003年,财政"三农"资金投入2144亿元,是1998年的2.2倍(李爱民,2019),2003~2012年,"三农"财政支出保持在12.5%的年均增长率(年猛,2020)。随着新型农村合作医疗保险制度的改革和完善,农村人均医疗保健支出增长速度加快,城乡比值自2008年后呈持续下降趋势,2018年,城乡比值降至1.65:1。(2)由每千人床位数可看出,1949~2018年,随着农村医疗床位数的增长,城乡差距在经历1949~1957年上升后,在1957年后呈稳步下降的趋势。具体来看,城镇与农村千人医疗床位数的比值在1950~1965年从17.00倍下降至7.41倍,从20世纪70年代到80年代中期,我国城乡千人床位数的差距保持在3.0倍左右。尽管随着我国医疗水平的不断进步,在1985年后城乡千人床位数的比值下降,但这一差距呈现"固化"的发展态势,基本保持在2倍左右。(3)从每千人卫生技术人员数来看,1975年为考察期内的拐点,城乡之间的差距在新中国成立初期直至1975年期间保持不断增长的趋势,1975年,城乡差距达到峰值(4.91:1),从1975年开始,城镇和乡村在千人卫生技术人员方面的比值在2.0倍到5.0倍的区间内波动,但从2005年开始,这一差距出现缓慢增长趋势,说明医疗资源越来越多地向城镇地区集中,主要原因是城乡工作条件、生活环境等方面明显差距。

表 3-3　　　　　城乡医疗保健支出、卫生床位数以及卫生技术人员数

年份	人均医疗保健支出（元/人）		千人卫生机构床位数（张）		千人卫生技术人员数（人）	
	城镇	农村	城镇	农村	城镇	农村
1949			0.63	0.05	1.87	0.73
1957			2.08	0.14	3.60	1.22
1960			3.32	0.38	5.67	1.85
1965			3.78	0.51	5.37	1.46
1970			4.18	0.85	4.88	1.22
1975			4.61	1.23	6.92	1.41
1978			4.85	1.41	7.73	1.63
1980			4.70	1.48	8.03	1.81
1985			4.54	1.53	7.92	2.09
1990			4.18	1.55	6.59	2.15
1993	56.89	27.17	3.77	1.62	5.74	2.27
1995	110.11	42.48	3.50	1.59	5.36	2.32
1997	179.68	62.45	3.49	1.57	5.29	2.37
1999	245.59	70.02	3.49	1.52	5.24	2.38
2001	343.28	96.61	3.51	1.48	5.15	2.38
2003	475.98	115.75	3.42	1.41	4.88	2.26
2005	600.85	168.09	3.59	1.43	5.82	2.69
2007	699.09	210.24	4.90	2.00	6.44	2.69
2009	856.41	287.54	5.54	2.41	7.15	2.94
2011	968.98	436.75	6.24	2.80	7.90	3.19
2013	1118.26	614.20	7.36	3.35	9.18	3.64
2015	1443.4	846	8.27	3.71	10.21	3.90
2017	1777.4	1058.7	8.75	4.19	10.87	4.28
2018	2045.7	1240.1	8.70	4.56	10.91	4.63

　　注：受篇幅限制，数据隔年汇报。

资料来源：作者依据历年《中国民政统计年鉴》整理所得。

2. 城乡教育差距

　　教育作为公共资源，是实现社会效益最大化的前提条件，但由于我

国长期存在的城乡分离教育机制导致城乡之间教育差距显著（张海鹏，2019）。总体来看，1996～2017 年，城乡小升初比值、城乡文盲率比值呈上升趋势，而城乡高中升学率比值、城乡人力资本差距均呈下降趋势，表明城乡之间低阶段的教育差距呈扩大化的趋势，高等教育阶段的城乡差距则表现出下降态势（见图 3 – 6）。

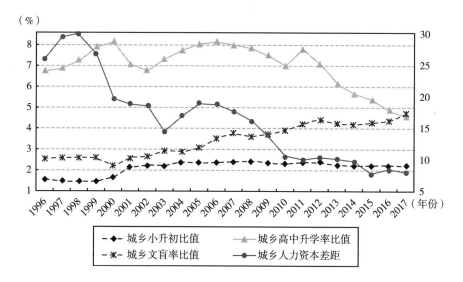

图 3 – 6 1996～2017 年城乡教育差距
资料来源：历年《中国教育统计年鉴》整理所得。

具体来看，1996～1999 年，城乡小升初比值、城乡文盲率比值没有出现显著变化，城乡高中升学率比值呈现上升趋势，同样地，在 1996～1998 年表现为增长趋势。随着 1999 年高等教育改革，扩大高等教育规模政策的推行对普通高中学生规模的大幅增加具有明显的推动作用，城乡高中升学率比值、城乡人力资本差距先后在 1999～2003 年期间表现为快速卜降趋势。2003～2010 年，这两个指标均表现出倒"U"型的变化趋势。2012 年，教育部发布加强学校建设规划的意见，旨在对地区学校布局不合理、教育资源不均衡的整体情况进行调整，政策的实施使得城乡高等教育阶段的差距水平自 2011 年开始呈下降趋势。

义务教育阶段则表现出截然相反的演变趋势。如图 3 – 6 所示，在经历 1996～1999 年的"固化"阶段后，城乡小升初比值在 2000～2004 年呈现缓慢上升后，在 2004～2012 年表现为"固化"特征，比值维持在 2.38 左右，主要原因是从 2000 年开始，中央政府对现有乡村中小学进行合并，对教师队伍进行压缩和整顿，以期扩大校均学生规模，提高教育经费的利用效率，政策的实施导致农村小学、初中学校数大幅减少，在校学生数也不断减少。农村义务教育阶段"撤点并校"导致农村学龄儿童不得不选择去县镇就读或者辍学，但两种选择都违背了义务教育"就近"的原则，导致城乡基础教育阶段差距的扩大化。实践表明，"撤点并校"并没有达到预期的义务教育学校布局调整的效果。2012 年开始，我国暂停"撤点并校"，对过度撤并的举措进行修正，教育资源、人才向农村倾斜，从 2012 年开始，城乡义务教育阶段升学率差距呈缓慢下降趋势。然而，在教育资源配置、教育投入不断向农村倾斜，城镇和农村教育水平不断提高的基础上，城乡之间在人口文盲率方面依然存在显著差距，并呈持续扩大化的发展趋势，其原因是城镇地区文盲率的下降明显快于农村。数据显示，城市人口文盲率持续下降至 2018 年的 1.68%，年均降速 7.78%，而农村地区人口文盲率降至 2018 年的 7.96%，年均降速 4.91%，"高水平、低降速"的特征促使城市与农村之间的差距呈扩大化的发展趋势。

3. 城乡社会保障服务差距

在社会保障体系中，最低生活保障是社会救济的主要方式，是社会保障的"兜底政策"。从表 3－4 可知，城镇最低生活保障标准建立实践早，政府补贴额度高，相对地，农村最低生活保障制度建立时间晚。直至 2007 年，中央政府出台政策，在全国实施农村最低生活保障制度，随着制度体系的相继出台和实施，农村最低生活保障支出标准不断提高，但从表 3－4 可知，城镇居民最低生活保障的标准、支出水平均高于农村，尽管支出标准的城乡差距逐渐缩小，但从补助的水平来看，农村的最低生活保障水平与城市还存在明显的差距。

表 3 – 4　　　　　2003～2018 年城乡最低生活保障标准和支出水平

单位：元／人·月

年份	城市最低生活保障支出	农村最低生活保障支出	城市最低生活保障标准	农村最低生活保障标准
2003	58.0	—	149.0	—
2004	65.0	—	152.0	—
2005	72.3	—	156.0	—
2006	83.6	34.5	169.6	70.9
2007	102.7	38.8	182.4	70.0
2008	143.7	50.4	205.3	82.3
2009	172.0	68.0	227.8	100.8
2010	189.0	74.0	251.2	117.0
2011	240.3	106.1	287.6	143.2
2012	239.1	104.0	330.1	172.3
2013	264.2	116.1	373.3	202.8
2014	285.6	129.4	410.5	231.4
2015	316	147.2	451.1	264.8
2016	387.3	184.3	494.6	312.0
2017	423.3	216.7	540.6	358.4
2018	476.0	250.3	579.7	402.8

注：2006 年农村最低生活保障数据为部分试点地区的数据。

资料来源：2003～2015 年的数据来源于历年《中国民政统计年鉴》，2002 年、2016～2018 年的数据来源于历年《民政事业发展统计公报》。

3.4　本章小结

　　本章在构建宏观环境、国家战略以及城乡关系战略逻辑框架的基础上，从产业发展、要素配置、公共资源分配等视角呈现新中国成立以来中国不同时段的城乡关系和城乡差距，为后续研究奠定基础。中国城乡关系演变历程表明：（1）城乡关系发展战略从属于国家战略；（2）产业发展、要素配置以及公共资源分配是城乡关系演变的重要内容；（3）在"立国"、"富民"和"强国"三大战略影响下，城乡关系经历改革开放前期二元结构建立和巩固阶段、改革开放后至 21 世纪初期城乡二元破冰阶段、21 世纪初期至党的十八大前期城乡统筹发展阶段以及党的十八大以来城乡全面融合阶段。

中国城乡关系演变历程表明，宏观环境、国家战略、制度变迁对城乡关系的演变和未来发展趋势发生着显著影响，促使中国城乡关系表现出动态演变的特征。对照城乡全面融合发展的目标任务发现，城乡收入差距呈下降趋势，但差距水平较高，城乡社会民生差距凸显，城乡产业发展差距、城乡要素配置差距"固化"甚至存在加剧态势。新时期的城乡融合发展的内涵不断延伸和拓展，不仅需要重视城乡收入差距的缩小，更需要实现基本公共服务供给、城乡基础设施的均等化。要实现城乡产业互动、生产要素等方面的畅通，同时也要保留城乡特色。通过促进城乡全面融合发展以实现新时期经济社会的高质量发展。

第 4 章

城乡差距的多维测度

由中国城乡关系的演变历程可知，在宏观环境、国家战略等因素的影响下，中国城乡关系战略不断调整，中国城乡差距也不断演变并呈现出新的特征和变化趋势。本章从省域层面出发，构建城乡差距多维度评价的理论框架，综合利用理论分析方法、专家咨询法等选取具体的指标体系，使用全局主成分分析方法作为测度方法，对 1993～2017 年我国 30 个省份的多维城乡差距进行测度，并从时间序列变化和空间分布两个维度对我国城乡差距演变轨迹进行分析，总结归纳我国城乡差距的多个维度、城乡差距综合水平的时空演变规律，把握未来城乡差距的走向和趋势。

4.1 城乡差距测度的维度选择

对城乡差距进行科学测度的前提是科学把握城乡差距的内涵和外延。目前，对城乡差距的测度理论主要有四种：一是从经济视角出发，认为城乡收入差距是这种城乡二元结构的主要体现（高帆，2018），该理论关注城乡二元经济结构的表现和转换；二是从空间视角出发，从城乡融合视角理解城乡关系，认为城乡融合是城镇、乡村两大空间系统之间相互融合、相互作用（刘彦随，2018），该理论更加注重城乡之间资源的配置等空间系统性的安排；三是从系统理论出发，建立城市、乡村在自然—空间—人类三大系统的联系和融合（周江燕和白永秀，2014），这种理论注重城乡关系的系统性和生态环境的关系；四是从经济社会协调发展视角出发，认为城乡二元结构不仅表现在经济领域，同时还表现在社会领域（陈钊和陆铭，2008），这种理论与中国当前现实情况更为契合。

本书研究主要参考以下三种框架。一是高质量发展的内涵。高质量发展不仅是"量"的提高，还是"质"的提升，不仅注重增长结果的高质量，更要重视增长过程的高质量（王喜成，2018；韩军辉等，2019）。基于此，城乡差距的测度不仅要以经济领域为衡量标准，更要从社会领域出发，既要实现经济发展结果的高质量，更要满足居民全面发展的需求，重视经济发展过程中产业结构的改革和完善、要素配置效率的提升等。二是城乡融合发展的任务要求。2019年4月，国务院发布的《意见》，对于2022年、2035年和21世纪中叶时期城乡融合的目标和任务做出了规定，即在要素流通方面，实现城乡人才、土地、资金等要素良性循环；在公共服务方面，推动城乡一体化的公共服务体系建设，实现城乡均衡共享；在基础设施建设方面，推动乡村基础设施建设，将城市基础设施网络向乡村延伸和拓展，实现一体化的城乡规划和建设；在产业发展方面，通过发展新型产业、新型业态实现乡村经济多元化；在收入方面，拓宽农民增收渠道，缩小城乡居民生活差距。三是阿玛蒂亚·森的可行能力理论。联合国基于该理论从教育、生活条件、健康三方面建立人类发展指数，建立多维贫困指数对各国贫困进行测度。阿玛蒂亚·森提出，单一的收入作为标准进行不平等程度的衡量，忽视了人类的其他差异，无法全面反映不平等的程度。收入衡量源自对经济发展的考虑，但强调个体的幸福更为重要，实践表明，收入标准与个体幸福之间的差距越来越大，则越需建立着眼于人的幸福的衡量标准，以补充经济衡量标准的缺陷。这样的衡量标准必须是多维度、多个指标组成，这样不仅能衡量某一方面的差距水平以及时序演变，还可以检验不同方面之间的联系。

上述研究均表明，城乡差距的内涵不断延伸和拓展，是多元素、多层次的复杂系统。在这一复杂系统中，城镇与乡村两大地域系统基于各自的功能和分工，在产业发展、要素配置等领域的差距和联系通过微观主体的收入、消费等方式体现。因此，本书对城乡差距的多维度测度从城乡居民生活差距、城乡产业发展差距、城乡要素配置差距和城乡社会民生差距四个方面展开（见图 4 - 1）。其中，城乡居民生活差距反映城乡居民两大利益主体在收入、消费等方面的差异程度，是城乡二元经济结构的主要表现；城乡产业发展差距是从三次产业出发，通过工农产业结构变动反映三次产业之间生产率的变动，是城乡之间收入分配变动的动力机制；城乡要素配置差距代表城乡之间生产要素的流量，是城乡关系的基础和前提，反映城乡两大经济主体在产业分工的基础上，劳动力、资本等生产要素的流动和配置，对产业结构调整和变革以及收入分配具有更深层次的影响；城乡社会民生差距反映城乡两大部门的微观主体在享受基础教育、医疗卫生、社会保障、精神文明等公共服务方面的差异水平，反映的是政府公共资源在城乡之间的配置状况。

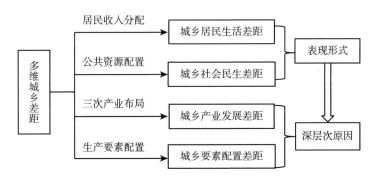

图 4 - 1　城乡差距多个维度的框架

在二级指标体系构建方面，通过对文献资料的梳理，采用理论分析方法确定能够反映城乡差距的每个维度的具体分项指标内容。例如，社会民生领域参照国务院发展研究中心"中国民生调查"课题组的 9 项社会民生调研、清华大学编制的"清华大学中国平衡发展"指数分析城乡社会民生差距。在基础指标（三级指标）选择中，重点选取已有研究中使用率最高的指标体系，如能够反映社会民生的指标体系包括教育、医疗卫生、住房保障、社会救济、养老保障、就业、文化娱乐、交通出行等。最后通过咨询专家意见，对指标体系调整，以更好地反映城乡差距水平时序变化。

4.2 城乡差距测度的指标体系构建

正如本书所表述的观点一样，城乡差距是多维的，涉及的范畴广泛，因此，指标体系很难涵盖城乡差距所有范畴，但我们尽力反映、刻画城乡差距的主要方面，从可量化分析的角度对城乡差距水平及趋势进行基本判断。

4.2.1 指标体系构建原则

科学构建城乡差距多维测定指标体系可以全面考察城乡发展现状，综合衡量城乡差距水平，克服单一维度城乡收入差距测度的缺陷。在构建城乡差距指标体系时坚持全面性、可比性、导向性、可操作性的评价原则，指标体系应尽可能全面、客观反映城乡二元分割的状态。

第一，全面性原则。城乡差距指标体系从个人角度出发，以个体经济活动、公共资源的人均分配为主要内容，产业发展和要素配置为深层原因形成有机整体。因此，指标体系从多个方面和角度选择反映城乡差距综合水平的指标，以实现评价的综合性、全面性。

第二，可比性原则。评价指标体系选用的指标数据均来自国家统计局历年的统计年鉴，不仅数据来源可靠，同时选用的指标口径（年份、单位、城镇和乡村标准等）的异质性较小。在选取指标时，均采用城乡之间可比性的指标。同时，为消除不同年份价值性指标因物价指数的变化造成过大差异，对所有的价值性指标按照 1978 年的不变价格进行物价指数调整。

第三，导向性原则。评价指标体系要与城乡全面融合发展的战略目标一致，具有导向作用，需要充分反映和体现城乡融合、城乡一体化的目标和内涵。

第四，可操作性。所选用的指标要有稳健的数据来源，为保证后续计算和实证分析的可靠性，对数据来源不稳定或无法量化计算的指标暂且不列入指标体系。所构建的指标体系必须利于部门和地方组织实施以及操作，得出的结论清晰、易于理解，便于操作。

4.2.2　城乡差距多维测度的基础指标选取

（1）城乡居民生活差距方面，"三农"问题的核心是农民，农民问题的核心是收入。体面的经济生活水平是人民物质和精神需求的先决条件和基本保障。纵观城乡关系的历史进程，尽管我国政府提倡重视农村经济的发展，拓宽农民增收渠道，改善农村居民收入、消费水平，但是，农民的经济生活始终与城镇居民之间存在差距。

纵观文献研究，学者在城乡收入差距的测度方面展开广泛的研究，一般采用城乡比值、不平等指数（基尼系数、泰尔指数）等单一的指标对城乡收入差距进行测度。周江燕（2014）、温涛等（2012）研究发现，城乡居民工资性收入和财产性收入是城乡收入差距扩大化的主要原因。综合数据的可操作性，基于现有的城乡经济生活的基础指标利用状况，本章选取城镇人均可支配收入与农村人均纯收入的比值、城乡人均工资性收入的比值从居民收入水平和居民收入结构两方面来反映城乡居民收入差距。学者对城乡消费差距的研究相对较少，大多采用城乡收入差距的测度方法对城乡消费差距进行测度，同时也使用恩格尔系数来反馈城乡居民消费结构的差距。据此，本章选取城乡居民人均消费支出反馈城乡居民消费总量差距，选取城乡居民恩格尔系数比值作为逆向指标刻画城乡居民消费结构的差异程度。

（2）城乡产业发展差距方面，地区产业发展是推动地区经济持续、稳定发展，提高人民群众物质生活条件的先决条件和重要保障。党的十九大报告指出，我国经济已经进入高质量发展阶段，目前处于经济发展方式转变、经济动能转换以及产业结构优化升级的转折点，必须要推动经济结构的优化，推动产业生产效率的提升，通过人力资本以及技术创新提高全要素生产率。在推动乡村振兴的过程中，政界、学术界及社会各界一直强调要积极利用第二、第三产业的带动作用，促进第一产业的发展，实现第一产业和第二、第三产业的融合发展。

从城乡关系的历史进程来看，乡村地区还是以第一产业为主，城镇多以第二、第三产业发展为重心。受诸多因素的影响，我国农业基础相对薄弱，现代化进程较慢，而工业化的发展并没有推动农业技术变革、质量变革，造成农业产业化程度较低，全要素生产率很难提高，农村经济发展速度受到不利影响，不利于第一、第二、第三产业的融合发展，同时也影响产业链的发展，产品附加值不高，导致农村经济发展落后。因此，本书决定从产业结构和产业生产率测度第一产业与第二、第三产业之间的差距来表征城乡产业发展差距。在产业结构方面，"克拉克第一定律"提出，随着经济总量以及人均国民收入的增长，第一产业（主要是农业）产出占国民经济总产值的比重以及第一产业从业人员的比重逐渐下降，而第二产业和第三产业的产出比重和劳动力的比重不断上升，而随着经济社会的进一步发展，第三产业的产值比重和劳动力的比重也会持续上升。产业产值、劳动力的比重从第一产业逐渐流向第二、第三产业是经济的快速发展和产业结构的优化升级，而不应当看作是城乡差距的扩大。第二、第三产业和劳动力的比重不断增长是产业高级化的产物，也是城乡一体化的目标（周江燕，2014）。据此，本章采用第一产业增加值与第二产业增加值的比值、第一产业增加值与第三产业增加值的比值来表征产业的结构变动。采用第二产业与第一产业相对劳动生产率的比值、第三产业与第一产业相对劳动生产率的比值来反映农业与非农产业之间生产效率的差距水平。

（3）城乡要素配置差距方面，城乡融合是要实现传统农业生产部门和现代工业生产部门之间的资本、劳动力、技术等要素的自由流动，实现要素的合理配置，提高要素配置的效率（黄小明，2014），但受到重工业优先发展、以城市发展为重心发展战略以及城乡二元体制的约束，农村劳动力、资本、土地等生产要素单向流向城市，城乡要素市场存在显著的价格"剪刀差"，造成城乡要素错配，城乡差距呈现扩大化的趋势。城镇化以及工业化的快速发展，以及"唯经济发展"的政绩考核体制造成城乡要素不能自由、双向流动，难以实现农业部门和非农生产部门的边际效益均等化，制约着城乡融合发展水平的提高（刘明辉和卢飞，2019）。丁宁（2019）指出，改革开放以来，随着农村各项改革、制度变革，城乡对立、分割状态得到一定程度的缓解，但农村的经济发展仍然属于从属地位，落后于城镇地区，其主要原因是城乡之间要素配置的扭曲，导致农村的人才、资金等要素严重短缺，农村建设用地不能与城市建设用地"同价入市"。在人力资本方面，因农村地区本身历史、自然等因素的制约，农村教育水平低于城市地区，导致人力资本质量与城镇地区差距显著，农村地区专业人才严重缺失。而随着经济社会的发展，户籍等制度约束放宽，农村青壮年劳动力放弃农业生产，选择在城镇地区从事非农生产，获得更高的收入，这一现象加剧了农村与城镇地区人力资本的差距。在资金方面，长期"城市导向"的发展政策造成了资本市场的扭曲，将农业剩余和农村资本投入城市工业部门，不仅农村资本外流抑制了农村经济的发展，同时，资本品包含的新技术、新工艺等技术进步的因素，通过"城乡导向"的政策向工业生产部门倾斜，加快了工业生产部门的技术进步，从而拉大了城市和农村生产要素的差距和产业发展差距（王德文和何宇鹏，2005）。王德文和蔡昉（2003）利用农村和城镇劳动力平均占有固定资产原值反映城乡劳动力资本拥有量的差距，发现 1985～2003 年，城乡劳动力人均资本拥有量的差距持续扩大化，农民的个人储蓄、物质资本积累被政府、现代生产部门通过税收、信贷等方式抽吸，降低了农业投资产出，在市场机制的引导下加剧农村物质资本外流，扩大城乡要素的差距。

据此，在城乡劳动力差距方面，采用城镇 15 岁以上人口受教育年限与农村 15 岁以上人口受教育年限的比值反映城乡劳动力质量的差距。采用第一产业与第二、第三产业劳动力的比值反映产业之间劳动力数量的差距。在城乡固定资产差距方面，惠宁和熊正潭（2011）、刘红梅等（2012）指出，固定资产是扩大城乡差距的重要因素。本章采用城乡劳动力平均占有固定资产投资额的比值、城乡固定资产投资总量的比值分别从配置结构、配置总量两方面衡量城乡资本差距。

（4）城乡社会民生差距方面，缩小城乡差距，实现城乡融合发展不仅是为了实现经济的一体化发展，更多的是从人的角度出发，遵循以人为本的发展理念，实现城乡均等化的福祉水平。许宪春等（2019）指出，随着社会的不断发展，民生面临的宏观环境和内在条件都发生巨大变化，过去"衣食住行"的基本需求已经转变为医疗服务、教育公平、住房改善等多层次的需求。党的十七大指出，改善民生为重点的社会建设是要努力实现"全体人民学有所教、劳有所得、病有所医、老有所养、住有所居"五项民生工程。

城乡公共服务的差距主要体现在教育、医疗、社会保障、就业、住房等诸多方面。在教育方面，最凸显的问题是城乡之间教育资源配置的差距问题。尽管在经济社会发展的过程中，政府始终提倡高度重视农村义务教育，但事实上农村义务教育阶段的经费投入远低于城市地区，农村的师资力量相对薄弱，农村的教学设施相对落后，甚至在偏远山区还存有辍学、上不起学的现象。因此，城乡教育存在教育机会不均等、教育资源不均等的一系列的问题。在医疗保健方面，农村的医疗卫生水平，无论从技术、人员、床位、设备等"软""硬"条件方面，都与城市存在显著差距。尽管为弥补农村医疗卫生的短板与弱项，我国自 2003 年开始建立新型农村合作医疗保险制度，但其医疗保障程度远低于城市地区的社会保障制度，乡村居民的医疗自付率远高于城市地区。在养老等社会保障方面，尽管我国社会保障水平已经快速发展，但其重心依然是城市地区，农村社会保障体系相对滞后，农村整体的社会保障水平较低。农民的养老最终还是回归家庭和土地，与城镇居民养老的待遇、标准等方面存在较大差距。此外，东部地区率先进行农村养老保障制度的试点工作，但中西部地区的农村养老保障制度相对滞后，社会保障水平较低，地区之间差异明显。在城乡就业方面，改革开放前以及改革开放初期，受户籍制度的限制和约束，农村劳动力只能从事农业生产，生产率的快速发展促使农村出现大量的闲置劳动力，得不到有效的转移，随着经济社会的快速发展，户籍制度改革试点，城乡之间、区域之间人员流动的限制逐渐放宽，农村居民可选择进城务工，或从事服务业等低技术生产性辅助行业，非农就业实现了农民收入的多元化、多渠道化。尽管随着城乡劳动力流动限制的逐步放宽，农村居民除了农业生产外还存在其他兼业行为，但从时序变化来看，在很长的时间内农村依然是以农业生产为主，农民的外出务工行为常具有季节性，据此，本章选择从城镇居民就业率与农村居民就业率的比值来表征城乡居民的就业差距。

据此，在城乡教育差距方面，有学者从受教育机会、教育投入、教育质量等方面对城乡义务教育差距水平进行测度（刘明成等，2012）。且随着中央、地方政府不断加大对农村地区的教育投入，城乡义务教育阶段的差距呈缩减态势，但在高中及以上阶段的教育差距却呈现扩大化的趋势（吴愈晓，2013；李春玲，2014）。在已有文献研究的基础上，结合本章城乡差距的测度需要跨度的时间长度，从诸多指标中，本章选取城乡初中升学率的比值、城乡高中升学率以及城乡高中巩固率的比值来反映城乡地区青少年受教育机会的差距。在城乡医疗差距方面，学者多采用卫生经费投入、卫生机构床位数、卫生技术人员数测度城乡在硬件设施和技术、人才等"软实力"方面的差距水平。本章采用城乡千人卫生机构床位数的比值、城乡人均医疗保健支出分别从医疗设施、卫生保健支出两方面对医疗卫生差距进行测度。在城乡社会保障差距方面，研究文献一般从养老保险、最低生活保障、社会养老机构三方面对城乡社会保障的差距进行测度。受限于数据的可得性，本章参考刘飞等（2018）、纪江明等（2011）的研究，采用城乡人均转移收入的比值来衡量城乡居民享受社会保障程度的差异。在城乡文明建设差距方面，因缺少农村文化站的时序数据，本章从微观主体出发，采用城乡人均文化娱乐支出的差距来表征。在城乡居住条件差距方面，单纯的人均居住面积不能完全表征城乡居住环境的差异，人均居住支出包含的租房支出、水电、燃气等费用支出能够相对全面表征城乡居民的居住差距水平。在城乡交通通信差距方面，周江燕（2014）等利用地区城市的道路建设来表征地区的交通设施条件，掩盖了农村地区基础设施水平严重落后于城市地区的事实。此外，农村道路、燃气、供水、供电等基础设施建设的统计时序长度不满足本章研究的需要，另外，在20世纪初期，城乡居民通信依靠电报、固定电话等方式，而随着数字信息技术的飞速发展，城乡交通通信等设施也发生了明显的变革，显然不适宜采用固定电话、计算机等指标表征城乡信息化的差距，据此，本章利用城乡人均交通通信支出表征城乡居民交通出行和通信的差距水平。

至此，本章构建了一套完整的测度城乡差距综合水平的指标体系（见表4-1）。

表4-1 我国多维城乡差距评价指标体系

维度指标	基础指标	指标说明或计算
城乡居民 生活差距	城乡居民收入总量差距	$\dfrac{\text{城镇人均可支配收入}}{\text{农村人均纯收入}}$
	城乡居民收入结构差距	$\dfrac{\text{城镇人均工资性收入}}{\text{农村人均工资性收入}}$
	城乡居民消费总量差距	$\dfrac{\text{城镇人均消费支出}}{\text{农村人均消费支出}}$
	城乡恩格尔系数比值	$\dfrac{\text{农村恩格尔系数}}{\text{城镇恩格尔系数}}$
城乡产业发展 差距	第一、第二产业产值差距	$\dfrac{\text{第一产业增加值}}{\text{第二产业增加值}}$
	第一、第三产业产值差距	$\dfrac{\text{第一产业增加值}}{\text{第三产业增加值}}$
	第二、第一产业劳动生产率比值	$\dfrac{\text{第二产业相对劳动生产率}}{\text{第一产业相对劳动生产率}}$
	第三、第一产业劳动生产率比值	$\dfrac{\text{第三产业相对劳动生产率}}{\text{第一产业相对劳动生产率}}$
城乡要素配置 差距	农业与非农劳动力数量差距	$\dfrac{\text{第一产业劳动力数}}{\text{第二、第三产业劳动力的比值}}$
	城乡劳动力质量差距	$\dfrac{\text{城镇15岁以上人口受教育年限}}{\text{农村15岁以上人口受教育年限}}$
	城乡固定资产投资差距	$\dfrac{\text{城镇劳动力平均占有固定资产投资额}}{\text{农村劳动力平均占有固定资产投资额}}$
		$\dfrac{\text{城镇固定资产投资总量}}{\text{乡村固定资产投资总量}}$

续表

维度指标	基础指标	指标说明或计算
城乡社会民生差距	城乡初中教育差距	城镇初中升学率 农村初中升学率
	城乡高中升学率比值	城镇高中升学率 农村高中升学率
	城乡高中巩固率比值	城镇高中巩固率 农村高中巩固率
	城乡医疗保健支出差距	城镇人均医疗保健支出 农村人均医疗保健支出
	城乡卫生机构床位差距	城镇千人卫生机构床位数 农村千人卫生机构床位数
	城乡社会保障比值	城镇人均转移性收入 农村人均转移性收入
	城乡交通通信支出比值	城镇人均交通通信支出 农村人均交通通信支出
	城乡居住支出比值	城镇人均居住支出 农村人均居住支出
	城乡文教娱乐比值	城镇人均文教娱乐支出 农村人均文教娱乐支出
	城乡就业率比值	农村居民就业率 城镇居民就业率

4.2.3 数据来源、指标处理方法

1. 数据来源说明

本章的数据主要来源于 1994～2018 年的《中国统计年鉴》、《中国卫生健康统计年鉴》、《中国农村统计年鉴》、《中国金融统计年鉴》、《中国教育统计年鉴》、《中国固定资产投资统计年鉴》、《中国财政统计年鉴》、《中国人口与就业统计年鉴》、《中国民政统计年鉴》和中国经济与社会发展统计数据库、EPS 数据平台等。

对于少量指标的缺失值，统一处理方式如下：对所有省份个别年度数据缺失的指标（例如，城镇、乡村初中升学率、高中升学率和高中巩固率的数据只更新到 2016 年，所有省份缺失 2017 年的数据），采用插值

法进行填补。此外，城乡固定资产投资的统计只更新到 2011 年，之后的年份不再进行城乡分组统计，参照 2011 年各省份农村（非农户）固定资产投资在地区全社会固定资产投资的比重，分别估算 2012～2017 年的乡村固定资产投资（农户固定资产投资与农村非农户固定资产投资总和）、城镇固定资产投资。

2. 指标处理

首先，逆向指标的正向化处理。在上述的三级指标中，指标的属性并不是完全一致的，需要进行同方向的处理。对逆向指标进行正向化处理一般采用两种方法：一是取倒数的形式；二是取负数的形式。本章中所有的逆向指标均为比值的形式，因此，对逆向指标，采取倒数形式进行指标的正向化处理。

其次，价值类指标的平减处理。对于所有价值类的指标，如人均收入、地区生产总值、固定资产等，统一按照 1978 年不变价格进行消胀处理，以消除价格因素的影响。对于以美元为单位的指标，如外商直接投资、进出口总额等，统一按照统计指标当年的美元汇率进行换算。

4.3 测度方法选择及权重的确定

在多维度、多指标体系的测度过程中，最重要的参数就是确定指标、维度权重。权重设置方法同样是城乡差距的多维度测定中最受到争议的问题，现有文献研究提出了多种设定方法：主观权重法、客观评价法以及主客观相结合的方法。主观权重法主要是根据人的主观经验、认知进行判断，例如相对指数法、德尔菲法、专家咨询法、二项系数法、环比评分法、最小评分法等，而客观评价法客观性较强，如主成分分析方法、因子分析方法、离差及均方差决策法、熵值法、多目标规划法等，其中，熵值法使用较多，这种方法采用决策矩阵确定指标权重，权重反映了属性值的离散程度。主客观相结合的方法主要有两种："乘法"集成法和

"加法"集成法。已有文献中，联合国发展计划署在对人类发展指数（HDI）测度采用均等的权重方法，许宪春等（2019）使用"清华大学中国平衡发展指数"按照三级基础指标→二级指标→一级维度指标→平衡发展总指数的方向，利用发展损失的定义和计算平衡发展总指数。

4.3.1　测度方法的选择

1. 测度方法

在主观评价方法中，相对指数法是将指标转变为对比类指数，采用简单几何加权法加总求和后进行评价的方法，这种方法忽略了指标之间的内在相关性；专家咨询法是基于专家的主观经验，对各类指标进行打分赋权；层次分析法同样也是基于人的主观认识对指标进行赋权的方法，很大程度上受到主观经验、认知的影响。

客观评价法中使用较多的为熵值法、主成分分析方法和因子分析方法，其共同点在于，都可以有效避免主观评价方法中主观赋权的缺陷，利用降维的思想将多个存在内在相关关系的变量转化成几个内在关联性较小的因子或主成分，其中，每个因子或主成分都是原始变量的线性组合，且各不相关，从而可以尽可能反映原始变量的绝大部分的信息，且所含的信息不相重叠（朱星宇和陈勇强，2011）。香农（Shannon，1948）最早引入信息熵的概念，对脆弱性评估中权重问题进行处理。但传统的熵值法只能对截面数据进行测度，无法对面板数据进行处理，导致不同时间段的权重、测度结果不一致。罗澄宇（2019）添加时间变量，对原有的熵值法进行改进，采用全局熵值法对各指标进行测度。主成分分析方法不考虑变量的测度误差，直接通过观测变量的线性组合来表示综合性指标，因此可以观测每个维度的变化。但主成分分析方法也存在一定的缺陷，即不能对时间序列数据进行综合考虑，只能对截面数据进行多次重复的主成分分析以获得不同时期的测度结果，但由于各个时期的指标数据具有不同的主超平面，所获得的主成分分析结果不能保障结果的整体性、一致性以及时间序列的可比性，不能满足本章对城乡差距综合水平以及城乡差距各维度水平的动态演化规律和时空变异分析的需求。全局主成分分析法（Generalized Principle Component Analysis，GPCA）能够涵盖数据的个体差异和时间变化，克服了传统主成分分析方法的缺陷，在经济研究领域得到了广泛应用。如刘根荣（2014）对中国流通产业区域竞争力的研究，薛强等（2015）对 2008～2012 年我国高新区发展水平的动态轨迹分析。并且，学者对全局主成分分析模型不断改进和完善，如杨永恒等（2006）在对 HDI 指数替代技术测算、周江燕和白永秀（2014）在对城乡一体化的测算过程中都采用两步主成分分析方法。

在完成城乡差距多维度的理论框架和指标体系构建后，为得到城乡差距综合水平及多个维度城乡差距水平，本章采用应用较多的两步全局主成分分析法（GPCA）测度城乡差距。第一步是以三级基础指标经过标准处理后的数据进行全局主成分计算，确定各个基础指标（三级指标）在二级指标（维度层）的权重，以合成多个维度的城乡差距水平；第二步是以多个维度的城乡差距水平值作为全局主成分分析的输入，得到维度指标在目标指标层（一级指标）城乡差距综合水平中的权重，最终合成城乡差距综合水平。

2. 基于两步 GPCA 的城乡差距多维度评价模型的构建

首先，设置城乡差距多维度评价指标体系的数据表 G。对 n 个区域进行统计分析，采用指标 x_1，x_2，$\cdots$，x_m，指标数为 24，并将其按时间序列排放成面板数据，样本数据集为 $g = \{XT_t \in R^{n \times m}, t = 1, 2, \cdots, T\}$，$X_t$ 以 S_1，S_2，$\cdots$，S_n 为样本个体，这里共 30 个省份，以 X_1，X_2，$\cdots$，X_m 为上述指标，$m = 22$。

在 t 年的指标数据集 X_t 中，个体向量 S_1，S_2，$\cdots$，S_n 的取值是 S_1^t，，$\cdots$，S_n^t，，即 t 年指标体系的全局样本群点为 $N_i = U_{i=1}^T N_i^t$，G 可表示为 $G = (X_1, X_2, \cdots, X_T) = (x_{ij}^t)_{nmT}$。

令 p_i^t 为 t 年样本个体 S_i 的权重，则有：$\sum\limits_{t=1}^{T} \sum\limits_{i=1}^{n} p_i^t = 1$，$\sum\limits_{i=1}^{n} p_i^t = 1/T$。

城乡差距综合水平测度的全局变量设定为 X_j，$x_j = (x_{1j}^1, \cdots, x_{nj}^1; x_{1j}^2, \cdots,$ $x_{nj}^2; X_{1j}^T, \cdots, x_{nj}^T) = G^{nT}$。全局变量对应的全局方差函数为：$e_j^2 = \mathrm{Var}(x_j) = $ $\sum_{t=1}^T \sum_{i=1}^n p_i^t (x_{ij}^t - \bar{x}_j)^2$，对应的全局协方差函数为：$e_{jk} = \mathrm{cov}(x_j, x_k) = $ $\sum_{t=1}^T \sum_{i=1}^n p_i^t (x_{ij}^t - \bar{x}_j)(x_{ik}^t - \bar{x}_k)$。

因为数据表集 G 的重心是 $g = (x_1, x_2, \cdots, x_p)' = \sum_{t=1}^T \sum_{i=1}^n p_i^t s_i^t$，所以，全局协方差阵可表示为 $V = \sum_{t=1}^T \sum_{i=1}^n p_i^t (s_i^t - g)(s_i^t - g)'$。

假设数据度量矩阵 Z，则可记矩阵 ZV 前 m 个特征值为 $\lambda_1 \geqslant \lambda_2 \geqslant \cdots \geqslant \lambda_m$，对应的正交特征向量为 a_1，a_2，$\cdots$，a_m，也成为全局面板数据的主轴 W。记 C_h 为第 h 全局主成分，表示群点集在全局数据主轴 W 的投影变量的集合。对应有 $C_h(t, i) = (s_i^t - g)' Z_{ah}$，$C_h(t, i) = (C_h(1, 1), \cdots C_h(1, n)), \cdots, C_h(T, 1), \cdots, C_h(T, n))' \in R^{Th}$。由主成分经典理论可知，全局主成分是面板数据集 G 的最佳综合，其中，第一主成分对应数据变化最大的方向。

3. 两步全局主成分分析的步骤

步骤1：对城乡差距多维度指标体系的基础指标数据进行标准化处理。

一般对数据进行标准化处理的方式有三种，分别为极值法、标准化法和均值法，其中，极值法需要原始数据的最大值、最小值，处理方式：$x_{ij\_s} = \dfrac{x_{ij} - \min(x_{ij})}{\max(x_{ij}) - \min(x_{ij})}$，$x_{ij}$ 为第 i 个省份第 j 个指标，$\max(x_{ij})$、$\min(x_{ij})$ 分别表示指标 x_{ij} 的最大值和最小值。

步骤2：计算指标数据的协方差矩阵 V，也为全局数据协方差矩阵。

步骤3：计算特征根 λ_i 的方差贡献率和方差累计贡献率。第 i 个全局主成分 $C_i(1 \leqslant i \leqslant m)$ 的方差贡献率 β_i 计算公式为 $\beta_j = \lambda_i / \sum_{i=1}^m \lambda_i$，累积方差贡献率 $\theta_k(1 \leqslant k \leqslant l)$ 的计算公式为 $\theta_k = \sum_{i=1}^l \lambda_i / \sum_{i=1}^m \lambda_i$。

步骤4：计算各个全局主成分。第 h 个全局主成分的得分为 $C_h = \alpha_1 \bar{x}_1 + \alpha_2 \bar{x}_2 + \cdots + \alpha_m \bar{x}_m$，$\bar{x}_i$ 为无量纲化处理后的数据，$m = 22$，α_i 为对应的特征向量。

步骤5：计算综合得分。某地区第 t 年的城乡差距综合得分为 $G_t = \beta_1 C_1 + \beta_2 C_2 + \cdots + \beta_t C_t$，其中，$C_i$ 是各个主成分得分，β 为对应的主成分的方差贡献率。

需要说明的是，在主成分个数提取方面，主要有三个准则：一是累计方差贡献率超过85%的准则；二是特征根大于均值的原则；三是采用第一主成分进行评价。基于文献研究和实践结果，本章采用累计方差贡献率大于85%的准则选取主成分的个数。此外，由于所获得的城乡差距多个维度的水平值为 [0，1]，为后续对城乡差距多个维度的成因、影响机制进行分析，这里借鉴樊纲等（2011）提出的市场化指数的研究方法，对测算的结果乘以10，最终获得城乡差距与城乡综合差距的多个维度，并作为后续成因分析以及经济效应分析的基础数据。

4.3.2 基础指标和维度指标权重的确定

对1993～2017年我国30个省份的城乡差距评价指标数据进行无量纲化处理后，采用协方差矩阵进行两步全局主成分分析，按照累计方差贡献率超过85%的准则，得到指标体系中基础指标（三级指标）的权重（见表4-2），以及多个维度指标的权重（见表4-3）。

表4-2　　　　城乡差距多维测度的基础指标统计特征

维度指标	基础指标	基础指标权重
城乡居民生活差距	城乡居民收入总量差距（X_{11}）	0.17
	城乡居民收入结构差距（X_{12}）	0.11
	城乡消费总量差距（X_{13}）	0.22
	城乡恩格尔系数比值（X_{14}）	0.50

续表

维度指标	基础指标	基础指标权重
城乡产业发展差距	第一、第二产业产值差距（X_{15}）	0.083
	第一、第三产业产值差距（X_{16}）	0.056
	第二、第一产业劳动生产率比值（X_{17}）	0.467
	第三、第一产业劳动生产率比值（X_{18}）	0.394
城乡要素配置差距	农业与非农劳动力数量差距（X_{19}）	0.014
	城乡劳动力质量差距（X_{20}）	0.292
	城乡劳动力平均占有固定资产投资差距（X_{21}）	0.281
	城乡固定资产投资差距（X_{22}）	0.413
城乡社会民生差距	城乡初中教育差距（X_{23}）	0.022
	城乡高中升学率比值（X_{24}）	0.102
	城乡高中巩固率比值（X_{25}）	0.130
	城乡医疗保健支出差距（X_{26}）	0.187
	城乡卫生机构床位差距（X_{27}）	0.106
	城乡社会保障比值（X_{28}）	0.277
	城乡居住支出比值（X_{29}）	0.057
	城乡交通通信支出比值（X_{30}）	0.001
	城乡文教娱乐支出比值（X_{31}）	0.041
	城乡就业率比值（X_{32}）	0.078

表 4-3　　　　　各维度指标在城乡差距综合水平中的权重

维度指标	维度指标权重
城乡居民生活差距	0.168
城乡产业发展差距	0.202
城乡要素配置差距	0.316
城乡社会民生差距	0.314

4.4　城乡综合差距的测度结果

依据上述计算的基础指标的权重和维度指标的权重，对 1993～2017

年我国省级层面的城乡综合差距水平以及城乡差距的多个维度进行测算，结果如表4-4和图4-2所示。

表4-4 1993~2017年我国各省份城乡综合差距水平值

地区	省份	1993年	1996年	1999年	2002年	2005年	2008年	2011年	2014年	2017年	变速（%）
东部地区	北京	2.59	3.88	3.25	4.49	2.49	1.86	1.24	3.46	4.27	2.11
	天津	2.68	3.54	4.39	3.65	4.85	4.25	2.91	2.28	2.25	-0.73
	河北	3.56	3.49	3.42	3.78	3.93	3.60	3.68	3.73	3.86	0.34
	辽宁	3.57	4.27	3.67	3.19	3.10	3.67	4.99	5.04	4.61	1.07
	上海	2.33	1.64	1.59	1.45	0.83	1.65	1.60	3.83	4.11	2.39
	江苏	2.25	1.15	1.41	1.55	2.51	2.76	2.05	2.85	1.99	-0.51
	浙江	1.26	1.75	1.31	2.24	1.84	2.07	3.16	2.34	2.56	3.00
	福建	2.07	2.66	2.09	2.14	3.01	3.72	4.59	3.18	3.25	1.90
	山东	3.84	2.57	2.13	2.29	2.66	3.05	3.01	2.69	3.34	-0.58
	广东	2.32	2.49	2.76	2.42	3.16	3.22	4.14	1.84	2.40	0.14
	海南	6.82	7.59	6.12	5.56	5.30	6.04	6.85	6.85	6.53	-0.18
	东部	3.03	3.19	2.92	2.98	3.06	3.26	3.47	3.46	3.56	0.67
中部地区	山西	3.14	4.29	4.77	4.23	4.44	3.15	3.57	2.55	3.28	0.18
	吉林	6.72	5.73	6.57	5.08	4.73	3.29	4.01	5.86	5.59	-0.76
	黑龙江	5.93	5.36	4.21	2.99	2.89	2.26	3.62	5.18	5.21	-0.54
	安徽	4.21	3.11	2.70	3.02	3.67	4.66	4.71	2.79	2.50	-2.15
	江西	3.67	3.74	3.56	3.72	4.25	5.15	4.83	3.43	3.42	-0.29
	河南	4.61	3.80	3.94	3.74	4.87	3.99	4.75	3.08	3.48	-1.16
	湖北	4.64	4.16	3.72	4.10	4.02	4.19	4.34	2.26	3.05	-1.73
	湖南	5.16	3.66	3.77	3.65	4.43	4.75	4.91	2.99	2.69	-2.68
	中部	4.76	4.23	4.16	3.81	4.16	3.93	4.34	3.52	3.65	-1.10
西部地区	内蒙古	5.63	4.22	2.85	3.95	5.84	6.08	6.61	5.36	5.47	-0.12
	广西	4.67	3.02	3.51	4.54	5.59	5.86	5.94	3.33	3.26	-1.49
	重庆	—	—	4.40	4.92	5.53	5.33	5.11	3.82	4.02	0.26
	四川	5.16	4.69	4.07	5.01	5.05	4.59	4.22	3.71	3.80	-1.27
	贵州	7.64	7.46	6.51	7.94	6.86	6.41	6.66	6.61	5.57	-1.31
	云南	6.52	7.45	6.49	6.13	7.02	5.10	6.73	6.44	7.06	0.33
	陕西	5.15	4.93	4.21	3.82	4.56	4.07	4.10	4.24	4.74	-0.35
	甘肃	5.18	5.94	5.07	4.10	5.66	5.00	5.35	5.10	5.29	0.09
	青海	7.29	8.35	8.19	6.73	5.95	4.44	4.30	4.09	4.06	-2.41
	宁夏	5.81	6.60	5.40	3.80	3.62	3.92	4.06	3.80	4.12	-1.42
	新疆	6.03	4.58	6.78	7.22	4.44	4.37	4.33	4.32	5.50	-0.38
	西部	5.91	5.72	5.22	5.29	5.47	5.02	5.22	4.62	4.81	-0.79
全国均值		4.50	4.35	4.09	4.05	4.24	4.08	4.35	3.90	4.04	-0.45

注：限于篇幅，测度结果隔两年汇报。重庆1997年成为直辖市，因此，1993~1996年数据缺失，且西部地区变化速度剔除了重庆地区的数据。

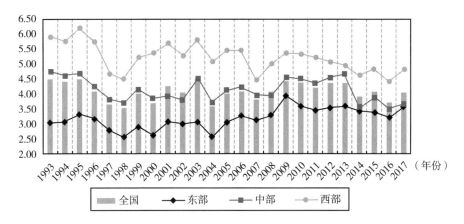

图 4 - 2　1993 ~ 2017 年全国及三大地区城乡综合差距均值

1993 ~ 2017 年，我国 30 个省份的城乡综合差距水平均表现为波动演变趋势。全国城乡差距综合水平的均值从 1993 年的 4.50 下降至 2017 年的 4.04，年均变速为 - 0.45%，其下降幅度较小的主要原因是各省份城乡差距综合水平存在差异。具体来看，2017 年，低于全国城乡综合差距水平均值 4.04 的省份共有 16 个，其中，城乡差距综合水平值最高的是云南（7.06），分别是城乡差距水平值较低的前五位省份江苏、天津、广东、安徽、浙江的 3.55 倍、3.14 倍、2.94 倍、2.82 倍、2.76 倍。在变化速度方面，各省份也不相同，1993 ~ 2017 年，城乡差距综合水平值呈增长趋势的省份共有 11 个，城乡差距综合水平值呈下降趋势且下降速度超过全国年均降速 - 0.45% 的省份也有 15 个，年均下降率排名前五的省份湖南、青海、安徽、湖北、广西，分别为下降率最低（- 0.12%）的内蒙古的 22.33 倍、20.08 倍、17.92 倍、14.42 倍和 12.42 倍。

分地区来看，1993 ~ 2017 年，东部地区的城乡综合差距水平均值从 3.03 上升至 3.56，年均变化率为 0.67%；中部地区城乡综合差距水平均值从 4.76 降至 3.65，年均变化率为 - 1.10%；西部地区城乡综合差距水平均值从 5.91 下降至 4.81，年均变化率为 - 0.79%。据此可知，我国城乡综合差距水平值呈现从西到东部地区阶梯式递减的趋势，但变化速度却呈现出倒"V"型的变化趋势：中部变化速度最快，西部次之，东部地区变化速度最慢。而正是东部地区"低水平、高增长"与中部地区"高水平、高下降"的特征产生的"拉平效应",促使东部、中部地区区际差异缩小,打破了"强者恒强,弱者恒弱"的"马太效应",地区"趋同"特征开始明显。从变化速度来看,东部地区 11 个省份中的天津、江苏、山东、海南城乡综合差距水平的时序变化出现下降趋势,其余的 7 个省份呈上升趋势,西部地区有 3 个省份城乡差距呈上升趋势,其余 8 个省份呈下降的发展态势,这说明在东部、西部区域内部,城乡综合差距水平开始呈现"分异"的发展趋势。

图 4 - 2 直观地反映了样本时期内各地区城乡综合差距水平的动态变化趋势,可以看出,我国城乡综合差距水平值表征为"西高东低"依次递减的显著特征:西部地区城乡综合差距水平最高,中部次之,东部沿海发达地区城乡综合差距水平最低,其中,中部地区城乡综合差距水平值接近于全国平均水平值。1993 ~ 2017 年,全国以及东部、中部地区城乡综合差距水平变动趋势表现出较高的一致性。此外,1995 年,全国以及东部、西部地区城乡综合差距水平均值均存在一个显著的下降拐点。全国以及东部、中部、西部地区城乡综合差距水平均值分别从 1995 年的 4.68、3.35、4.64 和 6.18 下降至 1996 年的 4.35、3.19、4.23 和 5.72,中部地区城乡综合差距下降幅度最为显著。2009 年,全国以及东部、中部、西部地区的城乡综合差距水平均存在明显的下降拐点。具体而言,东部、中部和西部地区的城乡综合差距水平均值分别由 2009 年的 3.93、4.57、5.36 和 4.63 下降至 2010 年的 3.60、4.50、5.33 和 4.47,且自 2009 年后,全国以及东部、西部地区的城乡综合差距水平表现为缓慢下降趋势。究其原因,21 世纪前期,我国以经济建设为中心,在快速推进城镇化发展的目标引导下,乡村资本、劳动力等生产要素流出,农村经济社会发展滞后于城镇地区,城乡差距扩大化;2004 年前后时期,国家开始实施城乡统筹,随后不断推进新农村建设(2005 ~ 2012 年)、城乡一体化建设(2012 ~ 2017 年)以及乡村振兴战略和推动城乡全面融合发展等一系列战略,我国城乡差距拉大的状况有一定的缓解。需要看到的是,从 1993 年开始,东部地区城乡综合差距水平呈现缓慢增长趋势,可能的原因是随着我国宏观经济环境变化,经济动能转换,产业结构转型升级,

经济增速放缓，经济发展进入高质量发展新阶段，我国东部地区作为城乡融合发展的先行者，其城乡融合发展与经济高质量转变存在一定的关联（周佳宁等，2019）。而在经济欠发达的中部、西部地区，城乡融合发展水平较低，城乡二元结构特征显著，随着乡村振兴战略、精准扶贫等政策的落实和实施，城乡综合差距水平呈现明显的下降趋势，与东部地区的差异不断缩小，呈现明显的"趋同"态势。

4.5　城乡差距的多维度分析

4.5.1　多维城乡差距的时序演变分析

从总体来看，城乡差距的多个维度均呈现波动变化趋势，但城乡差距的多个维度差异显著（见图 4-3）：在城乡差距的多个维度中，1993～2010 年，城乡居民生活差距以及城乡产业发展差距水平值最大，随着城乡社会民生差距水平值不断上升，在 2010～2017 年，城乡社会民生差距水平超过城乡产业发展差距水平，与城乡居民生活差距水平形成"三足鼎立"的发展态势。尽管城乡要素配置差距水平值最低，但从时序变化来看，城乡要素配置差距水平也呈现出波动上升的发展趋势。从这一变化趋势可以看出，城乡二元结构不是"过去时"，而是"正在进行时"，随着经济社会的快速发展以及宏观环境的变化，我国城乡二元结构由经济发展领域逐渐向产业发展以及社会民生等领域延伸，城乡差距从单一维度扩展为多维度，城乡差距内涵不断延伸和扩展。即使是单一维度的城乡居民生活差距的缩减也没有表现出"稳态"的趋势，而是具有周期性、波动性的特征。引发收入分配变革的产业结构以及要素配置等也出现了新的变化趋势和新的特征，城乡之间、工农之间的产业结构、要素配置的差距不断凸显，并呈现各自的特点和发展趋势。不能简单地根据城乡居民生活差距或某一维度的城乡差距变化对城乡关系做出简单判断，也不能依据某一短时期的研究对城乡差距的变化趋势做出下降或上升的论断。

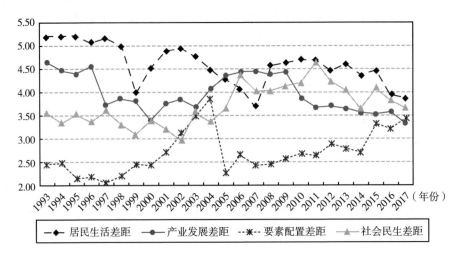

图4-3 1993～2017年全国层面城乡差距的多个维度水平

从变化趋势来看,正如诸多学者研究所述,城乡居民生活差距随时间推移呈下降的趋势,但其下降趋势并不是稳定的、持续的,而是波动的、起伏的。城乡、工农产业之间的差距呈先上升后下降的趋势,在全球金融危机爆发以及中国经济动能转换之前,为推动地区经济的快速发展,城乡之间、工农之间的产出效率、边际劳动生产率的差距呈上升趋势,但随着中国经济进入"新常态",经济由高速增长转为高质量发展阶段,城乡产业发展差距呈下降趋势。城乡要素配置差距在21世纪初期一直保持低位的发展趋势,随着农业人口的非农转化以及户籍制度的放宽,城乡要素配置差距出现快速下降趋势,但是,随着市场经济体制的逐步建立和完善,在市场经济制度下,资本趋利性以及地区经济的发展促使城乡要素配置差距呈波动上升的趋势,尽管在这一过程中,在政府的宏观调控等引导作用下,城乡要素配置差距增长趋势得到一定程度的遏制,但由于要素市场制度的藩篱没有根本性、实质性地清除,城乡要素配置差距依然表现出增长的趋势,并不断成为农民增收、农业增值"天花板"的深层次的原因。与此同时,城乡居民在教育、社会保障等领域的民生差距也出现新的变化趋势,在2003年前低位波动,随着经济社会发展以及城乡居民收入差距的扩大化,城乡社会民生差距也表现出明显的扩增态势，原因是中国的人口城镇化滞后于工业化的进程，人口城镇化是不改变农民身份的职业变化，民生领域的变革滞后加速了城乡社会民生差距水平，随着城乡一体化、乡村振兴等政策的部署和实施，这一扩增态势有所缓解，但城乡社会民生差距依然保持高位。

4.5.2　城乡差距多维度的动态演进分析

通过核密度估计方法，本章对我国省级层面城乡差距的多个维度特征进行分析。利用高斯核函数，对样本时期内具有代表性的年份的核密度函数曲线进行分析（见图4-4）。

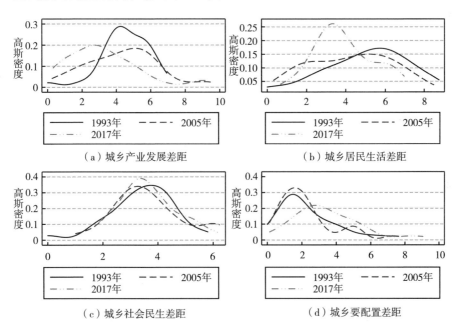

图4-4　1993年、2005年和2017年全国多维度城乡差距核密度曲线

从各维度城乡差距的高斯核密度曲线的变化来看，（1）1993~2017年，城乡产业发展差距的核密度曲线表现为左移趋势，表明城乡产业发展差距水平不断下降。1993~2005年，核密度曲线的波峰由陡峭变为平缓，开口宽度扩大，表明在该时段，城乡产业发展差距的地区差异呈增长趋势，2005～2017 年，产业发展差距的核密度曲线明显左移，波峰和开口宽度没有明显变化，表明在该时段城乡产业发展差距不断缩减，但地区差异"固化"。（2）城乡居民生活差距的核密度曲线表现为显著的左移态势，反映城乡居民生活差距值从高水平不断向低水平运动的动态过程。从核密度曲线的特征来看，城乡居民生活差距的核密度曲线波峰在2005～2017 年由平缓变为陡峭、开口宽度变小，表明全国总体的城乡居民生活差距的差异程度有所减小。（3）城乡社会民生差距在 1993～2005年的核密度曲线具有显著的左移态势，表明在该期间城乡社会民生差距不断缩小，但 2017 年的核密度曲线重新右移到 2005 年的位置，反映城乡社会民生差距呈增长趋势，且样本期内核密度曲线开口宽度没有明显的变化趋势。（4）城乡要素配置差距的核密度曲线在样本期内存在显著的右移趋势，表明城乡要素配置差距从低水平不断走向高水平的动态变化趋势。1993～2005 年，波峰陡峭，开口缩小，表明在 1993～2005 年，城乡要素配置差距的区域差异不断缩小，2017 年的核密度曲线波峰由陡峭变得平缓，开口宽度扩大，表明城乡要素配置的地区差异呈扩大化的发展趋势。据此可知，在全国层面，只有城乡居民生活差距的地区差异不断缩小，城乡社会民生差距、城乡产业发展差距表现为"固化"的特征，而城乡要素配置差距的地区差异表现为不断扩大化的发展趋势。

4.6　本章小结

本章基于城乡差距的相关理论，采用全局主成分分析方法对 1993～2017 年我国省域城乡综合差距、分维度的城乡差距进行测度，并从时序演变、区域差异两大视角对城乡综合差距、分维度城乡差距进行描述性分析，得到以下主要结论。

第一，从差距水平时序变化来看，全国层面城乡综合差距以年均 -0.45% 的速度呈下降趋势，东部地区以 0.67% 的速度呈增长趋势，中部、西部地区分别以 -1.10%、-0.79% 的速度呈下降趋势。从时空演变规律来看，三大区域的空间分布表现为倒"U"型的正向空间集聚性，城乡综合差距不仅具有"西高东低"的区域分布特征，且随着时间演变还表现出"北高南低"的分布特征。

第二，从城乡差距的多个维度来看，城乡居民生活差距、城乡产业发展差距水平最大，但随着经济社会的发展以及宏观环境的变化，城乡社会民生差距快速上升，与城乡居民生活差距、产业发展差距形成"三足鼎立"的格局，城乡要素配置差距值最小，但表现为明显的上升趋势。从地区差异来看，城乡居民生活差距的地区差异不断缩小，城乡产业发展差距、社会民生差距的地区差异表现为"固化"的特征，而城乡要素配置差距的地区差异表现为显著的扩大化趋势。

第 5 章

城乡差距的成因
及内在关联分析

　　基于多维理论以及阿玛蒂亚·森的"可行性能力"理论，城乡差距的多个维度之间并不是完全独立的，但也不是完全重叠的，城乡差距的多个维度之间相互影响，可能在一定程度上会加剧城乡之间的不平等（王曦璟，2017），即城乡差距的多个维度之间可能存在"关联效应"。因此，在对城乡差距的影响分析时，不能采用简单的"多维"化"一维"的方式对城乡差距的成因进行分析，同时也不能将城乡差距的多个维度分割，单独对城乡差距的多个维度进行成因分析。而是应该考虑在制度、产业、经济、资源禀赋等因素的影响下，城乡差距的多个维度之间的相互关系。那么，究竟哪些因素对城乡差距产生影响？城乡差距的多个维度之间是否存在相互影响的关系，如果存在，在各类影响因素的综合作用下，城乡差距的多个维度又存在何种内在互动机制？为回答上述问题，本章节在对城乡差距形成原因的理论分析基础上，建立研究假说和分析框架，构建动态联立方程模型组对城乡差距的形成原因进行研究分析，以期揭开规律性因素、城乡二元机制、市场体制、城乡利益格局变革对城乡差距的多个维度的影响，同时对多个维度的内在关联效应进行检验。

5.1 城乡差距的形成机制

5.1.1 理论分析与研究假说

1. 城乡差距形成的理论分析

我国城乡差距多个维度为何会形成？姜长云（2006）认为，从共性和个性视角出发，一是发展中国家工业化、城镇化发展过程中规律性因素作用的结果，二是中国二元体制性矛盾的产物；从宏观和微观视角来看，一是市场机制和效率导向下政府行为导致的结果，二是城乡不同的利益主体行为导致的。基于姜长云（2006）的研究，本章对城乡发展不协调的形成原因进行解析：一是发展中国家经济发展的共性因素作用的结果，即城乡发展的不平衡受到经济发展水平、市场化、城镇化等规律性因素的影响；二是中国长期形成的制度因素作用的结果。

（1）地区经济发展水平的规律性作用。首先，基于库兹涅茨的倒"U"型假说，经济发展过程本身就是不平等的，在经济发展的过程中，收入分配不平等的程度呈"先上升后下降"的变化趋势。其次，后发型国家在工业化加速发展阶段更容易出现城乡不平衡、不协调的问题。从西方发达国家工业化、城镇化的经验来看，经济高速发展也伴随着经济矛盾的凸显。中国作为后发型发展中的国家，在对西方发达国家的赶超过程中，经济的加速发展导致发达国家不同发展阶段的经济结构性矛盾凝聚、浓缩至同一时点内（姜长云，2006），导致矛盾的集中化，发展不平衡的问题就更为凸显。同时，后发型国家在经济发展过程中，工业化、城镇化是政府扶持的重点，经济发展不协调的问题更多通过工农产业、城乡两大生产部门体现。改革开放以来，中国城乡差距扩大化是后发型国家在经济发展过程中不可避免的和规律性的现象。

（2）市场化与政府宏观调控的博弈。米尔达尔（Myrdal，1998）提出"市场的作用一般是增加而非减少地区之间的不平等"。中国经济社会发展过程中城乡发展不平衡的问题，是市场化持续推进的结果。但市场与政府的综合影响下，市场化对城乡差距的影响也具有一定的差异性。在前期"效率优先，兼顾公平"的政策导向下，市场化加剧了城乡之间的不平衡程度，不仅导致城乡经济差距的扩大，同时对公共服务、社会保障、医疗卫生等民生福祉的城乡不平等影响更为显著。原因是，在经济发展领域，市场化有助于实现资源的优化配置，但在社会领域，依靠市场机制来解决公共服务供给等民生问题，不但不会实现资源的优化配置，反而加剧农村公共服务供给不足，加剧城乡之间的不平等。事实上，随着政府不断加大对"三农"的扶持，农村公共服务供给取得显著进展，但在市场配置的缺陷以及政府"唯GDP"的传统政绩观、"城市偏向"的发展理念等因素的综合影响下，各级政府改善管辖区内农村公共服务供给、民生福祉的动力不足，将改善社会民生放在相对次要的位置。由此形成的必然结果是：农村公共服务供给长期处于"缺血""贫血"状况，城乡社会民生差距日益凸显，成为影响城乡协调发展的主要因素。

（3）城镇化进程的影响。刘易斯（Lewis，1954）的二元经济结构理论为人口城镇化提供理论基础。在城镇化的初级阶段，农村人口的城镇化迁移，一方面，为城市经济带来大量廉价劳动力供给，活跃了城市经济；另一方面，通过减少农业劳动力冗余，提高农业生产率，增加农民的收入来源，促进了城乡、工农之间经济的良性互动。在城镇化的后期，由于城镇不存在"无限"的劳动力需求，受到人口老龄化、少子化等因素的影响，农村也不存在"无限"的劳动力供给，"人口红利"逐渐消失，中国经济进入发展经济学所谓的"刘易斯拐点"。在此阶段，城乡差距非但没有缩减，甚至出现扩增趋势：一方面，乡村优质劳动力的外流造成农业以老、弱劳动力为主，过少的资本、技术要素导致农业生产低效率，流入城镇的农村转移人口没有平等享受城镇公共服务，在城镇形成新的户籍居民与非户籍居民的二元结构；另一方面，人口的大量涌入导致城市交通拥堵、大气污染、生活成本高昂等"城市病"，资源承载已接近城市极限，城市经济社会发展面临巨大压力。据此可知，在城镇化的初级阶段，农村人口非农转化通过提高要素配置效率，为城乡、工农良性互动、经济发展做出显著贡献，然而，农村不存在"无限"劳动力供给，城市劳动力需求到达"极限"，在户籍制度导致公共服务不均等的情形下，城镇化加剧了城乡之间发展不平衡的程度。

（4）中国长期形成的城乡二元体制的产物。改革开放初期，中央政府率先对农村实施市场化改革，通过家庭联产承包责任制、乡镇企业等方式推动农业发展，城乡关系趋好发展。但随后，改革的重心向城市转移，在城乡二元分割的体制下，政府运用行政干预、经济手段的方式加速资源和资本的城镇、非农产业集聚，导致城乡居民收入差距扩大化、城乡基础公共服务供给失衡。据此，本章从城市偏向的政策、财政政策分析城乡二元分割制度对城乡差距的影响。

首先，城市偏向的政策加剧了资源、资本等要素从农业向城市、非农产业的转移。大中城市的迅速扩张对资源、资本、劳动力等要素的需求导致农业、农村资源快速流失，在歧视性的户籍制度导向下，农民被边缘化，不能共享城市经济的成果。在城乡二元分割的情况下，城市化偏向的政策导致农业、农村发展严重落后于城镇地区。更为严重的是，城市偏向的政策与财政政策、行政管理等制度的综合影响下，在地区经济社会发展过程中出现以下的偏差：一是在城镇化的路径选择方面，用城市的发展推动地区总体的发展，忽视农村、农业的发展；二是在资源配置方面，政府职能越过市场机制，发挥对资源配置的主导作用。地方政府成为投融资的主体，基于"城市偏向"的导向将资源、资本更多地投向城镇和工业的发展，其他主体，如中观层面的企业和微观层面的城乡个体参与不足。当前土地城镇化速度快于人口城镇化，以及城镇化过程中失地农民、失业农民等现象，与地方政府的政策存在紧密联系。在上述政策的扭曲效应下，中国经济社会的快速发展是以城镇对农村资源、生产要素的剥削为代价，导致农村要素规模大幅度下降，政府对农业、农村发展支持不足，难以推动农村经济的快速发展，难以实现城乡的协调发展。

其次，财政政策加剧了城乡公共服务供给、基础设施的差距。1994年，我国实施财政分税体制改革，地方政府拥有更多的财政自主权，但实际形成了上层政府集中财权、基层政府下放事权的特征（姜长云，2006）。在此政策体制的运行下，形成了"经济导向"的传统政绩观，即上级政府基于经济增长指标，如地区生产总值、财政收入、经济增长率等指标对下级政府实施政绩考核。在这种传统的、唯经济发展论英雄的政绩观的引导下，一方面，地方政府经济性财政投资更多用于"利大利好"的项目投资，"三农"投资占比减少，甚至是被侵占和挪用，严重抑制农村经济发展的活力；另一方面，相对于增加公共服务产品供给、推动农村基础设施建设，财政能力和地区经济的增长是考察地方政府的首要指标，鉴于这种政绩观，民生性财政投资不断被"挤占"。尤其是在经济欠发达的中西部地区，政府有限的财政能力无法对农村社会发展以及农村公共服务提供有效供给，从而导致经济发展与社会发展的失衡和城乡之间公共服务供给的失衡。

2. 城乡差距多个维度形成的研究假说

基于上述城乡差距多个维度形成机制的理论分析以及前面的文献总结梳理，本章选取地区经济发展、市场化程度、城镇化、财政制度四类因素，提出城乡差距形成机制的研究假说：从地区经济发展探讨城乡不平等的规律性因素的影响；从市场化程度探讨市场化进程的作用；从城镇化探讨农村人口非农迁移、城市集聚效应等对城乡差距的影响作用；从财政制度出发，分别就经济性财政支出、民生性财政支出探讨"城市偏向""经济导向"的政府宏观调控制度的影响。

（1）经济发展与城乡差距。根据库兹涅茨的假说，在工业化早期，收入差距随经济发展水平的增长呈扩大化的趋势，但在工业化后期，收入差距会随经济发展表现为缩小趋势，其原因有三个。一是在工业化初期，经济增长主要依靠工业的发展，而工业发展依赖于资本积累，由于城镇地区资本的回报率高于农村地区，导致经济资源、劳动力、资本不断向城镇集中，形成"增长极"。这一结果在推动城镇地区经济发展的同时，也导致城乡产业发展差距以及城乡要素配置差距的扩大化。二是基于经济发展的规律，经济发展首先是推动工业化和城市化进程，随着城市化进程的不断推进，相对于农村居民，城镇居民拥有更多的机会参与经济发展和社会建设活动。在改革开放初期，地方政府甚至通过行政手段和经济手段为城镇居民谋求更多的发展机会，如通过限制农民进入城镇较好的行业和工种，通过对企业征收管理费限制企业招收外来劳动力（陆铭和陈钊，2004）。在义务教育、公共服务、社会保障、权益保障等方面也对农民工实施歧视性政策，导致城乡居民收入、消费差距的不断扩大化。三是城镇地区经济发展的巨大潜力以及资本的快速回报率促使地方政府加大对城镇地区的建设投入，完善投资环境、提供更加完备的公共服务以吸引人才和产业的集聚，推动产业合理布局。为此，城镇地区产业发展、要素配置以及居民的收入、消费水平快速增长，相对的是，农村地区因为基础设施、要素资源以及劳动力自身技能水平低，经济发展缓慢，城乡居民生活差距、城乡社会民生差距不断扩大。

基于此，本章提出假设 H5.1：地区经济发展水平对城乡差距的多个维度扩大化具有正向影响。

（2）市场化程度与城乡差距。市场化程度对城乡差距的影响方向受到市场化水平的影响存在不同阶段的差异（邓金钱和何爱平，2018）。改革开放初期，中国从计划经济向市场经济转型过程中，原有的公有财产所有权部分地转变为私人财产所有权（王小鲁和樊纲，2005），导致财富集中在少数人手中，加剧了收入分配的不平等。因为土地所有权等制度因素的影响，农民也非真正意义上的市场主体（厉以宁，2013；邓金钱和何爱平，2018），导致农民收入增速低于城镇居民。此外，市场化对城乡不平等的影响还受到城乡经济、社会、环境差异的影响。市场化促使资本、劳动力等生产要素配置更有效率，流动性增强，因此，资本、劳动力的集聚可能导致要素边际报酬递增。相对于基础设施完备、公共服务水平较高的城市地区，农村在物资资本、人力资本投资方面存在一定的"门槛效应"（陈斌开等，2010；刘俸奇，2018），即只有当资本等要素积累到一定的规模，后续的要素追加投入才可能产生边际效应递增的可能。"门槛效应"促使资本、劳动力等要素不断向城市集聚，并具有较高的要素配置效率，致使基础设施等处于劣势地位的农村地区物质资本、人力资本不断外流，不仅导致城乡要素配置差距不断扩大，还导致农村地区因资本的稀缺性、低效率阻碍农村产业发展，不利于农民收入水平的提高，城乡居民生活差距扩大。随着市场化水平的提高以及城乡二元分割的制度壁垒的消除和城市要素积累的提高，受到边际收益递减规律的影响，城市要素投资回报率下降，农村相对收益率提高，资本在趋利属性的引导下不断向农村流动。农村土地、金融市场化的快速发展促使城乡之间土地要素流通。并且，要素的流通在提升要素的边际收益的同时客观地带动了农村产业的发展，有利于城乡差距的缩减；户籍制度的改革促进劳动力市场化改革，促进劳动力非农转移和人口城镇化进程，增加农民社会福利获得感，提高农业劳动生产效率，缩小农业与非农产业的发展差距；通过推动非国有企业的发展提供就业机会，减少贫困和失业，推动城乡收入、消费差距的缩小化。

基于上述讨论，本章提出假说 H5.2：市场化初期，市场化的进程会加速城乡差距的扩大化，但随着市场化进程的深入，市场化程度将有助于缩小城乡差距。

（3）城镇化与城乡差距。农业剩余劳动力的城镇、非农产业的流动，为城市现代产业的发展提供大量廉价的劳动力，不仅推动了城市经济的发展，同时农业剩余劳动的转出促使农业边际劳动率提高，农民通过非农生产获得比农业更高的收入，与城镇居民的生活差距不断缩小。但是，与工业化进程相比，城镇化严重"掉队"，因为户籍制度、土地制度等政策的影响，城乡户籍居民、城镇居民与进城务工的农民工之间在教育、医疗、社会保障、住房等社会福利方面享有的权利、待遇存在显著的差距（高帆，2020）。并且城镇化进程的加速，促使农村"青壮""具有一定学历"的劳动力迁出，导致农业人力资本减少，农业生产效率下降。刘俊杰（2020）指出，城镇化速度过快，以制约农业发展为代价，在城镇优先、经济增长为导向的政策指引下，生产要素和产业向大城市集聚，以流动人口特别是失地、失业农民贫困为代价换取的"虚假城市"发展，不仅会导致社会阶层分化，加速社会的不平等，同时也将导致中国无法跨越"中等收入陷阱"。万海远、李实（2013）提出，发达的大城市、副省级城市在经济、社会以及政治等方面具有主导性，其发展实力代表了地区的经济实力、人才吸引力和自主创新能力等。中国的城市具有鲜明的行政阶层（魏后凯，2014），从而导致省会城市、副省级城市在社会民生领域的资源集聚程度高于一般地级市（王垚等，2015；段巍等，2020）。

也有学者对城镇化的效应持不同的观点。以集聚理论为基础的空间经济学对城镇化集聚效应的影响存在两种截然不同的观点。一种观点认为，集聚效应能够通过城市规模的扩大化增强地区产业发展的市场竞争力，挤出低效率的产业和微观企业，通过对企业和劳动力的划分和选择效应形成区域差异（Comber et al.，2012；Behrens et al.，2014）。另一种观点则认为，大城市对不同类型的企业、不同技能类别的劳动力具有同等的吸引力，各类劳动力可实现互补效应，低技能的劳动力（陆铭，2012）以及低效率的企业（张国峰等，2017）能够在与高质量的劳动力、高效率的企业集聚过程中受益，因此，城市群、都市圈集聚效应引发的分类和选择效应会被要素之间的互补效应所抵消，加强城市群的集聚效应（邓仲良和张可云，2020）。

据此，本章提出假设 H5.3：短期内，人口城镇化通过促进农村劳动力的非农转化提高劳动力配置效率，缩小城乡要素配置差距，但户籍制度的滞后性导致城乡社会民生差距扩大；从长期来看，随着户籍制度逐步放宽以及政策的调整和完善，人口城镇化将有助于缩小城乡居民生活差距、城乡社会民生差距，但加速了农村"青壮"劳动力的外流，拉大了城乡要素配置差距。

（4）财政制度与城乡差距。菲瓦和拉特索（Fiva & Ratts，2006）指出，假定地区之间不存在劳动力流动性限制和约束，基于福利外部性的影响，地方政府在社会民生投入方面会采取"避高就低"的策略，避免净福利接收者的大量流入给辖区地方政府带来巨大的财政负担，从而对地区的经济发展产生负面影响，进而对地区城乡之间、行业之间等不同群体收入差距的扩大化产生了推动作用（贾俊雪和梁煊，2020）。还有研究指出，与人力资本相比，物质资本的跨区流动性更强，因此，地方政府更加倾向于通过改善地区基础设施建设、降低企业税负等方式吸引资本进驻，从而忽视与居民民生相关的教育、社会保障等民生性投资（Keen & Marchand，1997）。从中国的实践来看，改革开放以来，中国确立了经济发展为中心的战略，同时建立"唯 GDP 论"的传统增长导向型的政绩观，为地方政府追求地区经济增长提供强有力的动力和支持（Li & Zhou，2005），财政分权制度改革更是赋予地方政府更多的财政自主权，促使地方政府更多使用"高资本"的战略（贾俊雪和梁煊，2020），明显压缩地方政府社会民生方面的财政投入，且因为户籍制度的存在和约束，地方政府也不担心因为净福利接受者的大规模涌入会增加地方政府税负，从而对经济产生负面冲击的影响，因此，没有动力解决辖区内的民生问题，导致地方政府更加注重资本投入，忽视民生的财政支出。而经济性基础设施的投入通过吸引资本的进驻，提高辖区内企业的资本产出率和劳动生产率（Barro，1990；贾俊雪，2017），增加企业的利润，有利于企业职工工资水平的提高。城镇地区多以高技能劳动力为主，相比低技能的农村劳动力而言，企业资本投资增加所带来的工资的增长幅度更高。因此，在"增长导向型"传统政绩观的指引下，经济性公共基础设施投资的增长会进一步提高城镇高技能劳动力的收入，进而拉大城乡居民收入、消费差距水平。

与之相对的是，教育、医疗、社会保障等民生福利方面的财政支出，有利于改善居民福利，尤其是长期处于"缺血""贫血"状况的农村居民的社会民生福利，进而缩小城乡收入消费的差距以及城乡社会民生差距水平，促进社会公平和稳定。然而，在新中国成立初期实行的重工业发展战略下形成的"城市偏向"的发展理念没有得到根本性改变，地方政府在进行民生投资也更多地向城镇户籍居民和企业职工倾斜，拉大城乡社会民生差距，不利于城乡居民收入差距的缩小。同时，农村地区在医疗、社会保障、教育等方面存在短板、弱项，在辖区内实施城镇、乡村居民均等的社会保障、医疗、教育等民生权利，势必会因为净福利接受者大规模增长导致地方政府财政负担，从而可能对地区经济发展产生不良冲击，对辖区官员的政绩形成不利影响，拉大区域之间的竞争。地方政府基于地区经济的发展以及自身政绩的考虑，在社会民生福利投入时以城镇为重心，农村、农民被边缘化或不能获得与城镇居民在医疗、教育、社会保障、就业等领域同等的待遇。因此，社会民生福利的支出有助于缩小城乡社会民生差距和城乡居民生活差距，但在经济性投资压缩民生福利支出空间的前提下，地方政府在传统增长型导向的政绩观下，实施的民生工程更多地向城镇倾斜，有可能会导致城乡社会民生差距的扩大化，从而通过城乡人力资本积累方面的差距对城乡居民生活差距产生不利影响。

综上所述，针对财政政策对城乡差距的影响，本章提出以下假说H5.4：在"增长导向"传统政绩观以及"城镇优先"的发展理念下，地方政府更多地进行"高资本"投入，以推动地区经济的增长。经济性基础设施建设一方面会促使城乡居民收入、消费差距的扩大，另一方面会"挤占"教育、民生社会福利等民生财政支出。社会民生福利支出通过促使农村居民受益从而有助于城乡居民生活差距、城乡社会民生差距缩减，但在"城镇优先"的发展战略引导下，也有可能进一步拉大城乡居民生活差距和城乡社会民生差距水平。

5.1.2 模型构建与变量选择

上述的城乡差距成因的机理分析显示，产业结构、财政制度等因素对城乡差距的影响具有时间效应，滞后几期的因素可能会对当期的城乡差距产生影响，但鲜有文献研究考虑到影响因素滞后性以及城乡差距的相互影响的关系。基于上述考虑，本章构建多维城乡差距的交互效应，建立以下方程模型进行研究分析：

$$lifegap_{it} = \beta_0 + \beta_1 lifegap_{it-1} + \beta_2 indugap_{it} + \beta_3 factgap_{it} +$$

$$\beta_4 socigap_{it} + \sum \gamma_i X_i + u_i + \varepsilon_{i1} \qquad (5.1)$$

$$indugap_{it} = \beta_0 + \beta_1 indugap_{it-1} + \beta_2 lifegap_{it} + \beta_3 factgap_{it} +$$

$$\beta_4 socigap_{it} + \sum \alpha_i X_i + u_i + \varepsilon_{i2} \tag{5.2}$$

$$factgap_{it} = \beta_0 + \beta_1 factgap_{it-1} + \beta_2 lifegap_{it} + \beta_3 indugap_{it} +$$

$$\beta_4 socigap_{it} + \sum \alpha_i X_i + u_i + \varepsilon_{i3} \tag{5.3}$$

$$socigap_{it} = \beta_0 + \beta_1 socigap_{it-1} + \beta_2 lifegap_{it} + \beta_3 indugap_{it} +$$

$$\beta_4 factgap_{it} + \sum \gamma_i X_i + u_i + \varepsilon_{i4} \tag{5.4}$$

其中，$lifegap$、$indugap$、$factgap$、$socigap$ 分别表示城乡居民生活差距、城乡产业发展差距、城乡要素配置差距和城乡社会民生差距。

（1）经济发展：选择人均地区生产总值考察地区经济发展水平。

（2）市场化程度：借鉴陆铭、陈钊（2005）的研究，使用国有经济、集体经济以外的固定资产投资占全社会固定资产投资的比值对投资非国有化的衡量表示市场化的程度。

（3）城镇化：以城镇常住人口占地区总人口比重表示地区人口城镇化水平。国家统计局将城市划分为三类：第一类为发达城市，包括直辖市和副省级城市；第二类为中等城市，包括普通的省会城市和重庆市；第三类为发展中城市，主要包括地级、县级城市。这里采用第一类城市和第二类城市占地区三类城市总数的比值表示城市规模结构，对城市群的影响作用进行分析。

（4）财政制度：采用"农林水支出的比重"作为涉农财政支出衡量经济性财政支出。同时为衡量民生性财政支出的影响，将财政支出项目中的教育、社会保障以及医疗保障支出的总和占财政支出的比重作为变量"一般公共服务支出的比重"。

同时为了控制其他因素的影响，在方程中还引入第三产业增加值与第二产业增加值的比值对产业高级化进行衡量，如变量处于增长趋势，表明产业结构升级，经济朝服务业方向发展。引入第二、第三产业增加值占地区生产总值的比重与第二、第三产业劳动力在总劳动力中的比重的差值表示产业产出与劳动力配置的错位程度。采用地形起伏度与运输线路长度除以全省面积的交互项衡量地区交通便利程度对劳动力、资本等生产要素流通的影响。

U_i 表示地区固定效应，反映不随时间变化的地区性的随机因素，ε_{it} 表示随机误差项。

此外，人口迁移对城乡之间的要素配置、微观主体的收入消费以及民生福利可能会产生长期的影响作用。因此，在城乡居民生活差距、城乡社会民生差距、城乡要素配置差距的回归模型中引入人口城镇化率的滞后项，对城镇化的影响时效性进行检验。同时，产业结构、交通便利条件、城市规模结构的影响作用可能也存在时效性，在城乡产业发展差距的回归模型中引入产业偏离度、交通便利条件的滞后一阶项，在城乡要素配置差距的方程中引入滞后一阶项。简单地增加财政支出是否一定能缓解"三农"问题的解决，这是政界、学术界争论的焦点问题（周佳宁等，2019），为考察财政制度对城乡差距的影响作用，本章在城乡居民生活差距和城乡产业发展差距的决定方程中引入涉农财政支出的一阶滞后项，在城乡社会民生差距的决定方程中引入一般公共服务财政支出的滞后一阶项，考察财政制度的长期效应。

5.2　城乡差距形成机制的实证分析

由于本章数据为时间序列，因此，在对动态的联立方程模型进行估计前，需要对各方程中被解释变量的平稳性、相关性进行检验，同时对各个方程进行识别判断。

5.2.1　数据处理和模型估计方法选择

（1）数据处理。变量数据来源于《中国统计年鉴》、《中国金融统计年鉴》、EPS 数据平台和各省份的统计年鉴等。对个别年份或个别省份的缺失值，采用插值法进行填补。价值类的指标，如人均地区生产总值等，统一按照 1978 年不变价格进行消胀处理，以消除价格因素的影响。同时，为了消除异方差对估计结果的影响，本章对所有解释变量采用取对数的方式引入模型。

（2）模型估计方法选择。联立方程模型的估计常采用两类估计方法：一类是单一方程估计法，也称"有限信息估计法"；另一类是系统方程估计方法，也称"全信息估计法"（陈强，2013）。单一方程估计法是单独对联立方程模型中的每个方程进行估计，而系统方程估计方法，顾名思义是对整个方程系统进行联合估计。由于单一方程评估方法不考虑各个方程扰动项之间的联系，目前常采用的方法为普通最小二乘法（OLS）、二阶段最小二乘法（2SLS）、有限信息最大似然估计法（LIML），但是，评估结果容易出现偏误。相对的，系统评估方法可以将所有方程作为一个有机整体进行估计，考虑各个方程之间的联系，主要估计方法包括三阶段最小二乘法（3SLS）、广义矩估计（GMM），其中，3SLS 最为常用，主要原因是该方法将 2SLS 和似不相关回归（SUR）结合，克服了 2SLS 忽略方程之间扰动项的关联性导致评估效率下降的缺陷。但由于本章在各个方程中引入被解释变量以及一些控制变量的滞后项，使得方程表现出动态变化的过程，动态 GMM 能够处理联立方程组中所出现的解释变量的内生性问题、扰动项相关性的问题和方程可识别性的问题（聂飞和刘海云，2015），因此，动态 GMM 更为合适。动态 GMM 主要分为差分估计（DIF GMM）和系统广义矩估计（System GMM）两种方法，与前者相比，系统 GMM 能够解决弱工具变量以及小样本偏误的问题，提高估计效率，因此更为适宜。

5.2.2 联立方程模型估计前检验

（1）面板单位根检验。在对联立方程组进行回归之前，需要对方程中各个变量的平稳性进行检验。本章选取三种单位根的检验方法（LLC 检验、Breitung 检验和 IPS 检验）对在全国层面上的变量进行检验，结果如表 5 - 1 所示。

表 5 – 1　　　　　　　　　　　　　面板单位根检验

变量	LLC 检验	IPS 检验	Breitung 检验
城乡居民生活差距	− 12. 6893 *** (0. 0000)	− 11. 5574 *** (0. 0000)	− 3. 1338 *** (0. 0009)
城乡产业发展差距	− 23. 1962 *** (0. 000)	− 24. 0870 *** (0. 0000)	− 3. 5282 *** (0. 0002)
城乡要素配置差距	− 7. 4544 *** (0. 0000)	− 5. 1596 *** (0. 0000)	− 4. 1702 *** (0. 0000)
城乡社会民生差距	− 11. 0797 *** (0. 0000)	− 10. 4422 *** (0. 0000)	− 2. 7894 *** (0. 0026)

注：*** 表示在 1% 的水平上显著，括号内为对应的 p 值。

上述检验结果显示，所有的变量在对其进行一阶差分检验时，检验结果均拒绝"存在单位根的"原假设，即所有变量都存在"一阶单整"，为 AR（1）序列，面板平稳。

（2）联立方程模型的识别判断。在对联立方程模型的总体参数进行估计之前，需要确保联立方程组合的每个方程的参数是可识别的（Greene，2007）。一般判别方法有秩条件识别、阶条件识别、非样本信息识别和协方差约束识别等（李德洗，2014），其中最为常用的为阶条件和秩条件。首先，对联立方程组进行阶条件识别。由内生变量与外生控制变量的式（5.1）至式（5.4）可知，方程中未包含的外生变量数与内生变量数的关系均满足阶条件过度识别的准则。其次，根据秩识别准则，对式（5.1）至式（5.4）进行识别，发现所有方程均满足秩识别的准则，所有方程均可识别。据此可知，构建的联立方程是可识别的。

5.3　估计结果分析

5.3.1　基准估计结果分析

由上述联立方程模型的平稳性检验以及 AIC 等信息准则判断，各解释变量满足一阶单整，为防止各类城乡差距的自身惯性影响，在方程中分别引入一阶滞后被解释变量。基于1993～2017年中国30个省份（不包括香港、澳门、台湾、西藏）的数据，采用系统GMM一步法对联立方程组进行估计，结果如表5-2所示。由模型估计结果可知，与"多维不平等"分析视角的理念一致，城乡差距之间并非完全独立，也非完全重叠的关系，城乡差距的多个维度之间存在相互影响的关系，进一步从实证证明从多个维度出发对城乡差距进行研究分析的必要性。

表5-2　　　　　　　　　　城乡差距成因分析结果

变量类别	变量	模型1 (城乡居民生活差距)	模型2 (城乡产业发展差距)	模型3 (城乡要素配置差距)	模型4 (城乡社会民生差距)
核心变量	城乡居民生活差距		-0.10 ** (-3.19)	0.01 (0.27)	0.18 *** (4.53)
	城乡产业发展差距	-0.05 * (-1.81)		0.06 *** (3.07)	0.07 *** (2.98)
	城乡要素配置差距	-0.03 (-0.59)	0.04 (1.06)		-0.02 (-0.53)
	城乡社会民生差距	0.21 *** (3.33)	-0.07 * (-1.66)	-0.01 (-0.14)	
	城乡居民生活差距滞后项	0.62 *** (11.27)			
	城乡产业发展差距滞后项		0.91 *** (23.11)		
	城乡要素配置差距滞后项			0.75 *** (17.05)	
	城乡社会民生差距滞后项				0.72 *** (18.79)
经济发展	地区经济发展水平	0.13 (0.90)	-0.22 (-1.36)	0.27 *** (3.15)	-0.12 * (-1.74)
财政制度	涉农财政支出	0.62 * (1.67)	0.76 ** (2.39)	0.29 * (1.79)	0.01 (0.06)
	涉农财政支出滞后项	-0.58 (-1.52)	-0.61 * (-1.79)		
	一般公共服务支出	0.46 *** (2.71)	-0.01 (-0.08)	-0.35 ** (-2.52)	-0.42 *** (-4.53)
	一般公共服务支出滞后项				0.42 *** (3.82)

续表

变量类别	变量	模型 1 （城乡居民 生活差距）	模型 2 （城乡产业 发展差距）	模型 3 （城乡要素 配置差距）	模型 4 （城乡社会 民生差距）
市场化 程度	市场化程度	−0.33 ** （−2.42）	−0.57 （−1.40）	0.88 ** （2.29）	1.33 *** （4.07）
	市场化程度滞后项		0.71 ** （2.34）	−1.24 *** （−3.41）	
城镇化	人口城镇化	0.21 （0.70）	0.15 （0.76）	−1.88 *** （−6.56）	0.77 *** （4.53）
	人口城镇化滞后项	−0.66 （−1.57）		1.74 *** （5.76）	−0.20 （−1.02）
	城市规模结构	−0.24 ** （−1.95）	−0.10 （−0.91）	−0.06 （−0.43）	0.17 * （1.87）
	城市规模结构滞 后项			0.28 ** （2.15）	
控制变量	产业偏离度	0.26 （1.48）	−1.97 ** （−2.78）	0.91 *** （4.99）	0.42 *** （2.99）
	产业偏离度滞后项		1.86 *** （3.09）		
	产业高级化	0.57 ** （2.41）	0.11 （0.68）	0.21 （1.49）	−0.19 （−1.47）
	交通便利条件	−0.01 （−0.52）	0.47 ** （2.42）	−0.04 * （−1.68）	0.01 （0.26）
	交通便利条件滞 后项		−0.44 ** （−2.50）		
常数项		−0.21 （−0.76）	2.20 * （1.72）	−2.06 *** （−2.91）	−0.99 ** （−2.46）
AR（2）		0.19 （$p=0.850$）	−1.63 （$p=0.102$）	1.47 （$p=0.141$）	0.74 （$p=0.457$）
Hansen 检验		19.59	16.50	17.25	20.39
Hansen – GMM		17.86	16.50	19.26	17.62
Hansen – IV		18.9 （$p=0.957$）	18.81 （$p=0.979$）	17.94 （$p=0.803$）	19.58 （$p=0.977$）

注：*、**、*** 分别表示在 10%、5%、1% 的水平上显著，括号内为 Z 值。AR（2）检验的 p 值大于 5% 表示不存在二阶自相关。Hansen 检验为过度识别的约束检验，原假设是"所有工具变量有效"。

（1）在城乡居民生活差距的决定方程中，除了受到自身滞后项的影响外，同时还受到城乡产业发展差距、城乡社会民生差距的显著影响，影响系数分别为 -0.05 和 0.21，表明城乡社会民生差距的扩大化会进一步加剧了城乡居民生活差距，而城乡产业发展差距的扩大化则抑制城乡居民收入、消费差距。从影响系数的绝对值来看，城乡社会民生差距对城乡居民生活差距的正向影响作用更大。城乡要素配置差距的影响作用没有通过显著性检验。

从影响因素来看，一是经济发展方面，地区经济发展水平的影响系数为正，但没有通过显著性检验，表明经济发展水平对城乡居民生活差距具有不显著的正向影响。二是财政制度方面，当期涉农财政支出、一般公共服务支出影响系数分别为 0.62 和 0.46，对城乡居民生活差距具有显著的正向影响作用，表明地方政府拥有更多的财政自主权，基于"增长导向型"的传统政绩观，地方政府不规范行为导致农业财政投资被非法侵占、挪用（温涛和王煜宇，2005），城镇以及农村个体的"寻租行为""精英俘获"都可能会将涉农财政转移至农民、农村不需要的地方，或不利于农村的发展（周佳宁等，2019），收入较低的农民因其获取外部资本能力较弱，且资本积累不足，难以打破收入增长缓慢的困境（王小华等，2014），进而导致城乡居民生活差距扩大化。与此同时，在重工业发展战略导向下形成的"城镇优先发展"的发展理念，促使地方政府在进行社会性资本投资时，将资源更多投入城镇的发展，医疗、社会保障等公共服务财政支出也更多地向城镇倾斜，农村、农民被边缘化，在城乡社会民生差距的中介效应下，随着城乡社会民生差距的扩大化，城乡居民生活差距呈现恶化趋势。三是市场化程度对城乡居民生活差距具有显著的负向影响（-0.33），原因是，市场化程度扩大了城乡微观主体对要素配置的选择权力，通过促进土地、劳动力等生产要素的市场化配置提高资源的配置效率，通过产业发展对农村剩余劳动力的吸纳，促进农民的兼业行为和非农生产活动，提高农民的收入水平，进而推动城乡居民生活差距的缩小。四是城市规模结构的影响系数为 -0.24，且通过了 5% 的显著性检验，表明城市规模结构对城乡居民生活差距具有明显的抑制作用。即地区特大城市以及大规模城市形成的城市群、都市圈通过"技能互补效应"(陆铭，2020)，吸纳农村剩余劳动力从事低技能的生产辅助性岗位及生活服务行业，农村劳动力通过兼业行为或非农生产提高家庭劳动报酬的比例，从而促进家庭收入、消费水平的提高，缩小与城镇居民生活的差距水平。同时，基于米尔达尔和司徒行(Myrdal & Sitohang，1957)的"循环累积因果关系"理论，当城市群的集聚效应发挥到一定的程度，"扩散效应"大于"集聚效应"，城镇的部分产业、部分环节会向农村地区转移，第二、第三产业的技术、资本也会发挥对第一产业的"扩散效应"(陈钊等，2009；陆铭和陈钊，2004)，势必带来农业劳动生产率的提高以及农业、农村的长足发展，对城乡居民收入消费差距具有显著的负向效应。

从控制变量来看，产业高级化的影响系数在5%的水平上为正(0.57)，表明产业高级化对城乡居民生活差距具有显著的正向影响，看似违背常理，但有其合理的解释。产业的服务化、高级化是沿着传统服务业—现代服务业—信息产业—知识产业的脉络演化的(程莉，2014)，传统服务业知识含量低、进入门槛比较低，能够为技术、文化水平较低的农村劳动力提供技术含量较低的生产辅助性岗位和职业，吸纳农村剩余劳动力，能够缩小城乡收入差距，而现代服务业知识、资本密集，对技术、人力资本、信息等生产要素具有较高的需求，城镇居民可以依靠较高的素质、技能等从事知识密集型的高端产业，工资性收入远高于从事低技能行业的农村劳动力，即产业结构的高级化加剧了具有不同人力资本的城乡劳动力的劳动报酬分化，从而加速城乡居民收入、消费水平差距扩大。

(2)在城乡产业发展差距的决定方程中，除了受到自身滞后项的影响外，城乡产业发展差距主要受到城乡居民生活差距的影响(-0.10)，且影响系数通过了5%的显著性检验，城乡居民生活差距对城乡产业发展差距之间具有反向的抑制作用。

从影响因素来看，财政制度方面，当期涉农财政支出影响系数显著为正(0.76)，滞后一期的涉农财政支出的影响系数显著为负值，表明当前涉农财政支出对城乡产业发展差距的扩大化具有显著的推动作用，但从长期来看，能够抑制城乡产业发展差距的扩大化。涉农财政支出投入初期，受资本趋利性的影响以及城镇、农村个体"寻租行为"以及"精英俘获"的影响，涉农财政支出不仅没有促进和维护农民的利益，反而对农村、农业发展不利，加剧了农业与非农产业之间的发展差距。随着政策"扭曲"效应的纠正，涉农财政支出发挥了促进农村发展、推动农业现代化的积极作用，通过提升农业产出效率和边际生产效率，不断缩小城乡产业发展差距。市场化程度对城乡产业发展差距的影响系数为－0.57，但没有通过显著性检验，滞后一期的市场化程度对城乡产业发展差距的影响系数为0.71，通过了显著性检验，表明从长期来看，市场化程度拉大了城乡产业发展差距水平。

从控制变量来看，产业偏离度的影响系数为－1.97，滞后一期的产业偏离度的影响系数显著为正（1.86），表明短期内，产业偏离度有助于缩小城乡产业之间的发展差距，但从长期来看，产业偏离度扩大了城乡产业发展差距。从中国的经验研究可知，学者普遍认可中国农业与非农产业之间存在生产要素错配的情况，在城乡劳动力配置（柏培文，2012；高帆和汪亚楠，2016）、城乡资本配置（李庆海等，2012）中均有表现。基于拉尼斯—费景汉理论，农村剩余劳动力的转移在不断为现代工业部门提供剩余劳动力的同时，也为农业减少了劳动力冗余，推动农业生产率的提高。然而，中国实践经验表明，在劳动力转移初期，农村地区由于"青壮""男性""具有一定学历"的劳动力的外流呈现空心村的现象，农业现代技术采纳、推广的不足致使农村产业结构单一，导致城乡产业发展差距扩大化。新经济地理理论从区域视角出发，提出在不完全竞争的前提下，区域经济活动产生集聚效应还是扩散效应，主要取决于市场规模、劳动力的可流动性以及运输成本（Krugman，1980），交通运输便利条件作为运输成本的核心要素，能够通过降低要素运输成本从而对区域经济的集聚效应、扩散效应产生影响（张克中和陶东杰，2016）。交通便利条件的影响系数为0.47，滞后一期的交通便利条件的估计系数显著为负（－0.44），表明在短期内，交通便利条件加速了资本、劳动力等生产要素的城镇化、非农产业化的集聚，通过规模效应促进非农产业的发展,"集聚效应"导致城乡产业之间的边际生产率、产值的差距不断扩大,而随着时间推移,城镇规模经济效应到达极限,要素的边际效应下降促使资本、劳动力、技术等生产要素产生"扩散效应",利用回流的资本、技术和先进的管理理念,农村、农业的快速发展,城乡产业发展差距缩小,同时,交通便利条件的改善也为农村发展休闲农业、观光农业创造有利条件,拓宽农产品的销售市场,推动农村三次产业融合发展。据此可知,从长期来看,交通便利条件的改善有助于城乡产业融合发展。

（3）在城乡要素配置差距的决定方程中,除了受到自身滞后一期的正向影响作用外,城乡要素配置还受到城乡产业发展差距的显著正向影响,影响系数为0.06,而城乡居民生活差距和城乡社会民生差距的影响甚微。

从影响因素来看,地区经济发展水平的影响系数显著为正（0.27）,表明地区经济发展水平是城乡要素配置差距扩大化的重要影响因素。在社会主义市场经济的制度下,市场对资源配置的基础性作用促使劳动力、资本、技术、信息等生产要素流向具有比较优势的城镇地区,随着市场经济的快速发展,城乡要素配置的差距不断扩大化。财政制度方面,涉农财政支出的影响系数显著为正（0.29）,表明涉农财政支出规模扩大化拉大了城乡要素配置差距。主要的原因是涉农财政支出更多用于对农民生产性直接投入和农产品价格的支持（欧阳强斌,2018）,但在基本设施建设和一般性公共服务投入总量不足。国家统计局数据显示,2004年之前,全国总体的农业基础设施的财政支出占总体基础设施投资的比重不足10%,不合理的投资结构导致农业、农村物流体系、基础设施建设的投资不足,远远落后于城镇地区,涉农财政支出结构的不合理导致涉农财政支出违背了财政设立的初衷,反而对农业、农村和农民的利益产生不利影响。一般公共服务支出的影响系数为 -0.35,并通过了显著性检验,表明一般公共服务支出对城乡要素配置差距的缩小化具有显著的促进作用。尽管"城镇优先"的发展理念使得城镇居民能够从公共服务财政支出获得更多的社会福利,但公共财政支出的"溢出效应"促使农村居民在一定程度上获利,缓解了农村社会民生长期"缺血""贫血"的状况，缓解了城乡之间的不平等，促进城乡要素的合理流动。市场化程度的估计系数为0.88，滞后一期的市场化程度的估计系数为 -1.24，均通过了显著性检验。从长期来看，市场化程度有效地促进城乡要素配置差距的缩小，这表明资源积累超过一定的规模，受边际报酬递减规律的影响，资本、劳动力等生产要素从城镇地区逐渐向农村地区转移，推动农业和农村生产力的提高和边际产出的增长，推动城乡要素配置差距的缩小。同时，市场化对要素配置的影响也会推动政府通过经济手段等方式对资源进行宏观调控，通过政策引导、行政干预扭转城乡要素配置差距扩大化的趋势。城镇化方面，当期人口城镇化对城乡要素配置差距具有显著的负向影响，滞后一期的城镇化对城乡要素配置差距的影响显著为正。即在短期内，人口城镇化通过促进劳动力的流动，提升要素配置效率，有助于城乡要素配置差距的缩小。然而，人口城镇化推动了"青壮""具有一定学历"的劳动力的外流，但由于制度桎梏城乡统一要素市场的建立，外流的劳动力没能抵消或填补农村短缺的物质资本，因此，从长远来看，人口城镇化不利于城乡要素配置差距的缩减。城市规模结构方面，滞后一期的城市规模结构对城乡要素配置差距的影响系数显著为正（0.28），从长期来看，城市规模结构对城乡要素配置差距具有显著的正向，原因是当前大多数地区的城市群依然处于发育或成型阶段，城市群的量级、辐射带动作用、发展条件差异等导致现有的城市群尚未形成规模效应，依旧通过"集聚效应"吸引资本、劳动力的城市化集聚，拉大城乡之间、区域之间要素配置的差距。

从控制变量来看，产业偏离度的影响系数显著为正（0.91），这符合我们的预期。产业结构的变动伴随行业生产率的变动，主要表现为不同行业劳动生产率的变动和劳动收入的变动（程莉，2014）。第一产业劳动生产率低，产出与劳动力配置存在明显的错位，而第二、第三产业产出与劳动力配置相对较为平衡，第二、第三产业高水平的劳动报酬对劳动力形成吸引力，加速了劳动力、资本等生产要素的流入和集聚，拉大了与第一产业的要素配置效率差距。交通便利条件的估计系数为 -0.04，并通过了10%的显著性检验，表明交通运输条件的改善有助于要素的双向、自由流动，提高了城乡之间要素配置的效率，改善和优化了城乡产业发展的要素配置结构。朱志勇和蔡燿州（C. Y. Cyrus Chu & Yaozhou Tsai，1997）指出，基础设施建设的劳动者规模对社会交易的效率具有决定性的作用，而后者对社会分工网络的规模具有决定性的作用，社会分工网络规模又对社会总体生产力具有决定性作用。因此，当人口密度达到一定的程度，基础设施的完善会通过社会分工网络对每一个消费者、生产者产生积极影响，提高交易率，提高人均收入水平（骆永民，2010）。从全球经济发展的历史来看，交通基础设施的完善是促进经济欠发达地区经济发展的重要方式，不仅能够降低区域之间的交易成本，提高交易效率，同时，能够提升区域的连接性。从这一点来看，交通便利条件的完善有助于加强城乡之间的流通和联系，通过要素在城乡之间的自由、双向流通，促进城镇地区先进的知识、技术、信息和管理理念的"知识溢出"效应，提高农业的技术创新能力，为农村地区经济发展吸纳城镇地区的优势提供更多的方式和渠道，从而实现农村地区对城镇地区的追赶效应。

（4）在城乡社会民生差距的决定方程中，除了受到自身滞后一期的影响外，还受到城乡居民生活差距、城乡产业发展差距的正向影响，影响系数分别为 0.18 和 0.07，而城乡要素配置差距的影响作用甚微。从影响系数的绝对值来看，城乡居民生活差距的正向影响作用更大。

从影响因素来看，地区经济发展水平对城乡社会民生差距的影响系数显著为负（-0.12），地区经济的发展有助于缩小城乡社会民生差距，即地区经济快速发展给地方政府带来的税收等财政收入，促使地方政府在财政自主权的情形下，有能力、有动力去解决辖区内城乡公共服务发展不平衡、不均衡的问题。财政制度方面，一般公共服务支出对城乡社会民生差距的影响系数为负，并通过了显著性检验，滞后一期的一般公共服务支出的影响系数显著为正，表明地方政府一般公共服务支出有助于增加社会性基础投资，推动辖区内社会福利水平的提高，缩小城乡社会民生差距水平，但在"城镇优先"的导向下，地方政府将公共服务支出更多地用于城镇地区的发展与民生改善，拉大了城乡社会民生差距水平。因此，未来需要进一步加大对农村公共服务支出的比重，补齐农村公共服务、基础设施的短板。市场化程度对城乡社会民生差距的影响系数显著为正（1.33），即市场化程度加剧了城乡社会民生差距，侧面反映在社会民生领域，市场机制不完善的前提下，依然需要政府的"进驻"，以弥补市场调控的缺陷和不足，通过对民生资源的宏观调控，补齐农村民生短板，加大对农村社会性基础建设的投资，推动农村民生福利水平的提高，缩小城乡社会民生差距水平。人口城镇化的估计系数为 0.77，通过了显著性检验，表明人口城镇化导致城乡社会民生差距扩大化。城乡分割的管理体制导致这种传统的人口城镇化滞后于工业化和经济发展，人口城镇化的流动并没有改变农民身份，农民在就业机会、工资待遇、民生福利等方面与城镇户籍人口存在明显差别，形成了城乡社会民生"二元结构"。城市规模结构对城乡社会民生差距具有明显的正向影响。万海远和李实（2013）在对户籍制度的影响机制分析时发现，发达城市、副省级城市在经济社会发展过程中的主导地位促使大城市的户籍价值高于其他地区，对人口尤其是农村流动人口更具吸引力。城市规模结构的回归系数显著为正，表明受户籍的限制，农民工在城镇、行业和区域之间频繁流动，其工作、生活在城乡之间"钟摆式"转换，与城镇居民在义务教育、社会保障、公共服务、就业机会以及权益保护等方面不能拥有同等权利（李子叶等，2016；徐家鹏和张丹，2019），城镇户籍制度对城乡社会民生差距具有显著的正向影响。

5.3.2 稳健性检验

为进一步验证结果的可信度，采用静态系统 GMM 法对模型估计结果进行重新估计，结果如表 5－3 所示。通过比较发现，城乡差距多个维度之间的影响系数的方向和显著性没有出现明显的变化趋势，验证了本章城乡差距多个维度之间的相关关系。在解释变量方面，多数变量的影响系数均与上述系统 GMM 估计结果一致，且 AR（2）的 p 值检验均接受"序列不相关"的原假设，Hansen 检验结果表明了工具变量的有效性和可识别性。因此，整体结果表明，系统 GMM 一步法对动态联立方程组的估计结果稳健可靠。

表 5 - 3　　　　　　　　　　静态 GMM 估计结果

变量类别	变量	模型 1（城乡居民生活差距）	模型 2（城乡产业发展差距）	模型 3（城乡要素配置差距）	模型 4（城乡社会民生差距）
核心变量	城乡居民生活差距		- 0.23 **（- 2.45）	0.05（0.48）	0.32 ***（5.42）
	城乡产业发展差距	- 0.13 *（- 1.81）		0.02（0.46）	0.07（1.37）
	城乡要素配置差距	0.02（0.22）	0.11（0.82）		- 0.04（- 0.36）
	城乡社会民生差距	0.51 ***（5.49）	- 0.003（- 0.03）	0.06（0.44）	
经济发展	地区经济发展水平	0.17（0.59）	- 1.34 **（- 2.30）	- 0.31（- 1.28）	- 0.52 ***（- 3.56）
财政制度	涉农财政支出	0.20（0.64）	0.19（0.39）	0.73 **（2.01）	0.97 ***（3.42）
	涉农财政支出滞后项		1.10 **（2.17）		
	一般公共服务支出	1.28 ***（3.22）	1.16 *（1.90）	- 0.64 *（- 1.80）	- 0.11（- 0.58）
	一般公共服务支出滞后项	- 0.38（- 0.77）			0.14（0.52）
市场制度	市场化程度	- 0.52（- 1.62）	- 0.62（- 0.75）	1.00 **（2.09）	1.79 ***（3.92）
	市场化程度滞后项		2.02 *（1.85）	- 0.96 *（- 1.86）	- 1.22 ***（- 3.07）
城镇化	人口城镇化	- 0.96 **（- 2.38）	0.72（1.37）	0.36（0.75）	0.84 ***（2.69）
	人口城镇化滞后项	- 0.19（- 0.37）		1.11 ***（3.69）	0.85 ***（2.61）
	城市规模结构	- 0.51 **（- 2.35）	- 1.17 ***（- 3.85）	0.52 **（2.34）	0.33 **（1.99）
	城市规模结构滞后项			0.03（0.14）	

续表

变量类别	变量	模型 1 (城乡居民生活差距)	模型 2 (城乡产业发展差距)	模型 3 (城乡要素配置差距)	模型 4 (城乡社会民生差距)
控制变量	产业偏离度	0.80 *** (2.61)	0.57 (0.42)	2.40 *** (5.13)	0.96 *** (3.04)
	产业偏离度滞后项		-3.36 *** (-3.44)		
	产业高级化	1.10 ** (2.15)	0.08 (0.11)	0.91 * (1.85)	-0.44 (-1.36)
	交通便利条件	-0.01 (-0.19)	0.99 (1.36)	-0.64 ** (-2.10)	-0.03 (-0.70)
	交通便利条件滞后项		-0.85 (-1.24)	0.45 (1.51)	
常数项		1.94 (1.25)	11.56 * (1.72)	-1.52 (-1.04)	-1.25 (-1.43)
AR (2)		-1.27 ($p=0.205$)	-1.54 ($p=0.124$)	-1.06 ($p=0.288$)	-0.99 ($p=0.323$)
Hansen 检验		27.05	22.63	24.24	21.33
Hansen-GMM		27.12	21.44	24.23	20.20
Hansen-IV		26.40	22.32	24.45	24.15

注：*、**、***分别表示在10%、5%、1%的水平上显著，括号内为 Z 值。AR（2）检验的 p 值大于5%表示不存在二阶自相关。Hansen 检验为过度识别的约束检验，原假设是"所有工具变量有效"。

对比动态 GMM 和静态 GMM 估计结果可知，城乡差距的多个维度之间存在内在的影响机制。从缪尔达尔的循环积累因果理论可知，城乡关系是不断演变的动态过程，城乡差距的多个维度是相互联系的，相互影响，互为因果关系。由此可见，城乡差距的多个维度之间的关系是以循环的方式运动，但不是简单的重复，而是不断积累变化的过程。这一结论与多维理论的理念相吻合。

5.3.3 城乡差距的多个维度的内在关联性检验

为对城乡差距的多个维度之间的内在关联性进行检验，本章分别利用似不相关回归方程法和系统动态 GMM 估计法对城乡差距的多个维度的内在关联性进行实证检验（见表 5 - 4）。

表 5 - 4　　　　　　似不相关回归、动态 GMM 估计结果分析

变量	似不相关回归模型				动态 GMM 模型			
	lifegap	*indugap*	*factgap*	*socigap*	*lifegap*	*indugap*	*factgap*	*socigap*
lifegap		-0.03 *** (-2.25)	0.02 (1.42)	0.07 *** (5.60)		-0.04 (-1.23)	0.01 (0.46)	0.08 *** (3.45)
indugap	-0.02 (-1.51)		-0.03 *** (-2.59)	0.01 (1.04)	-0.0 (-0.81)		-0.12 * (-1.77)	0.01 (0.81)
factgap	0.00 (-0.16)	0.01 (0.82)		0.03 ** (2.26)	0.00 (0.01)	0.04 (1.02)		0.04 * (1.65)
socigap	0.09 *** (3.12)	-0.03 (-1.48)	0.03 (1.25)		0.14 *** (3.09)	-0.08 * (-1.78)	0.01 (0.29)	
lifegap 滞后一阶项	0.86 *** (46.32)				0.79 *** (20.58)			
indugap 滞后一阶项		0.96 *** (75.11)				0.95 *** (29.47)		
factgap 滞后一阶项			0.89 *** (52.25)				0.79 *** (21.69)	
socigap 滞后一阶项				0.80 *** (39.31)				0.72 *** (21.31)
常数项	0.35 *** (2.79)	0.36 *** (3.70)	0.25 *** (2.38)	0.25 *** (2.70)	0.46 * (1.79)	0.54 ** (2.39)	0.96 *** (3.06)	0.52 *** (2.56)
R^2	0.8209	0.8958	0.8374	0.7788				
相关检验	12.040 * ($p = 0.060$)							
AR（2）					$P = 0.81$	$P = 0.091$	$P = 0.121$	$P = 0.831$
Hansen 检验					28.48 ($p = 1.000$)	28.78 ($p = 1.000$)	29.68 ($p = 1.000$)	29.02 ($p = 1.000$)

注：* 、** 、*** 分别表示在 10%、5%、1%的水平上显著，括号内为 Z 值。AR（2）检验的 p 值大于 5% 表示不存在二阶自相关。Hansen 检验为过度识别的约束检验，原假设是"所有工具变量有效"。

由上述估计结果可知，尽管各类模型估计结果的显著性存在差异，但是，多数变量的估计结果具有稳健性。结合表 5 - 2、表 5 - 3 城乡差距

的成因分析结果以及表 5 - 4 城乡差距多个维度之间互动机制的估计结果可知，城乡差距多个维度之间存在以下固定关系。

第一，城乡居民生活差距与城乡社会民生差距方面存在相互推动的关系。一方面，城乡居民生活差距的扩大化，拉大了城乡家庭在子女教育、劳动力再教育和技能培训、医疗保健、社会保障、居住等民生方面的自付能力差异程度，城乡社会养老保险、医疗保险的覆盖率、支付规模和比率等进一步拉大了城乡社会民生的差距；另一方面，城乡社会民生差距对城乡居民生活差距产生正向冲击。农村居民与城镇户籍居民在义务教育、社会保障、公共服务、就业机会以及权益保护等方面不能拥有同等权利，增加了农民进城务工收入的不确定性（李子叶等，2016；徐家鹏和张丹，2019），导致农民收入增长放缓，拉大了城乡居民生活差距水平。

第二，城乡居民生活差距与城乡产业发展差距之间存在相互抑制的关系。一方面，城乡二元经济结构下，农业与非农产业的差距促使劳动力在两大部门之间的流动，而农村剩余劳动力的非农转移不仅为城镇经济发展带来产业发展所需的劳动力，同时，随着农村剩余劳动力的迁出，农业边际劳动产出效率有所提高，非农生产的边际劳动报酬高于农业，促使农民工劳动报酬大幅度提高，进而促使农村家庭收入、消费水平的提高，缩小了城乡居民生活差距水平。另一方面，城乡居民收入、消费水平的差距促使政府进行战略部署和政策实施，随着政府加大对农业生产的支持，推动适度规模经营，整合土地资源，提高农业土地产出效率和边际劳动产出效率。此外，收入差距引致的农村剩余劳动力的非农转化，不仅实现了农业、非农业的劳动力配置结构，而且通过减少农业劳动力冗余提高农业生产效率。同时，在城镇化、工业化的推动下，劳动者会选择通过教育、培训投资更新自身的人力资本，在一定程度上有助于通过从城镇、非农产业吸纳的先进管理理念、自身的人力资本积累推动农业技术创新，不断提高农业现代化的水平，缩小农业与非农产业之间的发展差距。据此可知，城乡居民生活差距与城乡产业发展差距之间相互抑制的关系是存在中介效应的，是在城乡居民生活差距（城乡产业发展差距）的变化引致的政策、制度等影响作用以及农业劳动力的非农转化等作用下，城乡产业发展差距（城乡居民生活差距）发生相反变化的结果。

第三，城乡产业发展差距对城乡社会民生差距具有单向的推动作用。城乡二元经济结构下，农业与非农产业产出、边际要素生产率的巨大差异导致农业剩余劳动力的非农转化，然而在户籍制度的桎梏下，这种非农转化是不改变农民身份的职业转变，进城农民工在就业、医疗、住房、教育等民生福利方面与城镇户籍居民存在巨大差距，即城乡产业发展差距推动了人口城镇化，人口城镇化滞后于工业化发展，导致城乡社会民生差距的扩大。

5.3.4 区域异质性分析

考虑到不同的区域分布差异可能会对估计结果产生影响，因此，将所有省份分为东部、中部、西部三大区域，并分别对联立方程组进行系统 GMM 估计，估计结果如表 5-5、表 5-6 所示。

表 5-5　　　　不同区域城乡居民生活、产业发展差距的成因估计结果

变量类别	变量	模型 1（城乡居民生活差距）			模型 2（城乡产业发展差距）		
		东部	中部	西部	东部	中部	西部
核心变量	城乡居民生活差距				-0.04 * (-1.71)	-0.11 *** (-3.03)	-0.01 (-0.35)
	城乡产业发展差距	-0.11 *** (-3.47)	0.03 (0.59)	-0.03 (-0.93)			
	城乡要素配置差距	-0.05 (-0.78)	-0.11 (-1.30)	-0.00 (-0.02)	0.08 (1.51)	-0.03 (-0.54)	-0.06 *** (-3.15)
	城乡社会民生差距	0.14 *** (4.83)	0.15 ** (2.15)	0.19 *** (4.66)	0.03 (0.87)	0.07 (1.31)	-0.01 (-0.30)
	城乡居民生活差距滞后项	0.82 *** (22.04)	0.75 *** (13.67)	0.67 *** (10.25)			
	城乡产业发展差距滞后项				0.93 *** (18.28)	0.90 *** (18.49)	0.80 *** (17.29)

续表

变量类别	变量	模型1（城乡居民生活差距）			模型2（城乡产业发展差距）		
		东部	中部	西部	东部	中部	西部
经济发展	地区经济发展水平	-0.31 (-1.25)	0.22 * (1.73)	0.36 *** (2.70)	-0.19 (-1.44)	-0.21 (-0.93)	0.24 ** (2.55)
财政制度	涉农财政支出	0.75 *** (2.80)	-0.28 ** (-2.22)	-0.30 (-0.65)	0.24 (1.07)	0.02 (0.26)	0.30 (1.58)
	涉农财政支出滞后项	-0.69 *** (-3.56)	0.45 ** (2.35)	-0.35 (-0.88)	-0.49 ** (-2.05)	-0.37 (-1.25)	-1.30 *** (-4.31)
	一般公共服务支出	0.51 ** (2.13)	0.31 (1.52)	0.38 * (1.74)	-0.10 (-0.92)	-0.45 *** (-4.11)	-0.12 (-1.12)
市场化	市场化程度	-0.12 (-0.45)	-0.26 (-1.10)	-0.63 *** (-3.02)	-0.14 (-0.53)	-1.67 *** (-3.07)	-0.61 *** (-3.46)
	市场化程度滞后项				0.57 ** (2.05)	1.68 *** (2.82)	0.37 * (1.90)
城镇化	人口城镇化	0.17 (0.47)	-0.25 (-0.62)	0.83 *** (2.86)	-0.13 (-1.07)	0.08 (0.51)	0.09 (0.43)
	人口城镇化滞后项	0.91 *** (3.34)	-0.16 (-0.40)	-1.52 *** (-5.77)			
	城市规模结构	-0.39 ** (-1.99)	0.07 (0.60)	-0.19 *** (-2.20)	-0.43 ** (-2.23)	0.28 *** (2.95)	-0.19 ** (-2.08)
控制变量	产业偏离度	0.16 (0.60)	0.48 (1.43)	0.02 (0.10)	-2.87 *** (-3.27)	-5.90 *** (-7.65)	-2.00 *** (-4.45)
	产业偏离度滞后项				2.09 ** (2.16)	5.25 *** (6.39)	2.10 *** (4.86)
	产业高级化	0.50 * (1.94)	0.38 (1.27)	-0.05 (-0.16)	0.04 (0.25)	0.40 *** (3.11)	0.04 (0.22)
	交通便利条件	-0.31 (-1.00)	-0.47 *** (-2.76)	0.03 * (1.68)	0.54 (0.66)	0.50 (0.74)	0.05 (0.44)
	交通便利条件滞后项				-0.79 (-1.16)	-0.66 (-0.97)	-0.06 (-0.57)
	常数项	-2.08 (-1.03)	-1.76 (-1.40)	0.17 (0.64)	3.46 ** (2.29)	5.00 ** (2.08)	0.46 (1.00)
	AR（2）	-1.33 ($p=0.183$)	1.28 ($p=0.200$)	0.54 ($p=0.586$)	0.06 ($p=0.950$)	-0.20 ($p=0.838$)	-1.47 ($p=0.141$)

注：*、**、*** 分别表示在10%、5%、1%的水平上显著，括号内为 Z 值。Hansen 检验结果略。

表 5 - 6　　　　不同区域城乡要素配置、社会民生差距的成因估计结果

变量类别	变量	模型 3（城乡要素配置差距）			模型 4（城乡社会民生差距）		
		东部	中部	西部	东部	中部	西部
核心变量	城乡居民生活差距	-0.03 (-1.31)	-0.07 * (-1.80)	0.11 *** (2.70)	0.09 *** (2.97)	0.16 *** (3.43)	0.09 *** (3.56)
	城乡产业发展差距	0.05 ** (1.97)	0.08 *** (3.51)	-0.19 *** (-5.65)	0.00 (0.17)	0.05 * (1.68)	0.05 (1.08)
	城乡要素配置差距				-0.04 (-0.96)	0.21 *** (2.57)	0.00 (0.07)
	城乡社会民生差距	-0.01 (-0.18)	0.12 *** (3.43)	-0.05 (-0.60)			
	城乡要素配置差距滞后项	0.74 *** (10.53)	0.67 *** (19.23)	0.73 *** (10.08)			
	城乡社会民生差距滞后项				0.77 *** (14.19)	0.62 *** (12.32)	0.74 *** (16.79)
经济发展	地区经济发展水平	-0.01 (-0.03)	0.60 *** (1.38)	0.70 *** (5.93)	-0.57 *** (-4.18)	0.01 (0.05)	-0.16 ** (-2.41)
财政制度	涉农财政支出	0.28 (0.95)	0.26 (1.38)	-0.13 (-0.60)	0.19 (1.17)	-0.42 (-1.56)	0.22 (1.40)
	一般公共服务支出	-0.23 (-1.42)	-0.07 (-0.87)	0.20 (1.16)	-0.67 ** (-2.50)	-0.14 (-0.98)	-0.22 (-1.10)
	一般公共服务支出滞后项				0.25 (0.92)	0.34 *** (4.19)	0.11 (0.39)
市场制度	市场化程度	-0.02 (-0.05)	0.70 * (1.93)	1.11 * (1.87)	0.60 ** (2.01)	0.39 (0.83)	0.74 ** (2.08)
	市场化程度滞后项	-0.30 (-0.78)	-1.17 *** (-3.07)	-1.36 ** (-2.52)	0.65 * (1.76)	-0.10 (-0.23)	-0.69 * (-1.87)
城镇化	人口城镇化	-0.88 *** (-3.71)	-1.59 *** (-6.26)	-2.88 *** (-5.51)	0.64 *** (4.20)	0.88 ** (2.49)	1.13 *** (7.53)
	人口城镇化滞后项	1.24 *** (5.86)	1.22 *** (8.20)	1.66 *** (3.56)	-0.02 (-0.08)	-0.63 ** (-1.99)	-0.65 *** (-4.03)
	城市规模结构	0.10 (0.62)	-0.18 (-0.97)	-0.25 (-1.09)	0.22 (1.50)	-0.05 (-0.35)	0.14 (1.33)
	城市规模结构滞后项	-0.01 (-0.10)	0.08 (0.57)	0.36 (1.46)			

续表

变量类别	变量	模型3（城乡要素配置差距）			模型4（城乡社会民生差距）		
		东部	中部	西部	东部	中部	西部
控制变量	产业偏离度	0.68 ** (2.08)	0.72 *** (5.00)	0.02 (0.08)	0.09 (0.39)	0.10 (0.27)	0.56 ** (2.33)
	产业高级化	0.24 (1.35)	0.53 *** (3.34)	0.16 (0.76)	−0.25 (−1.44)	−0.80 *** (−2.56)	0.16 (0.89)
	交通便利条件	−0.03 (−0.08)	−0.42 ** (−2.23)	−0.03 ** (−2.09)	−0.59 * (−1.83)	−0.04 (−0.41)	−0.01 (−0.85)
常数项		−1.23 (−0.85)	−5.44 *** (−5.17)	−1.41 ** (−2.24)	5.31 *** (3.49)	−0.58 (−0.67)	−0.42 (−1.43)
AR（2）		1.11 ($p=0.267$)	0.40 ($p=0.689$)	1.19 ($p=0.232$)	0.06 ($p=0.950$)	0.19 ($p=0.849$)	0.19 ($p=0.848$)

注：*、**、*** 分别表示在10%、5%、1%的水平上显著，括号内为 Z 值。Hansen 检验结果略。

（1）在城乡居民生活差距的决定方程中，三大区域的城乡居民生活差距的滞后一期的影响系数为正，且均通过1%的显著性检验，表明三大区域的城乡居民生活差距具有时序的惯性。东部、中部、西部城乡社会民生差距的系数显著为正，且西部地区估计系数最大，说明与全国估计方程一致，三大区域的城乡社会民生差距对城乡居民生活差距具有显著的正向影响，且以西部地区最为显著。东部地区的城乡产业发展差距系数显著为负，系数估计值为 −0.11，在东部地区，城乡产业发展差距的扩大化有助于抑制城乡居民生活差距，原因是城乡产业发展差距的扩大促使农村劳动力的非农化以及向城镇迁移，农民的工资性收入大幅度提高，与城镇居民收入、消费的差距水平大幅缩减，中部和西部地区的影响系数均未通过显著性检验，即在中部、西部地区，城乡产业发展差距没有对城乡居民生活差距造成显著影响。

从影响因素来看，经济发展水平方面，中部、西部地区的影响系数均通过了显著性检验，影响系数分别为0.22和0.36，表明在经济欠发达的中部、西部地区，长期形成的工业优先发展以及"城镇偏向"导向政策下，地区经济发展对城乡微观主体的收入、消费差距产生不利影响。财政制度方面，涉农财政支出在东部、中部地区具有截然相反的影响作用。在东部地区，涉农财政支出的影响系数显著为正，滞后一期的涉农财政支出的影响系数显著为负，表明短期内，涉农财政支出项目结构的不完善，导致涉农财政支出偏离财政支出的初衷，随着政策扭曲效应不断被纠正，涉农财政支出发挥了缩小城乡居民生活差距的积极作用。在中部地区，涉农财政支出有助于通过推动农业产业化经营，帮扶农业发展，提高农业生产效率，提高农民收入，但受到经济发展的影响以及拥有财政自主权的地方政府"增长导向型"传统政绩观影响下，城镇以及农村个体的"精英俘获"和"个人寻租"行为损害了部分农民的利益，不利于城乡居民生活差距的缩小。在东部和西部地区，一般公共服务支出的影响系数显著为正值，分别为 0.51 和 0.38，一般公共服务财政支出的"城镇导向"特征更为显著，不仅导致城乡社会民生差距扩大，同时也导致城乡居民生活差距明显扩大。市场化程度在东部、中部、西部三大地区的估计系数为负，并且西部地区的影响系数通过了显著性检验，表明市场化程度对西部地区的城乡居民生活差距的缩小具有显著的促进作用。人口城镇化对东部、西部地区的影响机制存在差异：西部地区的估计系数显著为正，滞后一期的影响系数显著为负，影响系数分别为 0.83 和 −1.52，即在西部地区，人口城镇化在短期内会导致城乡居民生活差距的扩大，但从长期来看，人口城镇化有助于城乡居民生活差距的缩小。在东部地区，人口城镇化以及滞后一期变量的影响系数均为正值，且滞后一期的城镇化率的影响系数通过了显著性检验，即东部地区人口城镇化会进一步拉大城乡居民生活差距。城市规模结构在东部、西部的影响系数显著为负，即城市规模扩大化形成城市群、都市圈的发展模式，有助于缩小东部、西部地区的城乡居民生活差距水平。主要原因是东部地区具有京津冀、长三角和粤港澳三大世界级的城市群，西部地区具有有望成为中国第四级"增长极"的城市群——成渝城市群，城市群、都市圈的规模效应显著，相对的中部地区的城市群还处于发育或生长阶段（陆铭等，2020）。

从控制变量来看，产业高级化在东部地区的影响系数显著为正，原因是在东部沿海发达地区，借助沿海资源禀赋优势和对外开放城市的优势，产业发展多以现代服务业、信息产业和知识产业为主，产业发展和经济动能更多依赖于人力资本以及人力资本引致的技术进步和自主创新能力，对技术、人力资本和信息等生产要素具有更高的要求，城乡劳动力自身的人力资本以及专业技能水平的差异进一步加剧了城乡劳动力职业的分化，即城镇具有高技能的劳动力可从事高端技术型、知识型的职业，而农村低技能的劳动力仅能从事低端的产品加工、服务等行业，进一步加剧了城乡居民收入、消费的差距水平。交通便利条件在东部和中部地区的影响系数为负，且中部地区的影响系数通过了显著性检验，表明在中部地区，交通便利条件对中部地区城乡居民收入、消费差距的负向影响作用更为显著。但西部地区的交通便利条件的影响在10%的统计水平上显著为正，表明西部地区的交通运输条件相对较差，尚未能够发挥对城乡收入差距缩小的作用。

（2）在城乡产业发展差距的决定方程中，三大区域滞后一期的城乡产业发展差距的影响系数显著为正，表明三大区域的城乡产业发展差距同样存在时序的惯性特征。与全国总体估计一致，东部、中部、西部地区的城乡居民生活差距的影响系数为负值，且东部和中部地区的估计系数通过了显著性检验，表明在东部、中部地区，城乡居民生活差距对城乡产业发展差距具有显著的负向影响。在城乡要素配置差距的影响系数方面，三大区域存在差异性，其中，西部地区的估计系数显著为负值，即西部地区城乡要素配置差距对城乡产业发展差距具有负向影响，可能的原因是中部、西部地区经济发展处于工业化的初级阶段，城乡物质资本的差距推动城市经济发展的同时也推动了人口城镇化，农村冗余劳动力的流出不仅促使非农产业的快速发展，同时也提高了农业的资源配置效率，在总体经济发展水平较低的背景下，缩小了产业之间的发展差距。

从影响因素来看，经济发展水平方面，与东部、中部地区不同的是，西部地区经济发展水平的影响系数显著为正，影响系数为0.24，即地区经济发展水平拉大了城乡产业发展差距。原因是在经济总体发展水平较低的西部地区，在"增长导向型"传统政绩观的影响下，地方政府将资源、资本等生产要素更多集中于边际生产效率较高的非农产业的发展，同时受到资源禀赋以及自然生态环境的约束，农业生产效率低下，产出较小，农业与非农产业的产值、边际生产效率的差距不断扩大化。财政制度方面，滞后一期的涉农财政支出在三大区域的影响系数均为负，且东部、西部地区的影响系数通过了显著性检验，表明从长期来看，随着政策"扭曲效应"的纠正，涉农财政支出有助于通过推动农村、农业的发展，缩小城乡产业之间的发展差距，发挥财政支农的积极政策效应。三大区域的一般公共服务支出的影响系数为负值，且中部地区的影响系数通过了显著性检验，即一般公共服务支出有助于缩小城乡社会民生差距水平，并进而对城乡产业发展差距产生抑制作用。三大区域的市场化程度的估计系数均为负值，且中部、西部地区的影响系数均通过了显著性检验，滞后一期的市场化程度的影响系数为正，且均通过了显著性检验，表明在短期内，市场化程度的提高有助于通过资源调控促使物质资本"城—乡"、劳动力"乡—城"的流动，改善三次产业的资源配置结构，提高资源配置的效率，缩小城乡产业发展差距，但从长期来看，由于农业、农村依然处于"弱势"地位，市场化程度的提高无疑加剧这一差距，需要政府加大宏观调控，加强资源市场的监管，正确处理政府—市场关系，促进三产融合发展。城市规模结构对东部、西部的城乡产业发展差距的影响系数显著为负，对中部地区的影响系数显著为正，影响系数为 0.28，反映在京津冀、长三角和粤港澳三大城市群集聚的东部以及成渝城市群所在的西部地区，城市群的"扩散效应"推动城乡产业发展差距的缩小，但在城市群尚未形成规模效应的中部地区，城市规模结构以"集聚效应"为主，导致城乡产业发展差距的扩大化。

从控制变量来看，三大区域当期产业偏离度的影响系数显著为负，滞后一期的产业偏离度的影响系数显著为正，表明短期内，产业偏离度有助于缩小城乡产业发展差距，但从长期来看，产业偏离度对城乡产业发展差距的扩大化具有推动作用。产业高级化的影响系数为正，且中部地区的影响系数通过了显著性检验，表明在中部地区，产业高级化对城乡产业发展差距的作用更为显著。

（3）城乡要素配置差距的决定方程中，与全国总体估计结果一致，在东部、中部地区，城乡产业发展差距对城乡要素差距的扩大化具有显著正向影响。西部地区城乡产业发展差距的影响系数显著为负。东部地区工业化水平相对较高，产业结构趋于高级化，产业更多为资金密集型或依赖于人力资本以及人力资本附加的技术创新，农业与非农产业之间的产出效率差距无疑将进一步加速资本的城镇化集聚，拉大高质量的城镇人力资本与低技能的农村人力资本的差距。中部地区能源、装备制造业等重工业的发展加速劳动力、资本等生产要素的城镇化集聚，拉大了城乡要素配置差距。在西部地区，工业对农村剩余劳动力的吸纳推动农村劳动力的非农转化，在推动城市工业发展、人口城镇化的同时，减少了农业大量冗余的劳动力，改善了城乡要素配置结构，提高了城乡要素配置的效率，缩小了城乡要素配置差距。此外，在西部地区，城乡居民生活差距的扩大化，使农村居民无能力进行私人性物质资本以及人力资本的投资，导致城乡物质资本、人力资本差距的扩大。

从影响因素来看，地区经济发展水平对中部、西部地区城乡要素配置差距具有正向影响作用，原因是中部、西部地区经济发展水平相对较低，为加速地区经济发展，在"城镇偏向"以及工业优先的发展导向下，地方政府优先将资源、资本投资于城镇、非农产业的发展，城乡要素配置差距随经济增长不断加剧。中部和西部地区市场化程度的影响系数显著为正，滞后一期的市场化程度的影响系数显著为负，表明从短期来看，市场对资源配置的作用会进一步加速城乡要素配置的差距，但从长期来看，市场化的配置会提高资源配置的效率，优化城乡资源配置结构。东部、中部、西部人口城镇化的影响系数显著为负，滞后一期的城镇化的影响系数显著为正，表明短期内，城镇化水平的提高有助于缩小城乡要素配置的差距，但从长期来看，在不采取政策措施改变现有格局的情况下，人口城镇化加速三大区域城乡要素配置差距的扩大。

从控制变量来看，三大区域的产业偏离度的影响系数为正，且东部和中部地区的影响系数通过了显著性检验，即在东部和中部地区，产业发展与产业劳动力配置结构的错位对城乡要素配置差距的扩大化具有正向影响。中部地区产业高级化的影响系数显著为正，表明在以装备制造业、化工、能源等重型工业为经济重心的中部地区，产业转型升级对人力资本、信息以及技术发展提出了更高的需求，进一步加速城乡之间要素配置的分化趋势。东部、中部、西部地区交通便利条件的影响系数为负，且中部、西部地区的影响系数分别通过了显著性检验，表明在中部、西部地区，交通便利条件对城乡要素配置差距的负向影响作用更大。

（4）在城乡社会民生差距的决定方程中，与全国总体的估计结果一致，东部、中部、西部地区城乡社会民生差距均受到自身滞后项的显著影响，即三大区域的城乡社会民生差距同样具有时序的连贯性。东部、中部、西部地区的城乡居民生活差距的影响系数通过了显著性检验，影响系数分别为 0.09、0.16 和 0.09，即城乡居民生活差距对城乡社会民生差距具有正向的推动作用。此外，在中部地区，城乡产业发展差距、城乡要素配置差距的影响系数通过显著性检验，影响系数分别为 0.05 和 0.21，即中部地区的城乡社会民生差距还受到城乡产业发展差距、城乡要素配置差距的显著影响。

从影响因素来看，在东部地区，地区经济发展水平对城乡社会民生差距具有显著的负向影响，原因是随着地区经济的发展，地区财政收入也相应增长，促使拥有财政自主权的地方政府有能力、有动力解决辖区内公共服务供给不足、分配不均的问题，推动城乡社会民生差距的缩小化。财政制度方面，东部、中部、西部地区的一般公共服务支出的影响系数为负，且东部地区通过了显著性检验，滞后一期的一般公共服务支出影响系数为正，中部地区的影响系数通过显著性检验，表明一般公共服务支出规模的扩大化有助于缩小城乡社会民生差距，但随着支出规模的扩大化，在中部地区，"城镇偏向"政策导向以及传统政绩观影响下，城乡社会民生差距将进一步加剧。市场化程度对城乡社会民生差距的影响具有区域的异质性。东部地区当期以及滞后一期的市场化程度的影响系数显著为正，即在东部地区，市场化程度将加速城乡社会民生差距的扩大化，在西部地区，短期内，市场化程度会加剧城乡社会民生差距的扩大化，但从长期来看，市场化制度改革有助于提高公共服务供给的效率，缩小城乡社会民生差距水平。三大地区当期人口城镇化的估计系数为正，滞后一期的城镇化的影响系数显著为负，表明短期内，城镇化加剧了城乡社会民生差距，但从长期来看，人口城镇化有助于缩小城乡社会民生差距。即随着制度、政策的完善以及进城落户政策的逐步放宽，政府加大对农村公共服务的供给规模和供给力度，人口城镇化与工业化、现代化齐头并进，将有助于提升居民的社会福利获得感，促使全民公平、共享改革开放成果，缩小城乡社会民生差距水平。

从控制变量来看，中部地区的产业高级化的影响系数显著为负，表明中部地区的产业高级化推动城乡社会民生差距的缩小，更深层次的原因是中部地区的产业结构升级有助于通过发展重工业、装备制造业等对农村剩余劳动力进行吸纳，提高农民的收入、消费水平，进而提高农民投资教育、人力资本提升的能力，提高农民医疗自付的比例和支付的能力，进而缩小城乡社会民生差距水平。东部、中部、西部地区交通便利条件对城乡社会民生差距的影响系数为负，且东部地区的影响系数通过了显著性检验，在东部地区，道路等交通运输条件的改善不仅对城乡居民收入、消费差距的缩小产生积极影响，同时，交通便利条件的改善也有助于提高农村家庭公共服务的获得感，缩小城乡社会民生差距。

5.4 本章小结

本章基于中国 30 个省份的面板数据，利用联立方程模型组和动态 GMM 估计法对城乡差距多个维度的内在互动机制以及影响因素进行研究分析，并得到以下结论。

第一，从全国总体来看，城乡差距的多个维度之间存在内在关联效应：居民生活与社会民生的城乡差距之间存在加剧不平等的内在互动关系；城乡居民生活差距与城乡产业发展差距之间存在相互抑制的关系；城乡产业发展差距对城乡社会民生差距具有单向的推动作用。此外，滞后效应表明，城乡差距的多个维度均具有时序的惯性。

第二，城乡差距的多个维度的主要因素体现为经济发展水平、市场化、城镇化进程三类规律性因素以及中国二元体制的综合影响。从全国总体看，地区经济发展水平每增长 1 个单位，城乡要素配置差距扩增 0.27，城乡社会民生差距缩减 0.12。从市场化程度方面来，市场化程度每增加 1 个单位，城乡居民生活差距缩减 0.33，要素配置、社会民生的城乡差距分别增加 0.88、1.33，未来要完善有为政府和有效市场的关系，发挥市场"无形的手"对资源的有效配置，同时需要政府"有形的手"对公共服务供给的制度引导。城镇化方面，人口城镇化每上升 1 个单位，要素配置的城乡差距缩减 1.88，城乡社会民生差距增加 0.77。城市规模结构每上升 1 个单位，城乡社会民生差距扩增 0.17。因此，要以户籍改革推进新型城镇化，提升农民市民化的意愿，提升全民公共服务水平。财政制度方面，涉农财政支出每增长 1 个单位，居民生活、产业发展的城乡差距分别扩增 0.62、0.76，但从长期看，导致城乡产业发展差距缩减 0.61。一般公共服务支出每增长 1 个单位，城乡居民生活差距扩增 0.46，城乡社会民生差距缩减 0.42，这意味着要推动地区，尤其是欠发达的中部、西部地区经济发展，需提升地方政府的财政能力。改革和完善政府财政支出结构，纠正财政政策"城镇导向""经济导向"的效应。此外，四类因素不仅对城乡差距的多个维度的影响具有差异性，对三大区域的影响同样具有异质性。

第 6 章

城乡差距的经济效应分析

当前中国经济发展面临"两个大局":一是金融危机爆发后期世界经济深刻变化和调整以及新冠肺炎疫情冲击的综合影响下形成了前所未有的"百年未有之大变局";二是进入"十四五"时期开启中华民族伟大复兴的战略全局(汤铎铎等,2020)。同时,城乡差距的扩大化给经济社会的可持续发展带来了严重的挑战。面对这两大变局,面对城乡差距多个维度对经济社会的不利影响,如何缩小城乡差距,释放农村消费市场潜力,畅通城乡经济循环,通过"经济内循环"发展模式促进经济增长,保持经济活力,让改革成果惠及广大人民群众,如何协调各阶级的利益,实现共同富裕已经成为当前中国亟待解决的重要课题。

本章将从以下两个方面出发对城乡差距多个维度的经济效应进行分析:一是从经济高质量发展视角出发,对城乡差距多个维度与经济发展水平、经济全要素生产率的关系进行理论和实证分析,检验城乡差距是否对经济增长产生显著的影响作用,影响的方向、影响的程度如何;二是从构建国内循环为主,国内国际双循环的经济发展新格局视角出发,对城乡差距多个维度与国内消费市场规模、资本规模的关系进行分析,研究居民收入消费、社会民生、产业发展、要素配置方面的城乡不平衡是否对驱动经济"三驾马车"的消费、资本产生负向效应,对建立经济发展新格局是否产生阻滞作用。据此提出未来以城乡融合发展推动国内需求扩张,为经济增长赋能的政策建议,将城乡融合发展提到新的高度。

6.1　城乡差距与经济高质量发展

党的十九大指出，中国经济已从高速发展进入高质量发展阶段。何谓高质量发展？金碚（2018）提出高质量发展是多元化、多层次的，是为解决当前社会主要矛盾，满足广大人民群众生活需要服务的。纵观文献研究，经济高质量发展的内涵研究主要包括以下三种理论。（1）经济发展理论。诸多学者从经济发展速度、经济效率、经济的平衡三方面关注宏观经济的发展。传统的研究方法是，利用全要素生产率衡量经济的增长质量，现有研究更多是利用指标体系进行经济高质量发展的综合评价。如钞小静、薛志欣（2018）从经济发展动力、经济效率和经济结构三方面出发，提出通过推动产业结构合理化、提高要素配置效率、促进技术创新等方式推动经济高质量发展。（2）民生发展理论。学者从当前社会的主要矛盾出发，认为高质量发展要以满足广大人民群众美好生活的需要为目标，提高人民生活的满意度，因此，高质量发展应该遵循五大发展理念，实现经济增速平稳、经济结构合理，对生态环境友好，最终实现社会公平。（3）系统发展观。针对经济高速发展阶段出现的不平衡、不充分等问题，高质量发展主要表现为增长过程和增长结果的"高质量"：从经济增长过程看，高质量发展是经济增长结构（产业结构、要素结构等）的优化；从经济增长的结果看，高质量发展要实现民生福利水平的改善、生态环境的优化以及资源利用率的提升，实现发展成果的均衡共享（赵剑波等，2019）。基于第三种视角理解城乡差距多个维度与经济高质量发展之间的关系，发现不仅城乡产业发展差距、城乡要素配置差距的扩大化对经济增长的结构产生不利影响，城乡居民生活差距、城乡社会民生差距的扩大化通过社会总体民生福利水平、经济成果共享等方面对经济增长的结果同样具有显著影响。即，城乡差距多个维度对经济高质量发展形成了阻滞作用。

新时期要实现经济高质量发展，实现共同富裕，全面建设社会主义现代化国家的战略目标，需要从缩减城乡差距的多个维度出发，推动城乡全面融合发展。改革开放以来，中国经济快速增长，创造了世界瞩目的"增长奇迹"。一直以来，投资、出口和消费被喻为拉动经济增长的"三驾马车"，但"三驾马车"并没有出现齐头并进的趋势，经济发展更多依赖于投资和出口，消费需求则萎靡不振。当前，中国处于经济转型时期，金融危机爆发后期世界经济深刻变化调整以及新冠肺炎疫情冲击的综合影响下形成了"百年未有之大变局"，国际经济形势的复杂变化导致中国原有的出口导向型经济发展模式不可持续，有效需求不足成为制约中国经济发展的关键因素。作为农业人口大国，中国农村消费市场潜力巨大，有望通过充分发挥农村消费市场的巨大空间，为实现国内循环为主，国内国际双循环发展的经济发展新格局提供支撑和动力。但事实表明，人口不是市场有效的充分条件。与消费需求不足相伴随的另一重要现象是中国区域、城乡之间发展不平衡、不均衡的问题日益凸显。城乡差距更是这一不平衡的重要体现。城乡差距的扩大必然导致两大极端：中高阶层的高端市场需求、创新需求的增加，低阶层产品消费需求、创新需求能力的减弱。城乡差距对消费需求的影响取决于这两者之间净效应的大小。另外，物资资本对经济发展发挥主导作用。国外研究表明，20世纪80年代初开始的金融资本加剧了欧美国家的不平等程度，即城乡、区域不平等与物质资本积累之间存在一定的内生关系。有必要讨论城乡差距对经济资本积累的影响机制，进而通过促进城乡要素流通提升资本的流通效率，提高农村物质资本积累。

6.2 城乡差距对经济发展的影响机制

现有文献多从城乡收入差距与经济增长的关系进行分析，鲜有对要素配置、公共服务以及产业发展等方面的城乡差距对经济发展影响进行理论分析和实证检验。从供给视角来看，在假定技术效率不变的前提下，经济发展与人力资本投入、物资资本积累存在正相关关系。从需求视角来看，经济发展与技术创新型产业以及整个市场需求密切相关。而人力资本投资、市场需求是社会主体追求利益最大化进行权衡的结果，与特定的微观经济主体之间的格局存在联系（高帆和汪亚楠，2016）。基于此，本章从理论层面提出城乡差距多个维度通过消费、资本影响宏观经济发展的作用机理。

6.2.1　城乡差距通过物资资本、人力资本对经济发展产生影响

首先，由库兹涅茨的假说可知，收入不平等与经济增长之间存在倒"U"型关系。收入的不平等是经济增长的前提条件，过分的公平和均衡将通过对储蓄和投资的抑制作用导致经济增长、经济效益受损。基于新古典经济学理论，储蓄是经济增长的重要影响因素，个体的储蓄可以转化为社会的物质资本投资，而物质资本投资的增长对经济发展具有促进作用。城镇居民作为高收入群体，具有较高的储蓄倾向，相对的，作为低收入阶层的农村居民边际储蓄倾向较低，城乡收入差距的扩大化有助于提升城镇居民的储蓄率，提高物质资本积累，促进经济的增长。此外，城乡收入差距的扩大化推动了农村剩余劳动力的转移，为城市经济发展提供大量廉价的劳动力，推动城市经济以及社会总体经济的增长。然而，农村不存在无限的劳动力供给，城市经济也不存在无限的劳动力需求。当经济发展到一定的程度，劳动力的供给超过城市经济劳动力的需求，劳动报酬增速放缓，劳动生产率的增长与劳动报酬的增长之间发生较大程度的脱钩，收入不平等造成的贫富差距逐渐凸显，对经济增长和社会稳定造成不利影响（杜军，2006）。王少国、王镇（2009）指出，参照经济效率的标准，城乡收入差距存在适度的标准水平。当城乡收入差距导致农村人口转移的规模超过城市最优人口规模，不仅会导致城市、非农产业的经济效率下降，进而还会导致总体经济效率的下降。即，从长期看，城乡居民生活差距、城乡社会民生差距的扩大会通过抑制农村物质资本积累、人力资本投资对经济增长产生负向影响。还有学者指出，城

乡居民生活差距以及社会民生差距的扩大化也会对社会稳定形成威胁，甚至可能造成政治动荡，恶化社会总体投资环境，促使资源更多用于保护产权，相应地减少物质资本的积累（Benhabib & Rustichini，1996；陆铭等，2005）。

其次，城乡产业发展差距的扩大化会促使农村剩余劳动力的非农转化。农业劳动力的非农转化不仅在"量"上造成农业劳动力的减少，更为甚者，是从"质"上造成农业人力资本的减少，导致农业人力资本规模效应和结构效应的下降。从农民工群体和迁移后的农村劳动力的对比可知，农民工一般具有"青壮年""男性""非文盲或具有一定的学历"的特征，而留守农村的劳动力均具有"老龄化""女性""文盲或低学历"的特征，造成农业多采用小农户经营模式，规模化经营动机较弱，不仅造成农业全要素生产率的下降，同时也不利于整体经济增长。有学者研究发现，农村剩余劳动力的非农转化导致农户选择降低复种指数、抛荒或粗放经营土地，而非采用劳动节约型的农业技术以替代劳动力的减少（张兴华和熊菊喜，2014）。另外，由于农村劳动力技能、知识含量较低，劳动力质量不能为现代产业生产效率的提高做出突出贡献，从而不利于经济的可持续增长（钞小静和沈坤荣，2014），同时，农村剩余人口的大规模流入，导致城镇劳动力数量超过一定的规模，劳动力的边际报酬呈现递减的变化趋势，导致城镇地区经济效率下降，最终降低整体经济的生产效率（田新民，2009）。

最后，城乡要素配置差距的扩大化会减弱农村居民物资资本、人力资本的投资能力，从而对经济产生负向影响。农业部门与非农部门之间，物质资本、人力资本的差异导致初始资源禀赋较少的农村、农民无法进行私人性的物质资本、人力资本的投资。金融市场化改革后，在资本趋利性的驱使下以及信贷资源的约束下，21世纪90年代后期，国有商业银行的股份制改革以及农村信用社的商业化改革和非农化的倾向，不仅导致城乡之间物质资本的差距逐渐扩大化，对农户的物质资本积累和信贷资本的积累产生显著的负面影响（汪昌云等，2014），还导致了农业、农村面临要素"瓶颈"（薛金辉，2004），且农业资本本身具有的长期性、风险性高的特征以及农村教育资本的缺失（钟腾和吴卫星，2020），对农村物质资本、人力资本的积累产生负面影响，进而对中国整体物质资本、人力资本的提升以及经济的增长产生负面影响（钞小静和沈坤荣，2014）。

据此提出本章的假设 H6.1：城乡差距多个维度通过阻滞农村人力资本投资、物质资本积累对经济发展水平、经济效率产生一定程度的作用。

6.2.2　城乡差距通过消费需求对经济发展产生影响

在全面建设社会主义现代化国家的新阶段，既需要通过提高全要素生产率等方式提高和稳定经济潜在增长率，也需要通过提高居民收入、提高对外开放水平，不断扩大内外需求，使得需求因素成为推动经济稳定增长的新动力。消费，尤其是国内消费市场是超大规模市场的直接体现，而城乡差距对消费规模的影响主要表现在以下三个方面。

首先，诸多学者从城乡收入差距出发，认为收入差距的扩大化导致居民平均消费倾向降低，导致储蓄居高不下，消费低迷。原因是基于凯恩斯的消费理论，高收入者具有较高的消费水平，但是，其边际消费倾向小，低收入阶层的农村居民具有较高的边际消费倾向，但受到收入水平的约束和限制，城乡居民生活差距的扩大化会导致居民总体消费倾向下降（高帆，2014），不能形成有效需求，从而导致因社会市场需求规模不能有效的扩张，经济增速放缓。施莫克勒（Schmookler，1966）提出需求推动创新的假说，认为只有市场上存在有效需求时，企业的创新投入才会通过市场需求转化为收益，从而刺激企业创新，进而提升国家自主创新能力。城乡收入差距的扩大化导致低收入水平的农民无法负担非生活必需品的消费需求，而中高收入阶层的城镇居民则有能力、有意愿消费个性化定制的产品和工业创新产品，即城乡收入差距对消费需求带来了"首尝效应"、"模仿效应"和"挤压效应"（Zweimuller et al.，2005），其中，"首尝效应"和"模仿效应"会在一定程度上创造中高阶层的消费群体，增加创新产品的市场需求，但"挤压效应"制约了收入、消费水平较低的群体，尤其是农村居民对创新产品的消费需求，减少了创新产品市场需求的规模。也有学者提出，城乡收入差距对消费需求的影响与经济发展阶段具有密切关系。杨天宇、朱诗娥（2007）认为，扩增消费需求，收入差距并非越小越好，在一定的条件下，收入差距的缩小甚至会导致消费需求的下降。在一定的经济发展水平，以实现居民消费需求总量最大化的条件下，存在最优的城乡收入差距（陈南岳，2004）。当城乡收入差距过大，导致社会总体边际消费倾向下降，社会总需求减少，进而造成消费产品、消费服务相关产业的投资规模递减，对整体经济发展产生不利影响。

其次，基于持久收入假说理论，为实现效用的最大化，居民的消费需求取决于持久性的收入水平。当居民预期能够获得持续性、稳定的收入以及社会保障水平，能够应对未知的风险时，会增加当前的消费，反之，居民则会选择储蓄的方式减少当期消费规模。在经济发展水平较低的情况下，城乡社会民生差距的扩大化导致农村地区的经济发展、社会保障水平较低，未来支出的不确定性导致居民预防性储蓄的增加，抑制了农民的当期消费意愿。相对的，在城镇地区，由于居民收入水平较高，且社会保障体系健全，居民进行预防性储蓄的动机较弱，具有较高的消费倾向，但在城镇地区，房地产产业的飞速发展在推动经济快速发展的同时导致房价的增长速度远超居民收入增长速度，严重透支城镇居民预防性收入，导致居民消费需求不断被挤占和压缩，进一步导致总体需求不足。在这种情况下，城乡社会民生差距的扩大化对社会总体需求产生不利影响。

最后，有学者指出，受到生产力、要素禀赋等因素的影响，中国的技术变迁是引进式技术进步为主。在引进式技术进步阶段，产业发展以及技术等要素的变革对消费需求的影响存在两种效应。一方面，引进式技术进步通过促进产业升级对消费产生积极的引导作用，在对国外先进技术进行模仿的同时也强化了国内消费者对国外消费理念、文化的接受，促使国内消费偏好的改变和转移，在一定程度上促进消费规模的扩大化。另一方面，引致式技术进步以资本为重要载体，对劳动力的排斥效应导致劳动力减少、劳动报酬降低，间接对消费规模产生负向效应。在引致式技术进步的后期，引致式技术进步生产的同质性、低端的产品在需求方面，无法满足大众的消费需求，在产品供给方面，造成了产能过剩，产能过剩又会导致投资效率的下降以及投资规模的缩减，投资规模的减少将导致行业的萎缩、就业岗位的减少，进一步导致劳动收入的减少、消费规模的缩减（林毅夫等，2010；龙少波等，2020）。据此可知，产业发展以引进式技术变革作为支撑的条件下，城乡产业发展差距、城乡要素配置差距的扩大化导致物质资本、人力资本的城镇、非农产业集聚，资本集聚带来的技术创新推动了非农领域的企业技术创新，企业的自主创新带来了大量的创新产品和创新供给，但相对的是农村长期人力资本的外流以及物质资本不足、基础设施以及创新推广服务的缺失等因素导致农业现代化水平较低，创新能力不足，不能形成对非农产业创新供给的有效消费市场，导致社会总体创新需求不足，不能形成有效的规模效应。

据此可以得出假设 H6.2：城乡居民生活差距对居民消费规模的影响存在经济发展阶段性特征，对消费需求的影响方向取决于"首尝效应"、"模仿效应"和"挤压效应"的大小，城乡社会民生差距、城乡产业发展差距、城乡要素配置差距的扩大化对居民消费规模具有负向影响。

6.3　计量模型、变量和数据来源

6.3.1　计量模型

基于上述待检验的机制，城乡差距多个维度能够通过国内消费市场影响经济发展，消费需求能够促进经济增长。为了检验上述消费是否充当中介变量，本章分别构建固定效应模型和中介效应模型，全面、系统考察城乡差距多个维度如何影响经济增长的作用机制。

首先，构建关于城乡差距多个维度与经济发展水平、经济 TFP 的双向固定效应模型：

$$g_{it} = \alpha_0 + \beta_1 Z_{it} + T_i + D_i + \varepsilon_{it} \qquad (6.1)$$

$$g_{it} = \alpha_0 + a_0 wholgap_{it} + \beta_2 Z_{it} + T_i + D_i + \varepsilon_{it} \qquad (6.2)$$

$$g_{it} = \alpha_0 + a_1 lifegap_{it} + a_2 indugap_{it} + a_3 factgap_{it} + a_4 socigap_{it} +$$
$$\beta_3 Z_{it} + T_i + D_i + \varepsilon_{it} \qquad (6.3)$$

为全面观测城乡差距对经济发展、全要素生产率（TFP）的影响，分别在式（6.1）的基础上引入变量城乡综合差距，构建方程模型（6.2），引入城乡差距多个维度作为解释变量，构建方程模型（6.3）。其中，核心变量为上述章节测度的城乡综合差距（$wholgap$）、城乡居民生活差距（$lifegap$）、城乡产业发展差距（$indugap$）、城乡要素配置差距（$factgap$）和城乡社会民生差距（$socigap$）。Z 为影响经济发展以及经济效率的控制变量。T_i 代表时间固定效应，以控制不可观测因素从时间上的影响作用。D_i 代表个体固定效应，以控制不可观测因素在时间和个体方面对经济增长、经济效率的影响。ε_{it} 为随机误差项，α、β 分别为对应变量的系数。

其次，为检验城乡差距多个维度影响经济发展的路径，分别构建城乡差距多个维度与消费规模、资本形成规模的双向固定效应模型：

$$Y_{it} = \alpha_0 + \gamma_1 X_{it} + T_i + D_i + \varepsilon_{it} \qquad (6.4)$$

$$Y_{it} = \alpha_0 + b_0 wholgap_{it} + \gamma_1 X_{it} + T_i + D_i + \varepsilon_{it} \qquad (6.5)$$

$$Y_{it} = \alpha_0 + b_1 lifegap_{it} + b_2 indugap_{it} + b_3 factgap_{it} + b_4 socigap_{it} +$$
$$\beta_3 X_{it} + T_i + D_i + \varepsilon_{it} \qquad (6.6)$$

其中，Y_{it} 在消费规模方程模型、经济总体资本方程模型中分别代表消费规模、经济资本规模。与上述经济发展水平、经济效率的模型估计一致，分别将城乡综合差距、城乡差距的多个维度引入居民消费规模的回归模型，构建方程（6.5）和式（6.6），对城乡差距多个维度对消费规模、资本规模的影响路径进行实证检验。

6.3.2　变量说明与数据来源

根据经济增长的相关研究，选取以下变量对经济增长、经济效率以及国内市场规模的影响机制进行分析。

（1）因变量。经济增长分别从经济发展水平和经济效率两个维度进行测度，其中，经济发展水平采用人均地区生产总值进行衡量。经济效率则采用全要素生产率的测度方法。全要素生产率的测度采用规模报酬可变的 Hicks – Moorsteen 指数法。本章选择劳动力和资本作为生产的投入要素，劳动力采用历年各省份从业人员总数来表示，资本投入则使用资本存量表示，由于统计数据并没有资本存量的指标，这里采用 Goldsmisth 提出的永续盘存法（PIM）计算，公式表示为：$K_t = (1 - \delta) K_{t-1} + I_t$，$K_t$ 表示 t 年的资本存量，I_t 表示 t 年的资本增量，δ 表示资本折旧率。借鉴张军等（2004）、范建双等（2018）的研究思路估算各省份的资本存量，即采用 1978 年固定资本形成额除以 10% 作为该省份基期的资本存量，δ 取值 9.6%。期望产出采用各省份历年实际地区生产总值，采用 1978 年基期价格进行平减处理。消费规模采用国民经济核算中的"居民消费支出规模"表示。资本规模采用国民经济核算中的"资本形成总额"表示。

（2）核心自变量为第四章测度城乡差距的多个维度（城乡居民生活差距、城乡产业发展差距、城乡要素配置差距和城乡社会民生差距）。

（3）控制变量。为控制其他变量对经济发展水平、经济效率的影响，从 C – D 生产函数视角出发，选取劳动力、资本存量作为经济发展水平、经济效率回归模型的控制变量。对于消费规模的方程，选取地区居民人均收入水平作为控制变量引入模型。对于资本规模方程，利用地区经济发展水平、消费规模作为控制变量。

数据涵盖 1993 ~ 2017 年 29 个省份[①]的相关变量。数据主要来源于《中国统计年鉴》《新中国 60 年统计资料汇编》。缺失数据通过各省份的统计年鉴进行插值补齐。所有价值类变量均采用 1978 年指数进行平减处理，同时为消除异方差的影响，采用对数形式引入方程。

[①]　重庆市自 1997 年进行官方统计，数据缺失无法进行经济 TFP 测算，故剔除，且数据不包括香港、澳门、台湾和西藏。

6.3.3　内生性问题及处理

由前面分析可知，城乡差距多个维度之间存在内在关联效应，且经济发展水平、TFP 模型中的资本存量、劳动力以及技术创新之间可能存在一定的内在联系，从而导致核心解释变量的内生性问题。为解决内生性问题导致的估计偏误，本章引入潜在内生变量的滞后项作为工具变量进行参数估计，同时使用稳健的标准误进行检验，确保估计结果的可靠性。在实证分析部分，首先利用双向固定效应模型对上述模型方程进行回归，基于此，引入潜在内生变量的滞后项作为工具变量，对比双向固定效应模型的结果，进行变量估计结果的稳健性检验。最后，对消费规模、资本规模模型进行变量替换的方式，并将消费规模、资本规模引入经济总量、经济效率模型，利用 2SLS 工具变量估计方法对模型进行估计，作为模型的稳健性检验，进一步加强估计结果的可靠性。

6.4　实证结果与分析

6.4.1　城乡差距对经济总量的影响估计

1. 基准回归结果分析

如表 6-1 所示，模型 1 估计结果显示，在不考虑城乡差距多个维度影响的条件下，资本存量的估计系数为 -0.48，并通过了 1% 的显著性检验，即在大规模的物质资本积累下，资本的边际效率递减，对经济发展水平产生明显的负向效应，而劳动力、技术创新的估计系数分别为 0.15 和 0.03，对经济发展水平的影响为正向，表明随着经济动能转换，中国的经济发展从前期依赖于物质资本积累转向以人力资本以及人力资本引致的技术进步为重心，产业结构的转型升级对经济发展具有正向的积极作用。

表 6 – 1 城乡差距对经济总量的影响估计

变量	模型 1	模型 2		模型 3	
		FE	2SLS	FE	2SLS
城乡综合差距		– 0.01 *** (– 2.96)	– 0.01 * (– 1.80)		
城乡居民生活差距				– 0.03 *** (– 6.84)	– 0.03 *** (– 4.89)
城乡产业发展差距				– 0.01 *** (– 2.71)	– 0.01 * (– 1.93)
城乡要素配置差距				0.02 *** (5.50)	0.02 *** (4.91)
城乡社会民生差距				– 0.01 (– 0.86)	– 0.002 (– 0.39)
资本存量	– 0.48 *** (– 9.15)	– 0.46 *** (– 8.82)	– 0.48 *** (– 8.38)	– 0.28 *** (– 5.17)	– 0.28 *** (– 4.49)
劳动力	0.15 *** (9.30)	0.17 *** (9.80)	0.17 *** (8.63)	0.12 *** (7.27)	0.12 *** (6.39)
技术创新	0.03 *** (4.26)	0.02 ** (3.85)	0.02 ** (2.29)	0.03 *** (4.51)	0.03 *** (3.86)
常数项	8.85 *** (19.94)	8.72 *** (19.65)	9.10 *** (17.28)	7.74 *** (7.92)	7.94 *** (15.26)
时间固定	固定	固定	固定	固定	固定
个体固定	固定	固定	固定	固定	固定
R^2	0.9000	0.9013	0.8837	0.9127	0.8941
F 值	131.82	87.92	69.84	101.18	85.64
弱工具检验			277.846		143.293
Sargan 检验			$p = 0.4090$		$p = 0.3381$

注：* 、** 、*** 分别表示在 10% 、5% 、1% 的水平上显著。括号内若无说明，则为 t 值检验。Sargan 检验的原假设是"所有的工具变量均为外生变量"。

　　模型 2 中引入城乡综合差距，并分别利用双向固定效应模型（FE）和 2SLS 工具变量估计方法进行估计。估计结果显示，固定效应估计结果与 2SLS 工具变量估计方法的模型结果接近，Sargan 检验和弱工具变量检验结果均显示结果的稳健性。从模型 2 的估计结果可知，城乡综合差距对经济发展水平的影响系数为负值（ - 0.01），并通过了显著性检验，即从总体来看，城乡差距的扩大化对经济发展水平具有显著的抑制作用。

模型 3 中分别引入城乡居民生活差距、城乡产业发展差距、城乡要素配置差距以及城乡社会民生差距，同样利用双向固定效应模型、2SLS 工具变量估计方法进行模型的回归分析，估计结果显示，城乡居民生活差距、城乡产业发展差距的影响系数分别为 - 0.03、 - 0.01，并通过了显著性检验，表明城乡居民生活差距、城乡产业发展差距对经济发展水平具有显著的负向影响。城乡要素配置差距的估计系数为 0.02，即城乡要素配置差距的扩大化有助于经济发展水平的提高。主要原因是城乡之间经济发展、基本公共服务等方面的差距不仅导致资本受到趋利属性以及制度等因素的综合影响进行乡—城方向的流动，同时，人口城镇化的加速发展促使农村优质的劳动力不断向城镇集聚，导致城镇、非农产业不仅集聚了大量的物质资本，同时积累了大量的人力资本和劳动力，对城市经济的发展具有积极的推动作用，进而对总体经济发展水平具有显著的正向影响。城乡社会民生差距的估计系数为负，但没有通过显著性检验，表明城乡社会民生差距的扩大化对经济发展水平具有不显著的负向影响作用。从控制变量来看，模型 3 中的资本存量的估计系数为 - 0.28，劳动力的估计系数为 0.12，影响系数的绝对值均小于模型 1 中相应变量的系数绝对值（ - 0.48、0.15），侧面反映城乡差距多个维度不仅对经济发展水平具有直接影响，并对物质资本、劳动力对经济发展水平的影响产生明显的抑制效应。

2. 不同区域的估计结果分析

利用 2SLS 工具变量估计方法分别对三大区域的估计结果进行分析。城乡综合差距对东部、中部地区的经济发展具有不显著的负向影响，但在西部地区的估计系数为正值，但没有通过显著性检验（见表 6 - 2）。

表 6 – 2　　　　　城乡差距对经济总量的影响估计（分区域）

变量	东部地区		中部地区		西部地区	
	模型 2	模型 3	模型 2	模型 3	模型 2	模型 3
城乡综合差距	– 0.01 （– 0.98）		– 0.01 （– 1.41）		0.02 （1.57）	
城乡居民生活差距		– 0.04 *** （– 4.18）		0.02 *** （2.92）		– 0.01 （– 0.36）
城乡产业发展差距		0 （0.09）		– 0.02 *** （– 5.48）		0.04 *** （3.98）
城乡要素配置差距		0.01 （1.24）		– 0.00 （– 0.69）		0.05 *** （5.69）
城乡社会民生差距		0.04 *** （3.71）		0.00 （0.81）		– 0.03 ** （– 2.40）
资本存量	0.05 （0.59）	0.12 （1.60）	– 0.96 *** （– 8.65）	– 1.00 *** （– 8.13）	0.44 ** （2.22）	0.12 （0.70）
劳动力	0.26 *** （9.52）	0.20 *** （5.41）	0.52 *** （13.05）	0.49 *** （13.00）	0.19 *** （3.89）	0.05 （1.11）
技术创新	– 0.05 *** （– 3.54）	– 0.02 （– 0.74）	0.04 *** （3.90）	0.04 *** （4.63）	0.12 *** （4.70）	0.09 *** （4.03）
常数项	5.12 *** （7.48）	5.39 *** （8.59）	10.00 *** （11.50）	10.48 *** （11.35）	0.88 （0.49）	4.43 *** （2.85）
时间固定	固定	固定	固定	固定	固定	固定
个体固定	固定	固定	固定	固定	固定	固定
R^2	0.8786	0.9062	0.9745	0.9786	0.8973	0.9281
F 值	72.83	92.34	31.07	27.96	31.86	37.52
弱工具检验	84.686	44.376	196.804	25.789	67.825	17.654
Sargan 检验	$p = 0.5736$	$p = 0.6010$	$p = 0.1081$	$p = 0.5151$	$p = 0.4118$	$p = 0.8152$

注：** 、*** 分别表示在 5%、1% 的水平上显著。括号内若无说明，则为 t 值检验。Sargan 检验的原假设是 "所有的工具变量均为外生变量"。

从城乡差距的多个维度的估计系数看，（1）城乡居民生活差距在东部、西部地区的估计系数分别为 – 0.04、– 0.01，且东部地区的估计系数通过了 1% 的显著性检验，在中部地区的估计系数显著为正（0.02），即东部地区城乡居民生活差距的扩大化对经济发展水平具有显著的负向影响，但在中部地区，城乡居民生活差距的扩大反而推动了地区经济发展水平的提高。在收入差距与经济增长的关系研究方面，加洛尔和莫阿夫（Galor & Moav，2004）认为，在经济发展水平较低的时期，经济的发展主要依赖于物资资本的积累，收入差距的扩大化则有助于物质资本的积累，从而有利于经济的增长，当经济发展水平较高时，人力资本以及人力资本引致的技术创新成为经济增长的新动力，收入差距的扩大化通过抑制低收入群体的人力资本投资，从而对经济发展产生阻滞作用。王少平、欧阳志刚（2007）对中国城乡收入差距与经济增长的关系研究也证实这一点，当城乡收入差距超过一定的阈值，收入差距对经济增长的影响机制会发生转换。由此可知，在中部地区，地区经济增长更多依赖于物质资本的积累，城乡居民生活差距的扩大化反而加速了物质资本的积累，推动了地区经济的发展，但对工业化水平较高的东部地区而言，产业的发展更多依赖于人力资本以及人力资本引致的技术创新和技术进步，城乡居民收入消费差距的扩大化抑制了农村人力资本的积累和投资，导致农业生产部门人力资本要素投资不足，不利于经济的持续增长。（2）城乡产业发展差距在中部地区的估计系数显著为负（-0.02），在西部地区的估计系数为 0.04，通过了 1% 的显著性检验，表明城乡产业发展差距的扩大化对中部、西部地区的经济发展存在截然相反的作用，对处于工业化快速发展的东部、中部地区而言，产业结构高级化、服务化加剧不仅加剧了工农产业边际劳动生产效率的差距，同时，产业之间的创新能力、技术进步的差距导致农业创新需求不足，对经济产生负向影响作用。但在经济发展水平较低的西部地区，劳动力、资本等生产要素非农产业化的集聚，一方面，通过对农村剩余劳动力的吸纳，不仅提高了农业生产效率，通过拓宽农民的收入渠道促进农民增收，进而提高农民人力资本的投资；另一方面，为较低阶段的工业化发展提供廉价的劳动力，提高了非农产业的生产效率，推动地区经济的增长。（3）城乡要素配置差距在东部、西部地区的估计系数为正（0.01、0.05），并且西部地区的影响系数通过了显著性检验，即要素配置差距的扩大化加速了西部地区经济的增长。原因是在东部地区，尽管劳动力配置差距的下降降低了实际产出增长率，但资本的城镇、非农村产业的集聚导致物资资本投资增速超过正常水平值，在劳动力、资本的共同影响下，经济发展水平提高。在西部地区，由于要素市场的不完备导致城乡劳动力、资本的差距不断扩大，"西部大开发"政策的实施促使铁路、公路等基础设施建设带动经济的快速发展。这一结论得到了叶文辉、楼东玮（2014）的支持。（4）城乡社会民生差距在东部、西部地区的估计系数分别为 0.04、-0.03，均通过了显著性检验，表明城乡社会民生差距对东部地区的经济发展水平具有正向的积极作用，但在西部地区，城乡社会民生差距的扩大化对经济发展产生明显的阻滞作用。基于生命周期理论以及持久收入假说，当社会保障、民生福利水平较高的情况下，更多的大众选择增加当前的消费规模、进行人力资本等投资，从而为现代产业的发展提供充足的劳动力供给，推动现代产业的发展，促进经济的发展，但在城乡社会民生差距较大的情况下，农村偏低的社会福利水平限制农户的人力资本投资行为，为降低未来不可预测的风险和挑战，农民更多选择的是减少当前的消费和投资行为，增加储蓄，从而对农村消费市场规模、农村人力资本的提升产生一定程度的阻滞作用，通过"需求侧"的消费和"供给侧"的人力资本投资、技术创新等对经济产生负向效应。东部地区经济实力雄厚，地方政府拥有足够的财政能力解决辖区内的社会民生问题，城乡社会民生差距低于一定的阈值，没有对经济发展产生阻滞作用，相反一定程度的差距刺激地区人力资本的提高以及物质资本的积累，对经济发展具有正向的积极作用。显然，西部地区的城乡社会民生差距高于一定的阈值，城乡社会民生差距的扩大化对人力资本提升、物资资本的规模扩大化产生阻滞作用，从而对经济发展水平产生负向效应。

从控制变量看，资本存量在三大区域的影响系数存在差异：资本对东部、西部地区的经济发展具有显著的正向影响，但对中部地区的影响系数显著为负。全社会劳动力的数量对三大区域的经济发展具有显著的正向影响，从变量估计系数的绝对值来看，中部地区的影响系数最大，表明劳动力对经济发展具有明显的推动作用，尤以中部地区最为显著。技术创新对东部和中部、西部地区的影响作用同样存在区域异质性：东部地区的估计系数为负，中部、西部地区的估计系数显著为正，表明在技术创新水平较低的中部、西部地区，技术创新的边际效用促使技术进步对经济发展产生积极的推动作用。但在东部地区，由于城乡人力资本的差距，人力资本以及人力资本引致的技术进步拉大了产业、城乡之间的发展差距，对经济产生不明显的阻滞作用。

6.4.2 城乡差距对经济效率的影响估计

1. 基准回归结果分析

如表 6-3 所示，与经济发展水平的估计结果一致的是，在模型 1 中，资本存量的影响系数显著为负（-0.67），资本规模的扩大化对经济效率产生明显的抑制作用。劳动力、技术创新的估计系数分别为 0.02 和 0.04，表明劳动力规模的扩大化以及技术进步均对经济效率产生正向的积极影响。

模型 2 中利用双向固定效应模型、2SLS 工具变量估计方法对城乡综合差距对经济效率的影响机制进行检验。Sargan 检验以及弱工具变量检验均表明工具变量可靠。对比双向固定效应估计结果、2SLS 工具变量估计方法估计结果发现，变量的影响系数接近，表明估计结果稳健可靠。从模型 2 的估计结果可知，城乡综合差距的影响系数为 -0.02，通过了 1% 的显著性检验，即城乡综合差距对 TFP 同样具有显著的负向影响。模型 3 中引入城乡差距的多个维度，发现城乡差距的多个维度对 TFP 的估计系数均为负值，其中，城乡产业发展差距、城乡要素配置差距的估计系数通过了显著性检验，即城乡产业发展差距、城乡要素配置差距的扩大化对 TFP 产生明显的负向影响。而城乡居民生活差距、城乡社会民生差距的估计系数为负，但没有通过显著性检验，即城乡居民生活差距、城乡社会民生差距对 TFP 具有不显著的抑制效应。

表 6 - 3　　　　　　　　　城乡差距对 **TFP** 的影响估计

变量	模型 1	模型 2		模型 3	
		FE	2SLS	FE	2SLS
城乡综合差距		-0.02^{***} (-4.90)	-0.02^{***} (-4.59)		
城乡居民生活差距				-0.01^{*} (-1.89)	-0.01 (-1.39)
城乡产业发展差距				-0.02^{***} (-7.01)	-0.02^{***} (-6.58)
城乡要素配置差距				-0.01^{**} (-2.34)	-0.01^{**} (-2.13)
城乡社会民生差距				-0.01^{*} (-1.68)	-0.01 (-1.30)
资本存量	-0.67^{***} (-15.33)	-0.65^{***} (-14.96)	-0.67^{***} (-14.55)	-0.62^{***} (-13.71)	-0.63^{***} (-12.18)
劳动力	0.02^{*} (1.78)	0.04^{***} (3.03)	0.03^{*} (1.75)	0.05^{***} (3.31)	0.05^{***} (2.92)
技术创新	0.04^{***} (7.61)	0.03^{***} (7.01)	0.05^{***} (6.14)	0.03^{***} (6.11)	0.04^{***} (5.72)
常数项	4.89^{***} (13.51)	4.70^{***} (12.81)	4.99^{***} (12.04)	4.65^{***} (12.57)	4.67^{***} (10.81)
R^2	0.7724	0.7803	0.7704	0.7921	0.7835
F 值	30.80	31.93	29.97	32.98	31.35
弱工具检验			277.846		143.293
Sargan 检验			$p=0.5462$		$p=0.6199$

注：*、**、***分别表示在10%、5%、1%的水平上显著。括号内若无说明，则为 t 值检验。Sargan 检验的原假设是"所有的工具变量均为外生变量"。

2. 分区域估计结果分析

表 6 - 4 的估计结果显示，城乡综合差距对东部、中部地区的经济效率的估计系数分别为 - 0.02、- 0.03，且通过了显著性检验，表明城乡综合差距对东部、中部地区的 TFP 产生明显的负向影响。城乡综合差距在西部地区的估计系数为 0.01，但没有通过显著性检验，即城乡综合差

距的扩大化对西部地区经济效率具有不显著的正向影响。从城乡差距的多个维度看，（1）城乡居民生活差距对东部、中部地区的 TFP 的影响系数分别为 -0.02，0.02，均通过了 5% 的显著性检验，即城乡居民生活差距对东部地区的 TFP 具有明显的负向影响，但对中部地区经济效率的提升具有积极的正向影响。王少国、王镇（2009）在对城乡收入差距与经济效率关系的研究中围绕城市集聚过程将城乡收入差距的影响划分为以下三个阶段：一是增速集聚阶段，城市人口规模小于最适度的人口规模，城乡收入差距的扩大化为农村剩余劳动力的转移提供动力，农村劳动力的城市化迁移促使城市生产部门以及总体经济效率的提高，城乡收入差距与经济效率为相互促进的良性循环；二是减速集聚阶段，城乡收入差距推动农村人口的城镇化转移，但对城市部门生产率的推动作用放缓，城乡收入差距趋于缩小化，人口城镇化速度减缓，城市人口趋于最适度规模，地区经济效率最大化；三是城市蔓延阶段，农村人口的转移导致城市人口规模超过最优适度规模，城市生产部门的边际生产率逐渐下降，城乡收入差距与经济效率之间负相关。由此可知，对东部地区，城乡居民生活差距大于适度水平，导致城市部门以及总体的经济效率快速下降。但对于中部地区而言，城乡居民生活差距的扩大化通过增加物资资本积累提升城市经济效率促进地区总体经济效率的提高，城乡居民生活差距与 TFP 之间存在良性互动的关系。（2）城乡产业发展差距在东部、中部地区的估计系数显著为负（-0.03、-0.03），即在东部、中部地区，城乡产业发展差距的扩大化对 TFP 产生明显的负向影响，造成了经济效率的"损失"。（3）同样地，城乡要素配置差距在东部、中部地区的估计系数显著为负（-0.02、-0.04），在西部地区的估计系数为正（0.02），即城乡要素配置差距对东部、中部地区的 TFP 具有明显的抑制作用，但对经济发展水平较低的西部地区而言，城乡要素配置差距的扩大化通过促进人力资本、物质资本的集聚，有助于发挥规模经济效应，推动城市经济的发展，从而对经济效率的提升具有促进作用。（4）城乡社会民生差距在西部地区的估计系数显著为负，表明城乡社会民生差距的扩大化不仅对西部地区经济发展水平具有显著的阻滞作用，同时对西部地区的

TFP 具有明显的负向效应。

表 6 - 4   城乡差距对 TFP 的影响估计（分区域）

变量	东部地区		中部地区		西部地区	
	模型2	模型3	模型2	模型3	模型2	模型3
城乡综合差距	-0.02*** (-3.39)		-0.03*** (-2.75)		0.01 (1.02)	
城乡居民生活差距		-0.02** (-2.35)		0.02** (2.46)		0 (0.05)
城乡产业发展差距		-0.03*** (-4.37)		-0.03*** (-5.58)		0.01 (1.59)
城乡要素配置差距		-0.02** (-2.01)		-0.04*** (-4.46)		0.02*** (3.37)
城乡社会民生差距		0.01 (0.99)		0.01 (0.87)		-0.02** (-2.11)
资本存量	-0.52*** (-7.45)	-0.56*** (-8.54)	-1.18*** (-7.25)	-1.40*** (-8.39)	-0.13 (-0.58)	-0.55*** (-3.92)
劳动力	0.04* (1.76)	0.05 (1.54)	0.28*** (5.04)	0.25*** (4.86)	0.02 (0.52)	-0.07* (-1.94)
技术创新	0.07*** (4.60)	0.04** (2.09)	-0.02 (-1.11)	-0.00 (-0.21)	0.12*** (3.88)	0.06*** (3.43)
常数项	3.65*** (6.19)	4.23*** (7.48)	8.07*** (6.37)	9.81*** (7.84)	0.14 (0.07)	4.41*** (3.44)
R^2	0.7013	0.7556	0.8146	0.8642	0.7968	0.8697
F	16.38	23.21	21.75	34.23	25.17	28.69
时间固定	固定	固定	固定	固定	固定	固定
个体固定	固定	固定	固定	固定	固定	固定
弱工具检验	97.716	44.376	45.935	25.789	67.825	17.654
Sargan 检验	$p=0.1647$	$p=0.2171$	$p=0.7788$	$p=0.2383$	$p=0.5317$	$p=0.9547$

注：*、**、*** 分别表示在10%、5%、1%的水平上显著。括号内若无说明，则为 t 值检验。Sargan 检验的原假设是"所有的工具变量均为外生变量"。

从控制变量来看，资本存量对三大区域的估计系数为负，并通过了显著性检验，且从估计系数的绝对值来看，中部地区的估计系数值最大，表明资本存量对全国以及三大地区的 TFP 产生明显的负向影响，且对中部地区的负向影响最为显著。劳动力在东部、中部地区模型2、模型3的估计系数为正，表明随着经济动能转换，物质资本的边际效用递减，产业发展更多依赖于劳动力的投入，劳动力对东部、中部地区的TFP的提升具有显著的推动作用。但在西部地区，农村低技能、低学历的劳动力不仅导致城乡劳动力、人力资本的差距，同时劳动力对TFP具有明显的负向影响。技术创新在东部、西部地区的估计系数显著为正，表明对于自主创新能力较强的东部地区以及技术边际效用明显的西部地区，技术创新对TFP具有显著的积极影响。

6.4.3 城乡差距对消费需求的机制讨论

1. 基准回归结果分析

如表6-5所示，以国民经济核算中居民消费支出作为消费需求的代理变量，结果显示，人均收入对消费规模具有正向的积极作用。分别在模型1中引入城乡综合差距、城乡差距的多个维度，记为模型2、模型3，利用2SLS工具变量估计方法对模型进行估计，Sargan检验以及弱工具变量检验结果均表示工具变量的适用性，对比双向固定效应回归模型，变量估计系数没有出现明显的变化，表明估计结果的稳健性。

表6-5　城乡差距对消费规模的影响机制

变量	模型1	模型2		模型3	
		FE	2SLS	FE	2SLS
城乡综合差距		−0.03 *** (−2.82)	−0.05 *** (−3.44)		
城乡居民生活差距				0.04 *** (4.55)	0.06 *** (4.57)
城乡产业发展差距				−0.02 ** (−2.22)	−0.02 * (−1.79)
城乡要素配置差距				−0.04 *** (−4.05)	−0.04 *** (−3.31)

变量	模型 1	模型 2		模型 3	
		FE	2SLS	FE	2SLS
城乡社会民生差距				-0.06^{***} (-4.44)	-0.11^{***} (-3.97)
人均收入水平	2.56^{***} (10.31)	0.22^{*} (1.73)	0.22 (1.57)	0.46^{***} (3.57)	0.45^{**} (3.14)
常数项	-11.43^{***} (-38.40)	3.47^{***} (4.58)	3.67^{***} (4.08)	2.02^{**} (2.58)	2.15^{**} (2.30)
R^2	0.8739	0.9154	0.8977	0.9202	0.9012
F	144.36	166.86	143.025	145.56	128.05
时间固定		固定	固定	固定	固定
个体固定	固定	固定	固定	固定	固定
弱工具检验			356.934		54.375
Sargan 检验			$p=0.2067$		$p=0.8958$

注：*、**、***分别表示在10%、5%、1%的水平上显著。括号内若无说明，则为 t 值检验。Sargan 检验的原假设是"所有的工具变量均为外生变量"。

从模型 2 估计的结果可知，城乡综合差距的估计系数为 -0.03，且通过了显著性检验，表明从总体来看，城乡综合差距的扩大化对居民消费规模具有显著的负向影响。从城乡差距的多个维度看，城乡居民生活差距的估计系数显著为正，影响系数为 0.04，表明城乡居民收入消费的差距对居民消费规模具有正向促进作用。据此可知，城乡居民收入、消费差距的扩大化对中高收入阶层的城镇居民的创新需求、高端需求的正向刺激作用大于其对低收入阶层农村消费需求的抑制效应，从而对总体经济消费需求的影响作用显著为正。一般认为，收入分配差距的扩大化是造成我国内需不足的重要原因，收入分配差距通过降低居民消费倾向，从而导致居民消费率下降并制约消费需求的扩大化。事实上，扩大居民消费需求，收入差距也非越小越好（储德银等，2013）。理论上收入分配差距与居民消费需求最大化之间存在最优的收入差距。如果现实居民收入差距小于最优收入差距，则扩大居民收入差距才能发挥对居民消费需求的促进作用，如果现实居民收入差距大于最优的收入差距，则会对居民消费产生负向效应。这一理念得到了杨天宇等（2008）的支持。据此可知，从全国总体来看，城乡收入消费差距可能小于理论上最优的差距值，从而对居民消费具有正向的影响。城乡产业发展差距、城乡要素配置差距的估计系数显著为负（-0.02和-0.04），表明城乡产业发展差距、城乡要素配置差距的扩大化对居民消费规模具有明显的抑制效应，产业发展差距的扩大化通过抑制创新需求对国内消费市场规模产生负向效应。龙少波等（2020）在对技术变迁对居民消费的影响研究中指出，相对于农村地区而言，城市地区资源集聚能力更强，承接技术的能力强，技术引进一般流向城市地区，农村、农业受到技术进步的影响相对较小，强制性的技术变迁不仅加剧了城乡产业之间的差距，而且带来了城乡消费水平的差距，从而对总体消费规模产生抑制作用。城乡社会民生差距的估计系数在双向固定效应估计方法和2SLS工具变量估计方法中的估计系数分别为-0.06和-0.11，即城乡社会民生差距对居民消费规模具有显著的抑制作用，且从城乡差距多个维度的估计系数绝对值看，城乡社会民生差距的负向影响作用最为显著，表明当前城乡社会民生差距扩大化导致农村居民不断加大预防性储蓄，减少当期消费需求，不仅没有发挥农村超大消费市场的潜力，反而对总体消费规模产生显著的负向效应。

2. 分区域的估计结果分析

利用2SLS工具变量估计方法和固定效应估计方法对三大区域的消费需求的影响机制进行实证分析，结果如表6-6所示。城乡综合差距在东部、中部、西部地区的回归系数分别为-0.14、-0.05和-0.05，均通过了显著性检验，表明城乡综合差距对三大区域的居民消费规模均具有显著的负向影响，且以东部地区最为显著。城乡综合差距的扩大化不仅对宏观经济发展具有负向影响，同时也对经济驱动力之——消费需求具有明显的抑制作用。从多个维度的估计系数看，（1）城乡居民生活差距的估计系数均为正值，且西部地区的估计系数通过了显著性检验，表明城乡居民生活差距的扩大化对居民消费规模具有正向影响，且以西部地区最为显著，原因是，东部地区的城乡居民消费差距较低，低于最优的收入差距，财富在少数人群体集中，通过刺激中高端消费需求对总体社会消费需求具有正向的促进作用。西部地区居民收入水平总体偏低，整体还停留在满足生活基本需求阶段，居民的储蓄意愿较低，平均消费倾向较高，因此，城乡居民收入差距的扩大化反而导致居民消费的提高（李广泳和张世晴，2015）。（2）城乡产业发展差距在东部、西部地区的估计系数为负值（-0.10 和 -0.03），且东部地区的估计系数通过了显著性检验。在东部地区，非农产业高水平的技术创新产生大量的创新供给，但农业现代化水平的落后导致农业、农村创新需求不足，对总体消费规模产生明显的抑制作用。（3）城乡要素配置差距在东部、中部地区的估计系数显著为负，在西部地区的估计系数为正，但没有通过显著性检验，表明城乡要素配置差距的扩大化对东部、中部地区的居民消费需求规模同样具有显著的抑制作用。（4）城乡社会民生差距在三大区域的估计系数均为负值（-0.16、-0.01 和 -0.14），且东部、西部地区的估计系数通过了显著性检验，即城乡社会民生差距的扩大化对两大地区的居民消费规模具有明显的阻滞作用。对比城乡差距的其他维度估计系数发现，城乡社会民生差距的负向影响作用最大，成为消费市场，尤其是农村超大规模消费市场潜力不能有效发挥的最大制约因素。但城乡社会民生差距对东部、西部居民消费影响的作用机制存在差异。东部地区经济发展水平较高，城乡社会民生差距的扩大化是建立在生活成本因物价、房价不断攀升而不断上涨的基础上，教育、医疗、社会保障支出的大幅增长对有效需求形成了阻滞作用。但在西部地区，地区经济发展水平较低，总体社会民生保障程度相对较低，城乡社会民生差距的扩大化导致居民，尤其是农村居民基于住房、医疗、社会保障等预防性储蓄的需求，边际消费倾向不断下降，从而导致西部地区总体居民消费需求不断下降。

表6-6　　　　　城乡差距对消费规模的影响估计（分区域）

变量	东部地区		中部地区		西部地区	
	模型2	模型3	模型2	模型3	模型2	模型3
城乡综合差距	-0.14 *** (-3.44)		-0.05 *** (-2.87)		-0.05 ** (-2.00)	

变量	东部地区		中部地区		西部地区	
	模型 2	模型 3	模型 2	模型 3	模型 2	模型 3
城乡居民生活差距		0.05 * (1.80)		0.01 (0.94)		0.05 ** (2.33)
城乡产业发展差距		-0.10 *** (-3.40)		0.001 (0.14)		-0.03 (-1.00)
城乡要素配置差距		-0.10 *** (-3.52)		-0.07 *** (-2.66)		0.01 (0.44)
城乡社会民生差距		-0.16 *** (-2.79)		-0.01 (-0.90)		-0.14 *** (-4.34)
人均收入	0.04 (0.12)	0.92 ** (2.17)	1.70 *** (3.78)	0.96 *** (3.09)	-0.31 (-0.47)	0.30 (0.65)
常数项	5.33 ** (2.56)	-0.42 (-0.15)	-0.20 (-0.16)	0.60 (0.49)	0.93 (0.52)	3.86 ** (2.14)
R^2	0.8943	0.9005	0.9750	0.9770	0.9312	0.9342
F	60.85	42.93	128.94	101.95	202.75	169.19
时间固定	固定	固定	固定	固定	固定	固定
个体固定	固定	固定	固定	固定	固定	固定
弱工具检验	91.052	28.762	21.469	48.05	24.390	47.905
Sargan 检验	$p = 0.2534$	$p = 0.3984$	$p = 0.1121$	$p = 0.3615$	$p = 0.4993$	$p = 0.1046$

注：*、**、*** 分别表示在10%、5%、1%的水平上显著。括号内若无说明，则为 t 值检验。Sargan 检验的原假设是"所有的工具变量均为外生变量"。

6.4.4　城乡差距对经济资本的机制讨论

1. 基准回归分析

以国民经济核算中的资本形成总额作为因变量，对城乡差距多个维度的影响进行估计。表6-7的估计结果显示，地区经济发展水平对经济资本总额具有显著的正向影响，影响系数为1.11。最终消费规模对经济资本总额的估计系数为 -0.04，并通过了5%的显著性检验，即经济发展对资本的依赖导致社会总体消费受到抑制，消费与资本之间存在此消彼长的关系。在此基础上引入城乡综合差距得到模型2，双向固定效应估计结果和2SLS工具变量估计方法估计结果均显示，城乡综合差距对经济总投资具有显著的负向影响，影响系数为−0.03和−0.04。在模型3中引入城乡差距多个维度，2SLS工具变量估计方法的估计结果显示，城乡产业发展差距、城乡社会民生差距的估计系数显著为负（−0.03和−0.04），城乡要素配置差距的估计系数显著为正，估计系数为0.02，表明产业之间生产效率的差距以及城乡民生差距的扩大化对经济总投资产生显著的负向影响，但受到资本趋利属性的影响，城乡要素配置差距所引致的规模效应对总资本投资具有正向的促进作用。

表6−7 城乡差距对经济资本的影响估计

变量	模型1	模型2		模型3	
		FE	2SLS	FE	2SLS
城乡综合差距		−0.03** (−3.75)	−0.04*** (−4.16)		
城乡居民生活差距				−0.000 (−0.02)	0.003 (0.35)
城乡产业发展差距				−0.02*** (−4.33)	−0.03*** (−4.45)
城乡要素配置差距				0.02*** (2.68)	0.02*** (2.52)
城乡社会民生差距				−0.04*** (−4.69)	−0.04** (−2.36)
地区经济发展水平	1.11*** (23.93)	1.10*** (23.91)	1.11*** (22.71)	1.01*** (19.29)	1.03*** (18.92)
最终消费规模	−0.04* (−1.86)	−0.06** (−2.36)	−0.11** (−2.46)	−0.06** (−2.32)	−0.06** (−2.49)
常数项	−3.08*** (−9.39)	−2.84*** (−8.59)	−2.03*** (−5.06)	−2.16*** (−5.87)	−1.65*** (−4.07)
R^2	0.9811	0.9816	0.9768	0.9825	0.9781
F	88.44	90.28	54.33	91.78	86.60
时间固定	固定	固定	固定	固定	固定
个体固定	固定	固定	固定	固定	固定
弱工具检验			242.355		58.902
Sargan检验			$p=0.1215$		$p=0.1040$

注：*、**、***分别表示在10%、5%、1%的水平上显著。括号内若无说明，则为t值检验。Sargan检验的原假设是"所有的工具变量均为外生变量"。

2. 分区域的估计分析

如表 6 - 8 所示，三大区域的估计结果显示，在东部、中部地区，城乡综合差距的估计系数显著为负 （- 0.05 和 - 0.04），即城乡综合差距对经济总资本具有负向效应。对西部地区的估计系数为正，但没有通过显著性检验。从城乡差距的多个维度看，多个维度城乡差距的影响具有区域差异性：（1）城乡居民生活差距在东部地区的估计系数为负，但没有通过显著性检验，在中部、西部地区的影响系数分别为 0.04 和 0.08，均通过了显著性检验，即城乡居民生活差距的扩大化对中部、西部地区的经济总资本具有正向的影响作用，表明在经济发展水平较低的情况下，收入差距的扩大化有助于通过财富在少数人手中的集中实现物质资本的积累，但在经济发展水平较高的时候，城乡收入消费差距的扩大化则对资本的积累产生负向影响。（2）城乡产业发展差距在东部地区的估计系数显著为负 （- 0.06），在中部地区的估计系数为 0.01，但没有通过显著性检验，在西部地区的影响甚微。这表明城乡产业发展差距的扩大化对东部地区的资本积累产生负向影响。（3）城乡要素配置差距在东部地区的估计系数显著为正 （0.05），在中部、西部地区的估计系数分别为 - 0.01 和 - 0.02，但没有通过显著性检验，说明城乡要素配置差距的扩大化通过物质资本的规模效应对东部地区的投资具有正向影响，但对中部、西部地区的物质资本具有不显著的负向影响。（4）城乡社会民生差距在东部地区的估计系数为 0.03，在中部、西部地区的估计系数分别为 - 0.08 和 - 0.03，且中部地区的估计系数通过了显著性检验，表明城乡社会民生差距对经济资本具有明显的负向作用。

表 6 - 8　　　　城乡差距对经济资本的影响估计 （分区域）

变量	东部地区		中部地区		西部地区	
	模型 2	模型 3	模型 2	模型 3	模型 2	模型 3
城乡综合差距	- 0.05 *** （- 3.03）		- 0.04 ** （- 2.37）		0.01 （0.75）	

续表

变量	东部地区		中部地区		西部地区	
	模型 2	模型 3	模型 2	模型 3	模型 2	模型 3
城乡居民生活差距		− 0. 03 (− 1. 56)		0. 04 *** (2. 75)		0. 08 *** (3. 18)
城乡产业发展差距		− 0. 06 *** (− 5. 36)		0. 01 (1. 06)		− 0. 003 (− 0. 15)
城乡要素配置差距		0. 05 *** (4. 36)		− 0. 01 (− 0. 60)		− 0. 02 (− 1. 30)
城乡社会民生差距		0. 03 (0. 75)		− 0. 08 *** (− 2. 98)		− 0. 03 (− 1. 00)
经济发展水平	1. 18 *** (14. 64)	0. 94 *** (6. 60)	0. 47 *** (3. 81)	0. 80 *** (5. 21)	0. 76 *** (7. 06)	0. 83 *** (7. 16)
最终消费规模	− 0. 16 *** (− 2. 75)	− 0. 08 ** (− 2. 37)	0. 21 (1. 47)	0. 05 (0. 63)	0. 09 (1. 01)	− 0. 01 (− 0. 26)
常数项	− 2. 28 *** (− 3. 09)	− 0. 89 (− 0. 90)	0. 92 (0. 97)	− 0. 56 (− 0. 55)	− 1. 18 * (− 1. 82)	− 1. 45 * (− 1. 76)
R^2	0. 9801	0. 9827	0. 9873	0. 9881	0. 9776	0. 9762
F	109. 74	181. 10	40. 37	33. 70	13. 02	39. 99
时间固定	固定	固定	固定	固定	固定	固定
个体固定	固定	固定	固定	固定	固定	固定
弱工具检验	70. 330	5. 863	51. 889	6. 675	55. 440	17. 666
Sargan 检验	$p = 0. 7404$	$p = 0. 4330$	$p = 0. 1600$	$p = 0. 5234$	$p = 0. 3646$	$p = 0. 1777$

注：*、**、*** 分别表示在 10%、5%、1% 的水平上显著。括号内若无说明，则为 t 值检验。Sargan 检验的原假设是 "所有的工具变量均为外生变量"。

6.5 稳健性检验

考虑到潜在的误差问题，在消费需求的模型分析中，利用 "人均最终消费规模" 替代被解释变量 "居民消费规模"，研究城乡差距与居民消费需求的关系。在经济资本的模型中，为消除人口的影响，以 "人均资本形成额" 替代 "总体资本形成额"，以 "居民消费规模" 替代 "最终消费规模"，回归城乡差距与资本规模的相关关系，在经济发展水平、经济效率的模型中，采用"地区15岁以上人口受教育年限"作为人力资本的代理变量，替代模型中的劳动力总量，同时将消费规模引入模型，对经济发展水平、经济效率的模型进行检验。表6-9的估计结果显示，城乡差距的多个维度对经济发展水平、经济效率的估计系数方向没有发生显著的变化。在对居民消费需求的分析中，城乡差距的多个维度的估计系数没有因为被解释变量的替换出现明显的变化。据此可知，本章估计结果稳健可靠。

表6-9　　　　　　　　　　　稳健性检验

变量	人均地区生产总值	TFP	人均最终消费规模	人均资本
城乡居民生活差距	-0.04 *** (-5.97)	-0.01 ** (-2.08)	0.03 ** (2.16)	-0.02 ** (-2.53)
城乡产业发展差距	-0.004 (-0.98)	-0.02 *** (-6.38)	-0.02 ** (-2.07)	-0.02 *** (-2.70)
城乡要素配置差距	0.03 *** (7.85)	-0.002 (-0.56)	-0.01 (-0.46)	0.03 *** (4.94)
城乡社会民生差距	0.005 (0.78)	-0.003 (-0.54)	-0.11 *** (-3.97)	-0.03 ** (-2.02)
资本存量	-0.35 *** (-5.53)	-0.68 *** (-13.57)		
人力资本	0.09 *** (4.01)	0.08 *** (4.33)		
技术创新	0.03 *** (2.67)	0.03 *** (4.24)		
最终消费规模	0.05 *** (2.86)	0.06 *** (4.64)		
人均收入			0.74 *** (5.24)	
地区经济发展水平				1.28 *** (21.18)

续表

变量	人均地区生产总值	TFP	人均最终消费规模	人均资本
居民消费规模				−0.13*** (−5.00)
常数项	8.60*** (16.89)	4.68*** (11.61)	1.83** (2.01)	−1.91*** (−4.27)
R^2	0.8919	0.7999	0.9046	0.9695
F	83.73	29.24	5.83	8.38
时间固定	固定	固定	固定	固定
个体固定	固定	固定	固定	固定
弱工具检验	133.976	133.496	41.616	123.202
Sargan 检验	$p=0.7321$	$p=0.9799$	$p=0.1978$	$p=0.1524$

注：**、***分别表示在5%、1%的水平上显著。括号内若无说明，则为 t 值检验。Sargan 检验的原假设是"所有的工具变量均为外生变量"。

上述研究结果表明，我国城乡差距的多个维度与宏观经济发展水平、经济效率、经济结构（消费、投资）之间存在不合理性，制约了国内消费需求规模，对经济总投资也产生不利影响，从而阻碍了经济高质量发展。对全国总体而言，推动城乡融合发展的首要任务是加快农业现代化发展，推动农业产业结构调整，通过技术创新、人力资本投入等方式提升农业自主创新能力，通过发展农业加工、乡村旅游等方式提升产业链，拓宽农业价值链，促进农村第一、第二、第三产业融合发展。

同时，需要看到的是，不同地区的经济发展水平以及产业结构等方面的差异，推动城乡融合发展以及促进消费结构升级、消费规模扩大化的侧重点应该因地制宜，而不是"一刀切"的政策。对东部地区而言，要利用三大世界级城市群、都市圈的优势发展经济，通过发挥核心城市对周边中小城市的辐射带动作用，推动区域、城乡之间产业的合理布局，实现要素的自由流通，推动农业现代化的进程，促进城乡产业融合发展。对于中部多数重工业、装备制造业的大省以及农业大省，利用自身资源优势推动农业规模化经营，提高农业的生产效率，加快产业结构的调整和升级，通过提升农业产业链等方式实现产业的融合发展，是缩小城乡产业发展差距的重要路径。西部地区，在加快推进经济发展的过程中，有效改善生产设施水平以及生产性基础设施建设，增加中央财政对西部地区经济发展的支持。加快农村地区基本公共服务供给，重点加强农村地区劳动力的职业技能培训以及农村义务教育的补贴和财政支持，提高地区总体的人力资本水平和质量。

6.6 本章小结

本章基于 1993～2017 年全国 29 个省份的城乡差距多个维度与消费的面板数据作为研究对象，从理论和实证层面深入探讨了城乡差距多个维度对经济发展水平、经济效率以及居民消费市场的影响。研究得出以下结论。

（1）从城乡综合差距看，城乡综合差距的扩大化对全国经济发展水平、经济效率以及消费规模、经济总体资本规模均具有负向影响，即城乡差距的扩大化已不仅是危及社会稳定和公平的实现，同时，城乡差距的扩大化对"效率"产生制约作用，不利于当前发挥国内超大规模消费市场对推动经济增长的潜力，更加不利于经济的高质量发展转型。

（2）城乡差距多个维度的影响存在显著差异。首先，城乡产业发展差距是经济发展、消费和经济资本最主要的制约因素，城乡产业发展差距每扩增 1 单位，实际地区生产总值、TFP 分别减少 0.01 个单位，实际消费规模、资本规模下降 0.02 单位。其次，城乡社会民生差距是影响消费需求、投资最主要的制约因素，城乡社会民生差距每扩增 1 单位，实际消费规模、投资规模分别减小 0.11、0.04 单位。再次，城乡要素配置差距对经济发展水平、投资规模具有显著的正向影响，但对经济效率以及居民消费规模具有显著的负向影响，城乡要素配置差距每扩增 1 单位，经济效率、实际消费规模分别下降 0.01、0.04 单位。最后，城乡居民生活差距对经济、居民消费的影响方向相反。城乡居民生活差距的扩大化对居民消费规模具有正向的积极作用。缩减城乡差距，推动城乡全面融合发展成为高质量发展新时期，构建经济发展新格局的必然要求和发展趋势。分区域看，城乡差距对经济发展水平、TFP 以及消费市场规模的影响存在区域异质性。

第 7 章

城乡融合发展模式探讨

  对城乡差距多个维度测算、成因及影响力的分析，最终目的是按照全面、协调、可持续发展的要求，统筹城乡发展，推动城乡全面融合，为经济社会协调发展提供新动力。而要实现城乡融合发展，需要重点加强城乡居民权利的平等、机会的平等、效率的平等、制度的平等、分配的平等和公共服务的平等（陈艳清，2015）。在城市化进程中如何应对乡村发展的问题，促进城乡关系良性发展，不是中国、亚洲国家特有的，而是大多数国家曾经或将要面临的难题（叶兴庆等，2019）。从全球范围来看，西方发达国家和地区城市化起步较早，在城乡关系的历史进程中也都历经城乡差距过大的困境，通过多年的实践探索，采取不同的措施形成独特的发展路径，最终实现城市和乡村的有机结合，实现城乡融合、协调发展。在实践过程中，中国围绕城乡一体化发展，设立了统筹城乡综合配套的试点改革，进行了城乡融合的尝试，一些地区在推动城乡一体化、实现城乡融合发展方面也取得一定的成果和实践经验。

  本章就城乡融合发展的国际经验和国内城乡一体化发展、融合发展的典型案例进行探讨，重点分析各个典型样本采取的缩小城乡差距的措施和经验，既为前面实证分析提供案例的对照，同时也为后续政策建议的提出奠定基础。在国外经验分析方面，主要选取以乡村为重点的英国模式、以"大都市区"推动的美国模式和城乡"均衡发展"的德国模式，在国内，则分别选取早期进行德国城乡均衡发展模式探索的山东南张楼村的"巴伐利亚实验"、东部沿海地区的"苏南模式"以及西南地区统筹城乡综合配套试点的"成都模式",通过比较不同模式的经验,以期不同的城乡融合发展模式能为我国不同区域、不同时段的城乡融合以及城乡一体化进程的推进提供经验。

7.1　城乡融合发展的国际经验分析

7.1.1　英国"田园城市"模式

英国最早开始工业化的进程,也是在城市化进程中最早关注城乡统筹发展的国家(韩超和杨洁,2019),最早提出"田园城市"理念,建立完善的城乡规划体系。

1. 英国"田园城市"模式的起源

英国主导了第一次工业革命,是最早经历工业化和城市化的国家,其城市化过程可分为快速城市化—有序郊区城市化—逆城市化—城乡一体化四个阶段(李亚丽,2013;常野,2015)。

在快速城市化的第一阶段,第一次工业革命在英国爆发,欧洲殖民运动加剧,大量黄金白银涌入导致价格革命,世界统一的市场催生全球化的贸易,刺激英国工业规模迅速扩张。工业化的迅猛发展,加速要素的城市化集聚,大量农村人口和要素流向城市,导致农村与城市差距逐渐拉大。同时,工农产业的边际劳动生产率以及引致的边际报酬差异促使农民开始在农闲时从事工业生产,并逐步演变为牺牲农业以发展机器化工业,英国的"圈地运动"在 18 世纪达到高潮,导致大量农民丧失土地,且城市、工业发展规模有限导致这些失地农民生活状况恶化,乡村走向衰败。为限制农民的流动,英国政府颁布《定居法》等法律试图从法律层面限制、阻碍生产要素的流动,结果导致这段时期英国城乡关系严重失衡。

在有序郊区城市化阶段，随着交通设施的不断完善以及工业革命带来的交通工具的发展，为缓解大城市生产生活成本以及要素集聚导致的效率损失，郊区成为人口、生产要素集聚的新场所，郊区成为大城市的"卫星城"（也有学者称之为"中心村"），其角色相当于城市的后花园，目的在于缓解城乡矛盾，促进乡村人口、就业、居住、基础设施、服务设施等不断向"卫星城"迁移，促进英国"卫星城"的发展。

在城市化的第三阶段，随着美国主导的第三次工业革命的开始，高新技术的发展以及信息化、全球化的分工不断推进，城市化开始出现逆城市化的特征，高新技术产业开始由大城市向小城镇迁移。其主要原因是，尽管"卫星城"的快速发展推动了英国城市化的进程，截至20世纪80年代，英国城市化已经达到78%左右（常野，2015），但城乡差距依然存在。"卫星城"因为统一的规划、统一的发展模式带来了政治、文化等方面的社会性问题（肖依，2011），大城市因长期工业发展、环境污染严重、人口拥挤等问题形成的资源、环境约束已到达上限，城市化红利带来的经济增长潜力殆尽，在此背景下，如何发挥经济空间布局对经济增长的潜力，为经济增长赋能，成为英国城乡一体化发展的重要诱因。面对城市化带来的一系列问题，霍华德（Howard，1985）首次提出将乡村纳入社会改革的范畴，倡导通过建立城乡一体化的社会结构以替代原有的城乡分割的社会结构，基于乡村落后于城市的事实，霍华德提出发展乡村经济、产业转移、城乡统筹规划，通过建立"新城"的方式提高乡村的地位。

2. 英国模式的经验总结

由上述分析可知，英国"田园城市"模式是在高度工业化、城市化基础上的城乡融合发展模式，具有"精密"的特征，即通过工业化快速推进市化进程，通过科学规划不断调整和完善城乡发展格局，促进城乡之间要素无障碍的交流与互动，实现城乡公共服务的均等化等方式实现城乡一体化的发展。具体来看，英国模式主要有以下几项措施。

（1）建立完整、周密的城乡规划体系。城市无序化的发展引发学术界的广泛关注，霍华德（1985）提出"田园城市"理论，倡导"将田园的宽裕带给城市，将城市的活力带给田园，使得城市和乡村融为一体"（王勇辉和管一凡，2014），就是对英国这段时期内城市规模和数量无限膨胀引发的环境、生态问题的反馈（常野，2015）。1947 年，推出《城镇和乡村规划法》，第一次通过法律的形式将城乡作为统一的整体进行规划，并在随后的半个多世纪内不断对该法案进行修订和完善（Frank Schaffer，1983）。2004 年，英国政府推出新的《城乡规划法》，构建完善的中央、地区、地方三级构成的规划管理体系，为英国的城乡统筹，尤其是"新城镇"的建设提供法律制度的保障。英国城乡规划以"精密"为主要特征，将城乡划归为三级层次，分别为大城市、中小城市和小城镇，并对各个层次的功能和角色做出周密、详细的规划。其中，大城市区划明确，通过不同区域之间的优势互补以实现多功能的协调发展；中小城市则是简化其主体功能，通过市场的作用确定其产业功能，最终要与大城市配套发展，对大城市的发展起到"辅助"功能；小镇的功能均比较单一，常依据其地理优势，通过经济发展规律确定主体功能以及产业发展，缓解城乡空间布局的矛盾（薛晴和孙怀安，2014）。

（2）发展中小城市，构建要素畅通平台。随着工业化、城市化的快速发展，大城市在经济社会发展过程中积累了大量的资本和劳动力等生产要素，随着城市规模的扩大化，城市不断向郊区延伸和蔓延，形成大规模的城市群。然而城市的环境承载力是有限的，城市规模的无序扩张带来的规模经济效应随交通拥堵、环境污染等问题逐渐下降，生产要素的逐利属性促使要素流动。为促使要素的合理流动，继续发挥其对经济增长的作用，英国政府通过构建"新城"的方式，大力发展中小城市和小城镇，引导要素向中小城市和小城镇集聚。例如，将行政机关从大城市向中小城市迁移，鼓励大型产业或企业集团将总部设立在小城镇和中小城市等方式，促进中小城市的发展，同时也为要素的流动和集聚开辟了第三条路径，促进了区域产业空间合理布局，通过推动中小城市的发展，建立城市和乡村的要素流动节点，提供要素均衡流通的渠道（常野，2015）。

（3）强化对农村基础设施、公共服务的财政投入。在第一次工业革命后，不仅因经济、产业的发展导致城乡居民收入差距过大，同时，英国实施城市偏向的政策，立法、财政以及公共资源配置等都向城市倾斜，导致城乡公共资源配置方面也表现明显差异。随着城市规模不断扩张，城市公共资源难以满足城市人口的需求，因此，随城市化以及经济社会的发展，在逆城市化的第三阶段，人口、企业、机构等被迫向郊区和农村地区流动和迁移。然而，当期郊区和乡村地区的基础设施相对较差，难以促使人口、要素的扎根。为了缩小城乡差距，实现国民福利的均等化，并通过人口、要素的中小城市集聚促使经济空间格局优化，英国政府逐步加大对农村基础设施以及公共服务的财政投入。首先，在基础设施建设方面，1942年，英国出台《斯库特报告》，强调保护乡村发展，逐渐加大对农村地区的基础设施建设和公共服务的财政投资，保护乡村生态环境和景观。英国政府投入资金帮扶农村建设住房，利用燃气分销价格调控机制普及农村家庭燃气使用（李亚丽，2013；常野，2015）。采用财政补贴扶持农村公交，满足农村居民出行需求，通过设立"宽带建设署"以及邮局"一英里范围"的原则等，满足郊区居民信息、物流通信需求，缩小城乡居民交通通信的差距（常野，2015）。其次，在公共服务方面，在全国范围内建立职业教育网络，依据地方特色实现多元化的农民职业技术教育；自1927年开始逐步建立城乡居民失业保险制度，1957年，由政府出资为农场主建立养老保险制度，同时，通过"农业社会互助金"等形式实现农村人口的社会保险（王勇辉和管一凡，2014），并通过《社会保障法》对城乡社会保障制度统一立法，统一管理。在乡村特色保护、生态环境建设方面，英国政府不仅强调对农村、小城镇的历史文化价值的保护，还非常重视农村的生态环境保护，对农村的水资源、土地、生物多样性和地理环境进行长期评估和监控，并建立生态服务系统。同时，在政策制定、资源利用、灾害预防等方面为农村生态环境保护提供保障（Natural Environment Research Council，2010）。

（4）多项措施推动农村产业发展。圈地运动导致英国农民失去农业生产所需的土地等生产资料，农村劳动力从事的编制、纺织、服装等

"家庭副业""茅屋产业"发展成为原工业，为工业革命提供要素支持和市场。农村经济结构由原有的种植业、畜牧业发展成为农业、非农产业并存的结构（薛晴和孙怀安，2014）。工业革命的爆发并没有导致英国完全放弃农业的发展，尽管随着产业结构的变迁，农业在英国国民经济中所占比重较低。相反，工业革命加速了农业生产方式的变革，推动农业机械化、产业结构和管理水平的提高，进而提高了农业生产率。

在农业发展方面，英国借助于欧盟共同农业政策的框架，对本国农业的发展实施价格补贴的政策，通过农业基础设施建设改善农业生产条件，提高农业生产效率，通过对进口农产品实施强制性的关税政策等保护本国农业、农民的权利。通过建立农业合作社，鼓励农业生产规模化经营。例如，英国合作社，其业务涉及农场、制药、汽车销售、金融保险、旅游等多个行业，为合作社成员提供一揽子的服务，通过合作社，农民可以从事农业生产，成为农业工人，不仅可获得租金收益，也可获得工资性收入、农场经营的绩效收益，实现了收入来源的多渠道化，大幅提高农民的收入水平（罗来军和王永苏，2014）。同时，英国政府还鼓励兴办乡村企业，整合乡村资源，发展地区优势产业。得益于基础设施建设、公共服务水平的不断提升，英国农村地区利用政府优惠政策、自身庞大的劳动力市场的优势，积极参与市场竞争，吸引企业在乡村地区进行投资办厂。针对农村企业服务推广难、经济成本大的问题，英国政府还为乡村中小企业提供市场服务和指导，旨在减少企业在农村发展的壁垒，鼓励大学和科研单位在农村建立创新中心，建立农村经济增长试点网络，解决农村经营场所不足，互联网技术落后等问题。同时，基于不同地区的不同情况，在制定中小企业扶持政策时，注重向偏远地区倾斜，推动区域协调发展。

3. 英国模式的经验启示

得益于第一次工业革命的爆发，英国的城市化快速推进。城市化的发展为经济的发展带来了经济增长的红利，但也由于城市化的无序扩张导致大城市因规模扩大化带来了"城市病"，农村因人口的大量外流以及以牺牲农业推动工业化发展的"圈地运动"等导致了"乡村衰败"。随着城市化的进一步发展，城市规模效应逐渐消失，为了推动经济的发展，英国政府开始通过建立"田园城市"模式推动要素流通，推动城乡协调发展。

英国城乡融合发展的核心经验主要可分为以下四个方面。首先，将乡村纳入规划的范畴，在建立城乡一体化的战略理念的基础上，英国政府通过法律、行政等手段构建精密的城乡统一规划，对各层级城市、小镇的功能和发展模式都做出详细的规定，力图构建合理的经济空间布局。其次，推动要素的均衡流动方式方面，与直接推动城乡要素流通不同的是，英国通过建立"新城"的方式构建城乡要素流动的"新"节点和第三方平台，通过促进中小城市的发展，加速基础设施建设、提高公共服务供给等方式，一方面，实现城市功能的转移；另一方面，促进农业人口的城镇化集聚，实现人口就业、社会民生的同步城镇化。再次，加大对农村基础设施建设、公共服务的支持力度。通过发展职业教育提升农村劳动力的质量和人力资本含量，通过医疗、养老保障等方式加大对农村公共服务的供给。最后，在产业发展方面，利用工业革命推动农业生产方式的变革，提升农业生产效率。通过建立农村合作社等方式推动农业的规模化生产经营，利用工业化发展推动农村非农产业的发展，实现三次产业融合发展，扩大农民增收渠道。

7.1.2 美国"都市圈"模式

美国是全球经济、政治最为强大的国家，仅用200年的时间就完成了城市化、工业化和农业现代化的进程，在城乡一体化建设以及城乡统筹发展方面取得显著成就，"城市和乡村除却产业和景观具有差异外，生活水平和文明程度基本相同"（余斌等，2005）。美国的城乡模式可称为"都市圈模式"或郊区化发展模式，即在城乡统筹过程中，以建设大都市区推动城乡一体化发展。

1. 美国城乡关系发展的背景

英国主导的第一次工业革命的爆发对曾经是英国殖民地的美国产生了巨大的影响，美国积极参与第一次工业革命，经济、技术取得显著发展，但这一时段的美国城乡关系呈现出南北差异的特点。第一次工业革命带来钢铁、电力等新兴行业的兴起，美国北部地区得益于丰富的钢铁、煤炭等自然禀赋，工业化水平快速提升，农村人口不断向城市迁移，城市数量、规模不断扩大，但在美国南部地区，由于"黑奴"和庄园经济的存在，人口流动不自由，导致工业化发展较慢，城市规模较小，农业仍然占主导地位。

随着美国南北战争的爆发，美国城乡关系发生剧变。奴隶制度的废除促使劳动力自由流动速度提升，全国统一战争的结束导致全国统一的市场建立，要素流通壁垒被打破。同时，欧洲移民的大量涌入，为美国经济发展提供大量的人力资源。基于第一次工业革命的积累，以及国内市场经济的发展，要素市场的畅通，美国引领了第二次工业革命，推进了重化工业的快速发展，导致城市规模急剧扩张，广泛吸纳农村劳动力的集聚，一些发展较快的城市成为区域的经济中心（宋小琪，2018），城市的急剧扩张也改变了城乡关系。

第二次世界大战后，美国确立了美元的国际货币地位，对全球经济秩序发挥主导作用。凭借雄厚的资金、资源、人才等优势，美国主导了第三次工业革命，通过修建了贯穿全国的高速公路网络，发明汽车等先进的交通工具的方式促进了劳动力等要素的流通，高新技术产业和新兴产业的兴起极大地提高了生产效率，为美国城乡一体化发展提供物质基础和条件（常野，2015）。与英国的状况一致，快速的城市化导致城市规模急速扩张，一系列的城市问题诸如交通拥挤、环境污染、社会稳定等出现。为缓解城市中心区的压力，且基于交通运输网络的发达以及交通设施的完善，城市中心区的居住、商业和产业等功能开始向郊区扩散和迁移，形成连接城市和农村的大都市区地带（韩超等，2019）。这种城市郊区化成为美国城乡融合的方式，缓解了大城市人口压力和资源环境的约束，逐步推动城乡一体化的发展。

2. 美国"都市圈"模式的经验总结

与英国的工业化、城市化进程相似，美国的城市化与第二、第三次工业革命密切相关，美国的城乡融合是建立在高度的城市化、工业化的基础上的，也是"逆城市化"的产物。在第二次工业革命后，美国在重工业发展下实现快速城市化，在第三次工业革命后，依托前期工业化建立的交通网络为基础，高新技术的兴起和发展对城市提出了新的需求，而城市规模的扩张带来了"城市问题"，现实倒逼城市化转向逆城市化阶段，通过城市经济逐渐向郊区、农村的小城镇地区扩散，推动经济社会的发展，与此同时，逆城市化推动了农村公共资源配置、服务体系的完善，农业现代化水平不断提高（常野，2015）。与英国模式不同的是，美国通过主导第三次工业革命，在科学技术方面具有其他国家不可比拟的优势，科学技术的进步不仅推动了整体经济的快速增长，同时也为农业现代化发展奠定基础。同时，凭借第二次世界大战后经济迅猛发展带来的雄厚资本，加速国内交通通信网络的建立以及先进交通工具的发明，极大地降低了区域之间要素流通的成本，促进城乡之间的人口和劳动力的迁移和流动。具体来看，美国的"都市圈"模式的典型措施主要有以下几方面。

（1）工农互促推动经济增长。与其他国家不同的是，美国的工业化、城市化与农业现代化同时进行，工业化和城市化推动农业现代化的发展，而农业现代化水平的提高也对工业化与城市化起到加速促进作用。首先，工业化的发展促进了农业机械化及先进技术的应用，极大程度地提高了农业生产率。其次，追溯美国工业化的起源，最早是从棉纺织业开始，纺织、棉毛、面粉等农产品加工业占据工业主导地位，同时，以纺织业为依托不断进入重工业、新兴产业，促进了农业与工业更深层次的融合（薛晴和任左菲，2014）。最后，工业化的先进管理理念推动了农业生产的规模化经营。工业化、城市化与农业现代化的良性互动极大程度推动了城乡一体化的进程。

（2）以交通设施建设推动"大都市区"城镇体系。美国自 20 世纪 30 年代一直重视农村交通、水电、排水、卫生、教育等基础设施建设，促使大部分乡村地区基础设施和公共服务水平与城市地区相当。美国主导了第二、第三次工业革命，高新技术产业均属于资本密集型产业，对自然资源和劳动力的需求较低，但对基础设施的便利性要求很高，相比重工业发展集聚在特大城市，高新技术产业更倾向于向交通便利的中小城市和小城镇集聚（常野，2015）。在城市化、工业化的进程中，美国大力发展交通等方面的基础设施，不仅极大地促进美国西部大开发和中小企业的发展，同时，随着城郊有轨电车和高架铁路的发展，城镇交通网络迅速构建，城镇发展开始打破区域空间封闭状态，城乡之间的流通渠道得到极大改善。在此过程中，政府通过推行《新城市开发法》、"示范城市"试验计划，鼓励中高收入人群在郊区建房以推动小城市建设，有力促进中小城镇的发展（薛晴和任左菲，2014；朱喜群，2014）。郊区成为美国城市化的主要方向和领域。

（3）多举措推动农业现代化发展。与一些国家城市化进程不同的是，在美国城镇化的进程中，农业没有出现衰退，反而保持稳健的增长趋势。追溯美国工业化的发展，是起步于农业的棉纺织业，这种农产品加工业的发展不仅促使农业快速发展，同时推动了制造业等重工业的发展，极大地提升了农业生产效率，加速了美国工业化、城镇化的进程。因此，与其他国家单向通过城市引领农村发展，对农村实施帮扶的方式不同，美国是在农业与工业互促的基础上，通过工业化、城市化的发展为农业发展提供技术创新等内生动力，驱动农业现代化的发展。为促进农业农村的发展，美国政府主要采取以下措施。首先，在土地方面，为遏制外来移民和城市规模扩大引发的农地耕地流失，解决农耕地细碎化的问题，美国政府于 1974 年建立土地发展权征购制度，建立完整的土地发展权制度，为土地合理开发、环境保护以及农耕地的规模化经营提供法律保障（张志宏和傅东平，2017）。其次，利用财政支出加大农村道路、水电、排灌等基础设施建设，以及卫生、教育、文化等社会公共服务领域，加大对农业生产的帮扶力度。在农产品价格保护方面，通过实施"农产品计划"以稳定农产品价格、促进农业自由市场竞争。为扩大农产品的销售渠道和市场，通过农产品外援计划和出口信贷担保计划等拓展海外市场，鼓励农业海外贸易生产，同时实施限制农产品进口的政策，保护本国农业生产。在农业金融信贷方面，通过《联邦农业贷款法》降低农业贷款利率，成立农村信贷机构以为农村农业发展提供信贷支持。最后，不断提高农业科技水平，提升农村人力资本。政府不仅设立专职的农村地区机构，推动农村地区教育、医疗、农业技术服务、生产信息推广服务，同时，通过一系列法案法规鼓励开展多元化的农业职业教育，培养新型农业人才，大力推动农业科研院所的发展，全面推动农业现代化内涵式创新发展。

3. 美国"都市圈模式"的启示

美国的城乡关系历程以及城乡融合的经验为促进中国城乡融合发展提供了好的借鉴范本。美国的"都市圈"模式表明，通过城市的郊区化构建城市群、都市圈，可以通过大城市圈的辐射带动作用推动郊区以及农村地区的发展，最终实现经济增长，推动城乡的一体化。但需要看到的是，这种"都市圈"、城市群的"扩散效应"有两个大的前提。首先，基础设施建设搭建要素流通的渠道和平台。借助于前期工业化革命引致的经济快速发展，美国通过构建连接全国区域、城乡的交通网络，促进了城乡之间、区域之间要素的合理流动，降低了要素流动的成本，提升了要素配置的效率，为城市部分功能的郊区化转移提供了基础条件。其次，美国主导的第三次工业革命极大地推动了产业的技术创新，提高了工业以及农业的现代化水平。利用技术和信息化的手段对传统农业进行改造，加强对农业的扶持力度，提高农业的内生性增长能力，通过财政、金融、信贷等方式保护本国农业生产、贸易，提高农民收入，增加农村公共服务的供给，缩小城乡差距水平。

7.1.3 城乡均衡的德国模式

德国城乡一体化发展取得显著成就，城乡之间没有明显界线，成为世界上城乡融合程度较高的国家。德国城乡融合发展模式为"城乡均衡",采用城乡均衡、等值化的理念将国家的经济、文化、政治中心分散于城镇和乡村,实现统一的城镇布局和经济发展(叶剑平和毕宇珠,2010;韩超和杨洁,2019),强调逐渐缩小城乡经济社会发展程度差距以及基础设施享用、生态环境等方面的程度,最终构建城乡等同的工作、交通、居住条件,实现城乡同等的公共服务水准,在促进城乡共同保护生态环境的基础上,推动城乡两大经济系统在保留各自特色的基础上实现协调发展(毕宇珠等,2012)。

1. 德国城乡关系发展的背景

相对于英国等西方发达国家,德国的工业化始于19世纪30年代,虽然起步较晚,但发展速度非常快,到1914年超过英国,工业产值占国民生产总值的比重远远超过农业,工业的劳动生产效率也远高于农业,成为仅次于美国的世界第二大强国。尽管在第二次世界大战中,德国工业遭遇重创,但由于工业基础较好,工业技术和人才的保留促使德国工业化、城市化的进程快速推进。工业化发展推动了农业机械化的利用,大量农村剩余劳动力从农业中释放出来。产业结构失衡以及不同产业之间收入差距的不断拉大推动农村人口不断向城市迁移,寻找就业岗位和机会,城市化加速进行。与其他国家不同的是,德国在1871年前的城镇发展处于分散的状态,加之国家空间规划、区域政策引导企业向小城市和镇区集聚,导致德国的城镇规模比较均衡。尽管如此,德国的城市化同样给乡村发展带来危机。乡村人口涌入城市,造成乡村土地荒废,劳动力流失造成"空心村",过度工业化对乡村生态环境造成了破坏。20世纪60年代后期,政府试图通过"返乡运动"增加乡村活力,但结果是导致农村土地开发过度,工业化的思维对农村的资源禀赋以及乡村特色造成了破坏(叶兴庆等,2019)。在此背景下,城乡均衡发展理念为德国实现城乡一体化发展提供了思路。

2. 德国"城乡均衡"模式的经验总结

德国城乡融合发展将"均衡发展"理念贯穿至城乡发展的多个维度,

从顶层设计到城乡建设、产业发展以及微观层面居民的获得感等方面，均强调"均衡"，但这种均衡并非指城乡按照统一的发展模式进行规划、建设，而是在保留各自特色的基础上的相互促进，协调发展，实现"城乡生活不同但等值"的目标，代表性的措施主要有以下几个方面。

（1）以均衡发展理念贯穿区域规划和城乡建设。为实现城乡均衡发展，1965年，德国颁发《联邦德国空间规划》将"城乡均衡发展"的理念贯穿区域空间发展和国土规划的全过程，其目的是通过城乡空间规划、基础设施建设、产业结构调整、财政政策补助以及土地整治等，促进城乡协调发展。作为具有代表性的巴伐利亚州基于《联邦德国空间规划》制定《城乡空间发展规划》，旨在通过多种方式保障土地资源的合理利用，实现城乡居民等值化的生活（张秋玲，2019）。

（2）以小城镇建设为契机，推动城乡基础设施均等化。德国20世纪70年代后，村庄更新计划将基础设施建设和公共服务水平的提升纳入范畴，对农村基础设施做出调整，改善农村的生活居住条件和工作环境，增强其对企业、科研机构、高校等的吸引力，使得在小城市和镇工作、生活成为理想的生活方式，形成"逆城市化"的现象。具体措施主要有以下几个方面。首先，公共基础设施按照区域整体规划统筹规划建设，并按照城市居民相同的标准建设、管理排污管网和垃圾分类、处理设施等。其次，为村庄进行水、电、燃气等基础管线设施建设，同时也为偏远地区和经济发展滞后的地区提供政府补助。最重要的是在基础设施建设过程中，允许社会资本的参与。再次，在城乡一体化的建设中注重交通网络的建设，不仅重视大中城市之间的互通，也重视城乡之间的连接。最后，构建城乡均等的社会保障体系。通过颁布《农民老年救济法》《农民养老金法》等建立均衡的社会保障体系，城乡居民在社会保障等方面的权利没有差别（付娜，2014）。乡村基础设施、公共设施以及公共社会服务水平的不断完善，吸引了企业在小城市和镇的集聚。以巴伐利亚州为例，该地区直至20世纪40年代末期，仍然以农林产业发展为主，但通过配套工业生产所需的基础设施建设以及政府的税收优惠政策，大型企业相继落户该地区，推动地区产业结构由农业向工业转变。20世纪70年代，巴伐利亚州经济发展注重外贸出口，发展外向型经济，产业重心逐渐转向第三产业（叶剑平和毕宇珠，2010）。

（3）多举措推动农业、农村发展。在农业发展的过程中，德国政府从土地整理、产业发展等方面采取一些措施推动本国农业发展，提升农业现代化、产业化水平。首先，为防止农地细碎化，政府在1953～1960年相继出台和实施《土地重新规划》《农业法》《市场结构法》等法规，明确村镇的规划，通过对乡村土地重新调整，划定自然保护区，调整土地以改变原有的零散分布的状况，通过法律形式允许土地买卖、互换、出租、重新登记和土地平整改造，通过财政补助、低息贷款等方式鼓励农场规模经营。同时，德国政府通过设立"提前退休奖金"等方式鼓励小农户放弃或脱离农业生产，以此减少小农户的数目推动农业规模化生产，提高农业生产效率（雷曜，2020）。其次，针对农业生产，德国利用政策、法律等手段推动农业产业结构优化，为实现农产品加工业发展、农业与农民组织化等产业链发展提供支持。例如，针对农业生产带来的作物秸秆、畜禽养殖的废弃物等，德国先后颁布生物能源、生物经济的相关法令，要求将生物原料的开放利用及畜禽废弃物的有效利用作为乡村新的就业机会、农业增值和生态环境保护的重要举措。在农业废弃物的处理方面，德国政府鼓励农场主入股建立生物发电厂，并通过财政政策对生物能源发电给予补贴，为生物能源运营商开通绿色通道，不仅解决农业生产残留造成的污染问题，同时通过对农业废弃物的生物利用，为农村经济增加新产业，创造新的就业机会。在农业产业链延伸方面，建立利益联结机制。例如，下萨克森州的甜菜种植户建立甜菜种植协会，与糖料加工厂签订配额生产的订单，建立稳定的供销关系。以农场主投资经营的生物电厂，通过燃气、电力等不同的方式为周边地区居民提供能源，拓宽增收渠道，同时，生物发电后产生的沼渣、沼液也可为农场的作物种植提供生物有机肥，促进生态农业的规模化（叶兴庆等，2019）。最后，基于经济发展水平推进农业生产的机械化、现代化的管理，形成多元、多方式的农业服务体系。自1867年《合作社法》的出台，德国的农业合作经济组织长足发展，并为农村的农产品生产、加工、销售、信贷、咨询等提供全方位的服务。为提升农业全要素生产率，德国政府制定《职业教育法》，通过财政政策对农业就业者进行正规的职业教育，提升劳动力的人力资本。

（4）以村庄更新为核心推动美丽乡村建设。要形成农村对人才的"引力"，除了产业、基础设施外，还需加强农村生态环境建设和特色风貌的吸引力，让乡村成为生态宜居之地。1969年，德国颁布《"改善农业结构和海岸保护"共同任务法》，通过补贴政策、贷款、担保等方式保护乡村景观和自然环境。1976年，对《土地整治法》进行修订，突出乡村特色保护，1977年后，相继启动实施村庄更新计划和欧盟的"引领项目"，通过土地整治、村庄更新等方式对乡村房屋进行修缮，改善乡村生态和景观，减少对生态环境的破坏，保护农村特色风貌，注重乡村环境的改善，创建新形式的乡村文化，推动美丽乡村建设。同时，在农业现代化的进程中，逐步拓展乡村功能，依托乡村的特色风貌逐步拓展出休闲、自然资源保护等功能，更加注重对乡村文化价值的挖掘，让风貌、环境优美的乡村地区成为城市郊区化发展的首选地区（叶兴庆等，2019）。

3. 德国城乡均衡模式的启示

与英国、美国城乡融合发展相同的是，德国的城乡融合发展也是建立在高度的工业化和城市化的基础上的，是经济社会发展到一定阶段的产物。与英国、美国城乡融合发展模式，即，通过城市规模的扩张，将城市部分功能向周边地区转移，发挥特大城市的辐射带动作用推动乡村发展不同的是，德国的城乡融合发展遵循城乡均衡发展理念，通过统一的区域规划和城乡建设、村庄更新计划等方式推动农村、农业发展，不断缩小城乡经济社会发展差距，通过加强基础设施建设、提高公共服务供给等方式实现城乡居民等值化的生活、就业、居住等。在促进经济社会发展过程中，更加注重生态环境的保护，通过实现经济与生态的协调、可持续，促进城乡在保留各自特色、文化等的基础上实现优势互补，协调发展。

7.2　中国城乡融合典型模式

本章主要选择山东南张楼村模式、苏南模式和成都模式，对这三种模式的起源、举措进行研究分析。选择这三种模式的主要原因是，从城乡融合模式的特征来看，南张楼村的"巴伐利亚实验"是德国"城乡均衡模式"的复制；苏南模式通过乡镇企业发展开始传统苏南城乡融合模式，"以乡促城"的方式打破了以城带乡、以工促农的传统城镇化渠道，新的苏南模式通过多中心网络的理念形成都市圈、城市群推动地区城乡融合发展，与美国的"都市圈"发展模式接近；成都模式在政策引导下实施的，区域规划、产业布局设计以及城乡关系发展等方面与英国的"田园城市"模式更加接近。从区位地理特征来看，山东、苏南地区都属于平原地区，且处于东部沿海地带，具有出口经济的发展优势，成都地区地处山区，是西南地区的交通、物流要塞；从产业格局来看，南张楼村位处粮食主产区的山东省，苏南地区是工业和高水平的服务业、信息产业主导的经济发达地区，成都是工业和特色农业结合区域。不同的地域、不同的经济发展水平以及不同的城乡融合模式，为全国范围内不同地区、不同经济社会发展阶段的城乡融合发展提供了经验和典型做法。

7.2.1　山东的南张楼村模式

德国的"城乡均衡"模式在推动城市化进程以及城乡一体化发展方面取得显著成就，尤以巴伐利亚州为代表。1987 年，山东与德国巴伐利亚州建立友好省州关系，1988 年，巴伐利亚州与山东签订"中德土地整理和村庄更新"合作项目，在山东南张楼村开展"巴伐利亚州实验"，以验证德国"城乡均值化"的发展理念是否能够解决农业大国的"三农"问题。项目从 1990 年开始实施，涉及村庄规划、土地整理、村庄更新、基础设施建设等，经过多年的实践，南张楼村的基础设施、土地利用、基础设施和公共服务水平等方面均有极大改善，村庄经济社会发展水平显著提高，且村庄人口没有出现大规模外流。经德国方面评估，认为南张楼村"城乡等值"试验是巴伐利亚试验在国际范围内最有成效的典范（陈多长，2018）。

1. 南张楼村"巴伐利亚实验"典型做法

（1）以发展规划和土地整理，推动功能分区，基础设施建设。1990年，巴伐利亚实验正式启动，德国专家与南张楼村历经4个月最终确定《南张楼村发展规划》，将全村按照功能划分为四个区域：南部工业区、东部农田区、中部生活区和北部的公共服务区（李增刚，2015）。参照发展规划，1990年秋收过后南张楼村开始实施土地整理，通过土地平整的方式将原先分散的土地整合成大方地，将对荒湾、河道、废弃砖窑场整理出的耕地用于奶牛养殖和工业园区（李增刚，2015）。在基础设施建设方面，基于发展规划，自1990年起利用十五年的时间对非农生产和生活区域的道路按照统一标准进行水泥硬化和规整，统一铺设电缆，保障农业生产和卫生饮用水安全，建设社区服务中心、文化中心、医院、养老服务中心等公共服务设施，在村内设置银行、投资机构等现代商贸服务机构，建立与城镇无差异的公共服务（陈多长，2018）。

（2）多举措促进农业现代化，多渠道增加农民收入。基于发展规划，德国专家改变了南张楼村的种植习惯，在作物种植方面由原先的东西方向种植改为南北方向种植（李增刚，2015），在前期基础设施不断完善的基础上，农业生产机械化水平不断提高，目前，南张楼村已经实现了遥感灌溉农田，大幅度提高农业生产效率，解放农村劳动力。在"巴伐利亚试验"开始之前，南张楼村已经积累了一定的工业基础条件，村内兼有砖窑场、油坊、机械厂等村办企业，在德国的帮扶下，南张楼村兴办村办中小型工业企业，涉及机械加工、纺织、农产品加工等领域，不仅通过工业向园区集中，实现了村庄土地的集约化利用，完善产业发展的空间布局，同时，吸纳本村和周边地区剩余劳动力，增加农民收入。此外，工业发展也推动了配套的生活、生产服务行业的发展，实现第二、第三产业融合发展（陈多长，2018）。此外，在德国的帮助下，南张楼村通过劳务输出积累资本、经验，通过赚取的资本返乡创业，这也是南张楼村企业数量众多，经济发展较好的重要原因（李增刚，2015）。

2. 南张楼村经验总结

对南张楼村的发展模式，诸多学者常将其作为社会主义新农村建设的典范（杨晓杰和王红艳，2013；邹勇文和汤慧，2006），但也有学者从社会经济发展特征出发，将其看作是城镇化发展模式的典型范例（陈多长，2018）。本章对南张楼村模式的典型案例分析，在于借鉴其"城乡均值"理念中国化的做法，以期对其他区域城乡融合发展、乡村振兴有所启示。城乡一体化发展、城乡融合发展的最终目标是缩小城乡差距，实现城乡规划、基础设施、公共服务等方面的一体化，实现城乡要素配置的双向自由流动、产业结构优化配置，其目标是"城乡等值化"，因此，我们认为，"城乡等值化"是中国未来城乡融合发展的方向和必然结果。

然而，我们也要看到，南张楼村的"城乡等值化"模式不具有普适性。首先，南张楼村规模、土地面积超过了一般农村水平，以至于其可将村庄划分为四个功能区，但在中国多数地区，以自然村为单位进行规划，规模过小。未来，可以乡镇为单位推动区域规划，建设小城镇（李增刚，2015）。其次，南张楼村的城乡均等化发展仅在村庄内进行，不受户籍制度、城乡二元结构等制度、政策因素的影响，但从宏观层面来看，城乡产业的融合发展、要素的流通、城乡社会保障、公共服务水平等涉及多个专业领域、多个部门的参与，需要政府宏观调控与市场"看不见的手"通力合作，才能推动城乡融合发展。

7.2.2　"以乡镇企业推动"的苏南模式

20 世纪 80 年代，江苏以苏州、无锡、常州为代表的苏南地区创办乡镇企业，推动农村工业化的发展（费孝通，1983），通过以工促农的方式促进农业现代化发展，从而实现了就地城镇化的发展模式，其经验被称为"苏南模式"（武小龙和谭清美，2019）。20 世纪 90 年代末期，基于传统苏南模式的缺陷和不足，苏南重新确立新的战略目标和发展理念，以城乡一体化推动新的苏南模式，即利用苏南地区的区位优势和政策优势发展外向型经济增长，更加注重大城市的辐射带动作用以及工农产业的融合发展，此外，在资源配置方面，更加注重政府引导与市场调节相结合。如果说传统苏南模式是以乡村经济和乡村企业的发展以推动乡村工业化以及城市化的进程，那么新的苏南模式则是促进城乡同步发展，在高度城镇化的基础上，通过经济、社会、产业、要素、生态等方面的全面发展，缩小城乡差距，促进城乡共同发展和繁荣。

1. 苏南模式的起源

改革开放初期，家庭联产承包责任制以及粮食市场、农产品收购价格的改革，提高了农民的生产积极性，农业生产效率大幅提升，导致我国农村剩余劳动力过剩。但由于城乡二元体制的限制，农村向城市迁移的通道尚未开启。1981 年，国务院明确提出"大力发展农村经济，引导剩余劳动力在乡村搞多种经营，严格控制农村劳动力进城和农业人口转为非农业人口"。在价格双轨制的市场环境下，农村能够从计划外市场获得原材料并销售产品（张海鹏，2019），在此背景条件下，苏南地区在乡村地区发展工业、集体企业，由县、乡政府直接领导，通过以工促农的方式促进农村发展，从而实现就地城镇化（武小龙和谭清美，2019）。传统苏南模式的发展对城乡二元经济结构形成了冲击，打破了"城市工业，农村农业"的分割格局，采用就地城镇化的方式实现了农村剩余劳动力的转移，并且在农村内部实现了"以工促农，以工建农"的工农关系，促使农村产业结构调整，走上农村工业化的道路，同时，乡镇企业的发展为农村社会福利事业、公益事业发展提供了资金保障。这种通过乡村经济发展推动小城镇发展为特征的自下至上的城乡互动发展，不仅加速推动苏南地区城市化进程，促使地区经济快速发展，而且通过小城镇的发展实现了城乡生产要素的流通和农村劳动力的非农转化。

20 世纪 90 年代，随着市场经济体制改革和财税制度改革，宏观环境发生重大变化，而乡镇企业政企不分、产权不明等缺陷以及产业布局混乱、缺乏整理规划等诸多问题陷入发展困境，传统苏南模式已不适应经济社会的发展，无法推动经济社会的发展（程勉中，2013）。与传统苏南模式相比，新苏南模式的本质是推动产权制度的改革（武小龙和谭清美，2019）。20世纪90年代中期之后，针对乡镇企业暴露的问题，乡镇政府对乡镇企业实施产权制度改革，政府退出乡镇企业的经营和管理，政府职能从原先的行政干预转变为服务引导，借鉴温州模式的经验，乡镇企业遵循市场规律，将原有的集体所有制转改为混合所有制，并建立现代企业管理制度，自此形成"新苏南模式"。相对于传统苏南模式，新苏南模式在资源配置、产业结构等方面发生深刻变革：在产业布局方面，更加注重产业集聚的辐射带动作用，通过土地集约化利用、工业园区建设等方式优化工业、农业布局；在空间规划方面，新苏南模式更加强调"多中心共生"的理念，构建"苏锡常"都市圈、与周边城市和地区建立城市群，通过多中心网络化促进城乡均衡发展；在推动产业发展的同时，在户籍制度、公共服务供给、就业、社会保障等民生供给等方面均有新的突破和表现（武小龙和谭清美，2019）。

2. 苏南模式经验总结

（1）以"三集中"策略实现集约化发展，优化产业布局。首先，通过工业园区、经济开放区的建设实现工业的优化布局。针对传统苏南模式乡镇企业零星分布，形成"围城"的产业布局造成生产效率低下等问题，新苏南模式通过对工业园区进行规划，鼓励中小企业"进城"，向区位、资源等方面更具优势的城镇集中，推动产业集群发展，实现土地资源集约化利用。具体的做法主要有促使小厂进园区，新办企业在园区落户，从而实现单一的产业集中化，发挥产业规模效应。其次，鼓励人口城镇化集中。在推动产业园区建设的同时，鼓励农村居民向城镇新社区集中，一方面，有助于地方政府对农村进行重新布局规划，实现土地的优化利用；另一方面，居民社区化也有助于通过社区管理提高居民的公共服务获得感，提升社区管理的水平，将原先的农村居民纳入城镇管理范畴，改变农村"自治"的局面。另外，对土地实施集约化的利用，鼓励规模经营。苏南地区鼓励土地承包经营权的流转，通过政府引导、政策鼓励等方式实现农地的产业化、规模化经营（应舒，2014；武小龙和谭清美，2019）。

（2）多举措推动城乡基础设施、公共服务均衡发展。在乡镇企业发达的农村地区，学校、道路建设、低保补助等公共服务支出以及基层组织的部分财政费用、农村水利等基本设施建设都通过乡镇企业的盈余进行补偿，可以说，传统苏南模式在推动企业发展以及乡村经济增长的同时，也通过对基础设施、社会福利的投资实现以工促农。新的苏南模式在推动乡村振兴、实现城乡融合发展的过程中，在户籍、就业、社会保障等方面更有亮点。2003年，苏南地区率先取消城乡户籍区分，转为常住人口登记制度，取消与户籍相关的教育、医疗、社会保障等公共服务的城乡差异性。在就业扶持方面，建立城乡统一的就业政策，通过财政补贴、税费优惠等方式鼓励企业、个体的创新创业活动，并为就业群体提供完善的就业保障制度。在社会保障方面，实现城乡最低生活保障支出、城乡养老保险和城乡医疗保险的并轨，建立大病统筹医疗保险制度。在基础设施建设方面，苏南地区着力推进交通、水电、燃气、环境卫生等基础设施向农村覆盖，加快大城市轨道交通和高速公路等交通设施的建设，加大村庄环境整治、古村落保护以及乡村旅游景区建设工作。最为突出的是对农村失地农民的安置。将城镇就业的失地农民纳入城镇医疗保险体系，将失业且失地的农民纳入农业医疗保险体系，通过财政补贴实现农村与城镇社会养老、医疗、失业保险的并轨（武小龙和谭清美，2019）。

（3）多措施推动农村产业现代化发展。传统苏南模式下，农村工业的发展促进城乡经济相互渗透，不仅增强了集体经济发展的实力，提高农民的收入水平，缩小城乡居民收入差距，且对农业经营方式产生深远影响。乡镇企业的利润用于农业机械、社会化服务设施的配置，大幅度提高了农业机械化和社会化的程度。新苏南模式下，通过土地集约化、人口集中化的方式实现了农地规模化经营模式，提升农地产业化水平，通过"公司＋农户＋科技"的产业规模化经营方式在城镇社区发展观光农业、休闲农业等，通过城乡产销对接的方式推动城乡要素的流通，实现产品与市场的无缝对接，促进农村经济发展。

3. 苏南模式的启示

与西方发达国家以及中国其他地区通过工业化、城镇化的推进对乡村进行改造的"以城带乡，以工促农"的模式不同的是，传统的苏南模式是通过乡镇企业的发展推动城镇化的发展模式，是乡村包围城市的发展模式。传统苏南模式通过农村地区非农产业的发展，打破了"城镇工业、农村农业"的二元格局，不仅促进了乡村经济的发展，同时乡村企业的盈余也解决了农村基础设施建设、公共服务财政"缺血""贫血"的状况，随经济社会的发展，为实现产业的集约化发展，乡镇企业不断向城镇集中，在此过程中，产业的发展推动了城镇化的进程。随宏观环境的变化，乡镇企业在综合因素的影响下逐渐衰败，传统的苏南模式被新的苏南模式所取代。在开放型经济导向下，政府职能转变，政策引导与有效市场的共同作用下，苏南地区经济发展从内向型转为出口导向型，并通过产业园区建设推动产业集约化、人口的城镇集中化，以及土地集约化，以实现合理的产业布局，推动人口城镇化和实现农地的规模化、产业化生产；通过户籍制度的改革，推行城乡并轨的医疗保险、养老保险制度，并将农村失地农民、外来流入人口纳入城镇医疗、社会养老保险的范畴，以实现地区内城乡居民无差别的公共服务权利。

新的苏南模式为新时期的乡村振兴以及城乡融合发展提供了典范，但需要注意的是，苏南模式也有其存在的前提条件，新的苏南模式得以发展得益于苏南地区"黄金水道"港航运输等资源禀赋以及地处我国首批改革开放区域的区位优势，对经济社会发展较好的东部沿海地区的城乡融合发展具有良好的借鉴意义，但对绝大多数以农业为主的农村以及经济社会欠发达的中部、西部地区而言，苏南地区以乡村非农经济发展的城乡融合模式不具普适性。

7.2.3 成都模式

成都作为我国成渝经济带的核心区域和全国产区的重要保障（应舒，2014），经济社会发展取得显著成就，但不能避免的是，在城市化发展过程中同样出现城乡二元结构问题。进入 21 世纪，为解决"三农"问题，转变经济增长方式，推动经济稳步增长，成都逐步实施统筹城乡发展战略，探索城市一体化发展道路，特别是在城乡产业互动、城乡要素流动、城乡社会服务均衡发展等方面进行大胆探索和创新，初步形成具有鲜明特色的"成都模式"。

1. 成都模式的形成过程

2003 年，成都率先探索城乡统筹发展，在前期试点工作的基础上，将全市划分为三个圈层：中心城区、近郊区和远郊区，制定城乡一体化发展新规划；2004 年，逐步确立"三大集中""六个一体化"，旨在打破城乡二元分割状态，缩小城乡差距，促进城乡一体化；2007 年 6 月，国家发展和改革委员会批准成都为统筹城乡综合配套改革试验区，成都提出"全域成都"理念，初步确立城乡一体化空间规划体系；2009 年，成都确立建设"世界现代田园城市"的长远目标，将农田保护、现代产业、生态保护、城市功能相融合，实现多中心、网络化的布局，全面深入推进城乡一体化发展（应舒，2014）。2003 ~ 2009 年，成都相继出台 114 个城乡统筹发展的文件，在城乡统筹方面进行积极探索，初步走出一条具有成都特色的城乡一体化发展道路，为我国中部、西部地区城乡融合发展提供借鉴和参考。

2. 成都模式的经验总结

（1）践行"全域成都"理念，构建城乡统一规划。2003 年，成都率先将乡村纳入规划管理的范畴，采用"横到边、纵到底"的编制原则构建覆盖全地区的城乡空间规划体系；按照"全域成都"的理念，从市域层面编制城乡总体规划、总体发展战略规划、战略功能区规划，在县域层面，编制规划确保县域内和县之间城镇建设用地、产业发展、基础设施建设、公共服务水平和市政设施布局等方面衔接紧密；在区域统筹方面，通过加强以成都为核心的成都经济区"1+7"区域规划合作，发挥核心圈层的辐射带动作用，优化配置资源，实现区域协调发展（曾万明，2011）。

（2）以"三个集中"为核心推动三次产业融合发展。在产业布局方面，成都按照"产业向园区集中"的要求，调整和优化城乡产业布局，通过引导工业向园区集中的方式将工业开发区整合为工业集中发展区，将工业发达的县镇整合为工业集中发展点，形成地区的优势产业群，构建"六大工业基地"和"三大工业经济区"；在推动产业高级化、服务化方面，依托成都综合交通枢纽、制造基地的区域优势，建设物流园区，促进传统商贸服务业的转化升级。依托地区工业发展，大力发展生产性服务业，依托地区特色，开发文化资源，推动地区旅游与文化产业的融合发展（曾万明，2011）。从产业分布来看，成都近郊平原区主要是农业和服务业的互动发展，近郊丘陵地区、远郊区和山区则为第一产业与第二、第三产业的互动发展。

（3）多举措推动农业现代化发展。通过"农民向城镇集中"的要求，吸引农村居民向城镇和新型社区集中，促进农民的非农和城镇转化；按照"土地向规模经营集中"的要求，对农村土地通过有偿转让、流转，推动农地适度规模经营；为促进农业的产业化经营，培育和发展龙头企业和农业经济合作组织，整合区域资源，实现种植方式的多样化，推动农业现代化、规模化和机械化发展（应舒，2014）；依托地区资源禀赋和少数民族文化特色，大力发展旅游业、都市农业、设施农业等，促进农民收入的多元化。

（4）建立完善城乡一体化公共服务体系。在社会保障方面，成都自2007年开始逐步启动新型农村养老保险制度，率先在全国实现城乡居民医疗保险制度的一体化，确保城乡居民在补助待遇、参保标准等方面无差别。针对非城镇从业人员，成都于2003年创新推出"农民工综合社会保险"，将非城镇从业人员以及招聘非城镇劳动力的企业纳入养老、医疗等综合社会保险范围，2004年，针对被征地农民，一方面，将1991年以后的被征地农民全部纳入社会保障体系；另一方面，为被征地农民和城镇失业人员提供就业平台和市场，提供公共的就业服务、就业培训和技能培训等，为创业人员提供财政补贴、税费优惠、担保贷款等政策。在城乡教育均等化方面，推动城乡办学条件、教育资源、教师队伍、教育经费等方面的均衡配置，优化财政教育支出结构，推动财政投入向农村义务教育倾斜，确保农村教育经费投入稳定增长。

（5）推动城乡要素自由、双向流动。在土地要素流通方面，成都市以"还权赋能"为核心，推动土地产权制度变革，对集体所有土地进行确权登记，按照"依法、自愿、有偿"的原则制定集体建设用地使用权流转制度，鼓励农户通过出租、入股等方式流转土地承包经营权，推动土地资源的优化配置，逐步实现土地、集体土地"同地同价"（吴昊，2013），创造"城乡建设用地增减挂钩"项目，探索建立土地利益分配的新机制（曾万明，2011）。在城乡资本流动方面，成都建立专业性投融资平台，以财政资金为杠杆，引导社会资本、民间资本投向"三农"。成都市政府通过成立小城镇投资有限公司引导和集聚社会资本投资小城镇建设，通过现代农业发展投资有限公司引导、鼓励信贷资本投资农业发展重大项目，为农业发展提供信贷担保，通过城乡商贸物流发展投资有限公司用于城乡物流、现代商贸设施建设等；同时，成都还出台农村产权抵押融资等政策措施，加快新型农村金融机构的发展，完善农村金融服务网络，提升农村金融机构的服务能力，助推"三农"发展（曾万明，2011）。

3. 成都模式的启示

基于上述成都模式的探讨和分析，成都模式是典型的"以城促乡"的城乡发展模式，其代表性的做法主要有：一是践行"全域成都"的理念，实施统一的城乡规划编制和管理，改变了乡村"自治"的局面；二是通过三次产业的合理布局，实现三次产业的良性互动和融合发展，为城乡融合发展奠定了经济基础；三是建立城乡统一的市场机制，促进城乡之间土地、资本、劳动力要素的流通，引导、加速各类资源向农村集聚，并将其转化为乡村经济发展的动力，提高农村市场活力。在社会民生方面践行"以人为本"的发展理念，特别注重保障农民，尤其是失地农民的社会权益，通过建立医疗、教育、社会保障等社会福利体系，切实保障农民的合法权利，提高公共服务的供给能力。但成都模式也有其特殊性：首先，成都模式是作为全国统筹城乡综合配套改革的试验区，制度创新、政策制定和执行方面都具有探索性，特别是在当时中国实施严格的土地产权制度的基础上，成都能够试点和推行土地产权制度改革，建立城乡统一的土地市场制度就是土地制度的创新，在"增长导向型"的传统政绩观的指引下，其他地区的地方政府在城乡融合发展和乡村振兴的进程中实施制度改革和创新的可能性较小；其次，与周边地区相比，成都综合经济实力较强，为地区城乡统筹发展提供财政支撑，且其"三层"产业空间布局促使城乡产业联系紧密，难以实现全国范围的推广。

7.3 国内外城乡一体化模式的启示

国内城乡一体化模式的研究表明，城乡差距问题是西方发达国家以及发展中国家在经济社会发展到一定的程度都必须面临的问题，必须经历的发展阶段，而实现城乡融合发展，为经济增长赋能是城乡关系发展的最终目标和必然趋势。各个地区由于经济、社会、文化、历史、自然禀赋等方面的差异，形成了各具特色的城乡发展模式，但各模式的发展具有以下共性特征。

1. 重视农业、农村和农民问题

尽管西方发达国家工业化进程较早，工业化水平处于世界前列，农业在国民经济中所占比重较小，但发达国家均没有忽视农业的发展。英国在欧盟共同农业政策的支持下，对本国农业实施补贴和支持政策，推动农业生产规模化经营，提高农业生产率，同时发展农村合作社，保护农民的权益。在农村建设方面，加大对农村电力、燃气、交通、环境、水利等基础设施建设，实现城乡之间的"无缝对接"，同时通过政府补贴等方式对乡村生态环境实施保护，重视农村职业教育和农业科研投入，建立农业服务机构推动农业技术改革和发展。美国在 19 世纪中后期，就采取一系列措施提高农业生产能力，如通过农学院为农业劳动力提供职业技术培训，颁布相关法令推动农业教育和技术推广体系，鉴于早期农业生产对环境的破坏，颁布法令全面改善农业生态环境，利用现代科学技术、信息对传统农业生产进行技术改造，培养新型农业技术性人才，加强农业职业教育，实现农业现代化、农业生产规模化经营（徐更生，2007；李明等，2014）。德国在"三农"方面成就更为突出，除了推动农业生产的规模化、现代化以外，更加注重农业生产与生态环境保护的联结，推动农业绿色化、生态化发展，通过构建农业生产合作组织，鼓励"公司＋农户"等方式建立利益联结机制，延长农产品产业链，增加农民收益。

列举的中国城乡融合发展模式均高度重视农业现代化的发展。如，南张楼村模式加大对农业生产区域的基础设施建设，推动农业机械化发展，提高农业生产率。传统苏南模式以乡镇企业发展推动农村经济的发展，新的苏南模式在全区建立优质、高效的农业生产基地，推动农业生产机械化、水利化、服务社会化。成都模式利用"三集中"、土地流转制度改革等方式实现农地规模化经营，实现农田的集约化利用，在近郊区发展都市农业、休闲农业，同时，依据乡村特色，挖掘乡村文化价值，在远郊农村地区发展农业生产的同时，发展旅游文化产业。

2. 重视城乡一体化规划

从各个地区城乡一体化发展模式可看出，任何地区的城乡一体化发展都离不开规划，离不开政府的引导、监督和管理。事实上，长期城乡二元分割的状态导致原先的规划体系"城市偏向"。未来的城乡统筹规划应该将乡村纳入统筹范畴，对城乡空间布局、产业、基础设施等方面进行周密规划，避免传统苏南模式遍地开花的情况，减少资源浪费、产业重复、城镇重复建设。英国是最早构建城乡一体化规划的国家，从法律层面将城乡纳入一体化的规划范畴，将产业发展、土地利用以及环境保护贯穿城乡规划的全过程，在空间上对大、中、小城市以及城镇、乡村进行布局，依靠市场、经济运行规律等确定各个层次城市、城镇和农村的功能，最终形成层次分明、结构完整的城乡系统，实现工农、城乡一体化发展（王勇辉和管一凡，2014）。德国在城乡空间规划方面坚持以法律法规形成法制化，构建完整的城乡规划体系及法律保障体系，将乡村与城镇放在对等地位，对产业发展、功能布局等方面做出统一战略部署，并针对城乡各自的特殊性提出措施，特别重视乡村地区的产业发展、特色风貌的保护，以此推动城乡之间均衡发展。

城乡一体化是长期发展的过程、逐步推进的过程，南张楼村"巴伐利亚试验"在项目启动之初就制定《南张楼村发展规划法》，对村庄进行功能区域划分，此功能划分一直沿用至今。新苏南模式针对传统苏南模式的缺陷，在新时期重新定位，制定"多中心共生"的规划，通过都市圈模式带动周边地区发展。成都模式自 2003 年就建立编制、管理一体化的城乡规划体系。因此，各个地区在根据地方特性制定规划时，既要建立全域覆盖的城乡规划理念，按照城乡一体化的原则对区域内、区域之间以及城乡之间的交通、产业、基础设施等进行一体规划，推动城乡均衡发展，也要保持规划的连贯性，避免出现行政调整的半途而废或颠覆原有规划，重新进行的现象。同时，也应当鼓励民众参与城乡规划，积极听取大众意见。

3. 以基础设施的改善推动城乡要素流动、产业发展

交通设施和网络的建设不完善不仅促进了人口的城镇化集中，实现土地资源的集约化利用，同时将城市与郊区、农村联结起来，形成网络，扩大经济活动的半径，为区域协调发展创造良好条件。同时，加大对农村基础设施的扶持力度，帮扶农村道路、水电、排灌等基础设施建设，推动农业生产的机械化、现代化，提高农业生产效率，确保农村生产、

生活环境不逊色于城市，缩小城乡基础设施的差距，让乡村成为宜居、环境优美的区域。例如，英国为推动城乡之间的要素流通，通过"田园城市"理念推动中小城市的建设，通过全国交通运输网络的构建搭建城市和乡村要素流通的节点和平台。美国主导第二次工业革命，通过工业、制造业的发展大力建设全国高架铁路和贯穿全国的公路运输网络，得益于交通运输网络以及相关基础设施的建设，城市在规模经济、资源环境约束达到极限的情形下，城市某些功能才能向郊区扩散和转移。德国在"城乡均衡"的理念下，对城市和乡村按照统一标准进行供水、燃气、道路等基础设施建设。山东南张楼村在"巴伐利亚试验"过程中，不仅注重农业、非农生产基础设施的建设，同时也非常重视生活区域的基础设施建设。在村庄内部不仅对道路、水、电、燃气等基础设施进行建设和完善，同时在村内设有金融、银行、信息咨询、商场、博物馆、医疗卫生站等满足村民物质文化生活所需的现代服务业。传统苏南模式下，乡镇企业的盈余用于农村水利、道路等基础设施建设的财政支出，弥补财政支农的不足。

4. 优化产业结构，推动产业现代化发展

实现第一产业与第三产业的融合发展。产业结构的优化升级促进了农村经济发展能力的提升，促进了农业生产的现代化发展，提高农村自主发展能力，最终实现城乡融合发展的目标。西方发达国家主导的工业革命通过吸引资本、劳动力、人口、技术等生产要素的集聚，推动城市化的进程。同时，工业革命带来的技术、资本对农业生产形成积极的推动作用，促使农业机械化、现代化的发展，通过技术创新推动农村劳动力质量的提升。例如，德国在推动农业生产现代化，提高农业生产率的同时，更加注重乡村风貌和特色文化的保护，依据农村特色发展旅游、文化产业，挖掘乡村文化价值，通过发展生物能源、生物经济等方式，发展农产品加工业，延长产品产业链，建立利益联合机制，切实促使农民增收。此外，通过农村基础设施建设和社会公共服务水平的不断提升，吸引企业在小城镇集聚，在城镇、村庄发展工业、现代服务业，打破了

"城市工业，农村农业"的城乡二元分割的格局。

5. 提高公共服务供给水平，保障社会民生

在推动"逆城市化"实现城乡融合发展的过程中，为促使产业、人才"扎根"小城镇，除了加强基础设施建设外，还要提高公共服务的水平，确保城乡居民社会保障、养老、医疗等方面的获得感。例如，英国在推动小城镇建设的过程中，通过多元化的农民职业教育提升农民的人力资本，建立城乡居民失业保险制度，为农场主建立养老保险制度以及通过"互助金"的形式将农村人口纳入社会保险范畴，德国将"均衡"理念贯穿至社会保障领域，通过建立城乡均衡的社会保障体系确保城乡居民等值化的公共服务水平。中国新苏南模式和成都模式不仅在实践中推动农村医疗制度、养老保险制度的创新，率先在全国实现城乡居民医疗、养老保险的并轨，更加突出的表现是，在推动土地集约化生产的过程中，加强失地农民的帮扶力度，将失地农民纳入城镇养老、就业、失业、医疗保障制度的范畴，通过财政补贴等方式赋予他们与城镇居民等值化的公共服务水平。

6. 正确发挥政府和市场职能

在推动城乡一体化发展，城乡融合的进程中，应当充分发挥政府的主导作用。一方面，地方政府在中央政府宏观政策的指导下，依据地区实际情况，制定具有远瞻性的城乡规划体系，并出台相关政策法规为规划体系的执行"保驾护航"，对规划的出台、实施实行监督、管理的职能；另一方面，农村地区因前期的政策、历史进程等缘由，经济社会发展长期处于"劣势"地位，在城乡一体化的过程中，政府对于农村的发展应该给予政策倾斜和财政扶持，以弥补前期农村的"亏空"，增加农村基础设施、社会公共服务等方面的帮扶力度。例如，成都模式，在城乡一体化推进过程中，政府发挥主导作用，将城乡一体化作为全市经济社会发展的战略思想和指导方针，在制定城乡规划、土地流转、户籍制度、社会保障制度等方面发挥引导、管理等职能。同时，也要挥发市场"看

不见的手"对资源配置、产业发展的作用，避免政府过多行政干预，扰乱市场秩序。传统苏南模式下，乡镇政府直接参与乡镇企业的管理和经营，在计划经济体制下对推动乡村经济发展发挥重要作用，但随着改革开放的深入，市场经济的宏观环境下，这种经营管理模式呈现出不适应的状态，受到宏观环境的冲击。苏南地区政府认识到问题本质，对政府职能进行调整，政府退出企业的经营管理，减少对企业的行政干预，通过发挥服务职能为企业发展营造良好的制度环境，为苏南地区外向型经济发展创造良好的经营投资环境，吸引外资企业集聚。

然而需要注意的是，首先，西方发达国家的城乡一体化是在"逆城市化"阶段后的产物，是现实倒逼的结果。因此，在新中国成立70多年的今天，我们应该吸收国外城乡一体化发展的经验，避免重复他们"逆城市化"的弯路和曲折，在经济社会发展的过程中推进城乡一体化发展，全面推进城乡融合发展，实现改革、转型与发展的统一。例如，在实施"多中心共生"战略以及发挥城市群、都市圈对周边地区的辐射带动作用的过程中，特别注意大城市与周边中小城市、县镇的互动，合理布局产业，避免英国、美国在城市化进程中出现的"城市病"以及城市过度扩张导致的"空心村""乡村衰败"等问题。其次，所有的模式都不具有普适性，各个地区在经济、社会、文化、城市化发展水平等方面存在较大差异。国外的城乡一体化发展模式有其特殊的历史背景和国情，我国在城乡融合推进的过程中不能全盘接受，而应根据我国国情，慎重对待。地区需要结合自身优势和特色，在国家政策方针的指引下，因地制宜探索适宜的城乡融合发展模式。例如，新苏南模式是借助其区位优势，受到中国最大的经济发展中心上海辐射带动，且自身具有出口外贸的优势，而成都处于中国西南内陆地区，没有苏南地区的优势条件，主要依靠政府的主导作用、城乡均衡发展等渐进式推进城乡融合发展。在要素的流通过程中，英国、美国在工业化、城市化的进程中，经济获得长足发展，促使其能够在国际社会中掌握话语权，能够建立和完善市场机制，促进城乡之间要素流动的畅通，但在中国，受制于户籍制度、土地制度等壁垒的影响，尚未建立城乡统一的土地要素市场，人口城镇化依然滞后于工业化的发展速度，在农业现代化过程中，科学技术以及农村劳动力资本的提升依然需要很长的时间才能实现。因此，我国各个地区需认识地区特殊性，借助地区优势推动城乡融合发展。

第 8 章

结　论

当前，中国经济社会发展面临复杂多变的环境。面对这"百年不遇之大变局"，如何处理好"城乡区域发展和收入分配差距较大"[①] 的问题，释放农村、区域经济增长潜力并形成经济增长合力，以推动中国国际地位的提升和影响力具有重要的现实意义。新中国成立 70 多年来，在宏观环境、国家战略、制度变迁以及城乡发展战略的影响下，城乡关系格局动态演变，城乡差距以及城乡融合发展的内涵不断延伸和拓展。因此，处理好城乡之间发展不平衡不充分的问题，是解决新时期中国社会的主要矛盾，实现国民经济高质量发展的关键，也是协调"公平和效率"这一矛盾的必然选择。为此，对中国省域层面的城乡关系现状、发展阶段做出明确的判断，掌握城乡差距发展态势、形成原因及对经济发展的影响机制，是深入城乡融合发展理论研究与实践探索的基础和前提。本书从推动经济发展和实现共同富裕的战略目标出发，对上述问题进行研究分析，并得到一些研究结论与启示。

8.1　研究结论

第一，城乡差距多个维度的时序演变。2017 年城乡综合差距值为

[①] 《中共中央关于制定国民经济和社会发展第十四个五年规划和二〇三五年远景目标的建议》。

4.04，1993～2017 年呈缓慢下降态势，年均变速为 -0.45%，全国总体城乡关系处于城乡融合发展的推进阶段，尚未完全进入城乡融合发展的新阶段。从城乡差距多个维度看，城乡居民生活差距缓慢下降，但其绝对水平依然很高。城乡产业发展差距、城乡社会民生差距表现为波动下降趋势，从绝对水平值来看，城乡产业发展差距、城乡社会民生差距与城乡居民生活差距形成"三足鼎立"的局面，成为城乡综合差距贡献度最大的三个维度。城乡要素配置差距的绝对水平最低，但近年来表现为明显的上升趋势。

第二，城乡差距多个维度的区域差异。地区之间存在显著差异：东部、中部、西部地区城乡综合差距值呈现"西高东西"的阶梯分布态势，年均变速呈倒"V"型，中部降速最快（-1.10%），西部次之（-0.85%），东部地区缓慢上升（0.64%）。西南地区和西北地区为城乡差距的重灾区，而以北京、天津、辽宁为代表的环渤海地区和江苏、上海、浙江为代表的东部沿海地区以及广东、福建为代表的南部沿海地区城乡产业发展差距、城乡要素配置差距低于全国平均水平值，但受到生活成本、财产性收入等因素的综合影响，城乡居民生活差距、城乡社会民生差距呈扩大化的趋势。

第三，城乡差距多个维度存在交互效应。城乡居民生活差距与城乡社会民生差距存在相互促进的交互关系。城乡产业发展差距通过劳动力的非农转移等方式对城乡社会民生差距也具有单向的正向影响。城乡居民生活差距与城乡产业发展差距之间存在相互抑制的关系。

第四，从形成的原因看，城乡差距多个维度是发展中国家经济社会发展共性因素（经济发展、市场化、城镇化）以及个性因素（中国城乡二元体制）作用的结果。经济发展方面，人均地区生产总值每增长 1 个单位，城乡社会民生差距缩减 0.12，这意味着要推动地区，尤其是欠发达的中部、西部地区经济发展，需提升地方政府的财政能力，促使地方政府更具能力、动力提升辖区内基本公共服务均等化的程度。市场化进程方面，非国有化程度每上升 1 个单位，城乡居民生活差距缩减 0.33，而要素配置、社会民生的城乡差距分别增加 0.88、1.33，且从长期看，随着非国有化程度的提升，要素配置、社会民生差距均表现为不同程度的缩减，表明未来要完善有为政府和有效市场的关系，发挥市场"无形的手"对资源的有效配置，同时需要政府"有形的手"通过制度引导基本公共服务供给向农村倾斜，提升全民公共服务获得感。城镇化方面，人口城镇化率每上升1个单位，居民生活、要素配置的城乡差距缩减0.24、1.88，城乡社会民生差距增加0.77，且从长期看，人口城镇化进程通过减少农村劳动力，加剧了城乡要素配置差距，人口减少导致农村公共服务人均占有率上升，缓解了城乡社会民生差距扩增的趋势。衡量城镇户籍价值的城市规模结构每上升1个单位，城乡社会民生差距扩增0.17。事实表明，要以户籍改革推进新型城镇化，通过提升农民市民化的意愿推动户籍人口城镇化，推动中小城市以及小城镇的发展，提升全民公共服务水平。财政制度方面，涉农财政支出每增长1个单位，居民生活、产业发展的城乡差距分别扩增0.62、0.76，但从长期看，涉农财政支出规模持续扩增，城乡产业发展差距缩减0.61。一般公共服务支出每增长1个单位，城乡居民生活差距扩增0.46，城乡社会民生差距缩减0.42，意味着亟待改革和完善政府财政支出结构，纠正财政政策"城镇导向""经济导向"的效应。此外，交通便利条件对全国、三大区域产业发展、要素配置以及社会民生维度城乡差距的缩减具有正向影响作用，表明未来城乡融合发展亟待通过加强交通基础设施建设，为城乡技术、资本等生产要素的双向流动提供支撑，推动城乡基础设施一体化。

第五，从三大区域来看，四大因素对城乡差距多个维度的影响具有区域异质性。在东部地区，涉农财政支出、一般公共服务支出每增加1个单位，居民生活差距分别扩增0.75、0.51，并且，随着涉农财政支出规模的持续增长，居民生活、产业发展的城乡差距不同程度缩减。城市规模结构每增长1个单位，居民生活、产业发展的城乡差距分别缩减0.39、0.43。在中部地区，经济发展水平每上升1单位，居民生活、要素配置的城乡差距扩增0.22、0.60，市场化程度每提升1单位，城乡产业发展差距缩减1.67，但随着市场化进程推进，城乡产业发展差距扩增1.68，表明作为粮食主产区的中部地区，农业不具备市场竞争力，需要政策扶持、制度引导和保障。相反，城乡要素配置差距在受到市场化 1 个单位的影响，短期会扩增 0.70，但随着市场化推进，城乡要素配置差距会缩减 1.17，这表明中部地区，要素市场不完备，亟待构建城乡一体化的要素市场，推动城乡资本、技术等要素的双向、自由流动。城市规模结构每增长 1 个单位，城乡产业发展差距扩增 0.28，要加大对中部地区城市群、都市圈的培育和发展，发挥城市群的扩散效应，推动产业融合发展。人口城镇化进程每增长 1 个单位，城乡民生差距扩大 0.88，但随着人口城镇化的推进，这一差距缩减，反映出中部地区的人口城镇化进程应加速进行，通过农村人口的城镇化提高农村公共资源的人均占有率，最终实现基本公共服务、基础设施的城乡全覆盖。在西部地区，经济发展水平每提升 1 个单位，居民生活、产业发展以及要素配置的城乡差距分别增加 0.36、0.24 和 0.70，表明西部地区，经济发展是不平等的，具有"城镇导向"。市场化程度每提升 1 个单位，居民生活、产业发展差距缩减 0.63、0.61，而要素配置、社会民生的城乡差距扩大 1.11、0.74，随着市场化进程的推进，要素配置、社会民生差距均表现为不同程度的缩减，即在西部地区，市场发展水平较低，短期内加剧了城乡生产要素、公共资源配置的不平等，但从长期看，亟待通过市场化推动要素的流动，提升要素配置效率。人口城镇化提高 1 个单位，要素配置差距缩减 2.88，但从长期看，人口城镇化加剧了城乡要素配置差距，相反，在短期内城乡民生差距扩增 1.13，但从长期看，城乡社会民生差距缩减 0.65，这意味着，在西部地区存在大量的农业冗余，农村劳动力的外流活跃了城市经济，也改善了要素结构，但在农村资本、技术缺乏的前提下，城镇化将加剧城乡要素规模的差距。同时，农村人口的减少提高了农村公共资源的人均占有率，但在总体公共资源供给不足、户籍制度改革落后的情形下，人口城镇化加剧了城乡公共服务供给不均等。

第六，城乡差距多个维度对经济高质量发展具有抑制效应。总体来看，城乡综合差距的扩大化对全国经济发展水平、经济效率均具有负向影响，影响系数分别为 −0.01 和 −0.02。从影响机制看，城乡综合差距对消费规模的影响系数为 −0.03，对经济资本规模的影响系数为 −0.04，即，城乡综合差距对消费规模产生阻滞作用，同时对物质资本积累也产生明显负向作用。城乡差距多个维度的影响存在显著差异。首先，城乡产业发展差距是经济发展、消费和经济资本最主要的制约因素，城乡产业发展差距每扩增 1 个单位，实际地区生产总值、TFP 分别减少 0.01，实际消费规模、资本规模下降 0.02。其次，城乡社会民生差距是影响消费需求、投资最主要的制约因素，城乡社会民生差距每扩增 1 个单位，实际消费规模、投资规模分别减小 0.11 和 0.04。再次，城乡要素配置差距对经济发展水平、投资规模具有显著的正向影响，但对经济效率以及居民消费规模具有显著的负向影响，城乡要素配置差距每扩增 1 个单位，经济效率、实际消费规模分别下降 0.01、0.04。最后，城乡居民生活差距对经济、居民消费的影响方向相反。城乡居民生活差距的扩大化对居民消费规模具有正向的积极作用。缩减城乡差距，推动城乡全面融合发展成为高质量发展新时期，构建经济发展新格局的必然要求和发展趋势。

第七，分区域看，城乡差距对经济发展水平、TFP 以及消费市场规模的影响存在区域异质性。在东部地区，城乡居民生活差距每扩增 1 个单位，实际地区生产总值下降 0.04。居民生活、要素配置的城乡差距对 TFP 具有阻滞作用，差距扩增 1 个单位，TFP 下降 0.02。产业发展、要素配置、社会民生的城乡差距对消费规模均具有阻滞作用，差距每扩增 1 个单位，分别导致消费规模缩减 0.10、0.10、0.16，此外，城乡产业发展差距对资本规模具有负向影响，差距每增加 1 个单位，经济资本规模减小 0.06。在中部地区，产业发展、要素配置的城乡差距对 TFP 具有负向影响，差距每扩增 1 个单位，分别导致 TFP 下降 0.03、0.04。同时，城乡产业发展差距是经济发展水平的主要影响因素，差距每扩增 1 个单位，地区生产总值下降 0.02。城乡要素配置差距对消费规模具有显著负向影响，差距每扩增 1 个单位，消费规模减小 0.07。城乡社会民生差距增长 1 个单位，经济资本规模减小 0.08。在西部地区，城乡社会民生差距每扩增 1 个单位，经济发展水平、TFP、消费规模分别下降 0.03、0.02、0.14。据此可知，首先，城乡社会民生差距对消费规模的扩大化具有显著影响，所有区域应当将提升城乡基本公共服务的均等化水平放在首要位置；其次，针对城乡要素配置差距对资本规模、经济高质量发展的阻滞作用，应该重视城乡统一要素市场的构建，逐渐消除制度壁垒，推动要素市场化的改革；最后，在产业发展方面，产业转型升级的同时，推进工农互促，提升农业技术效率，中部地区要发挥粮食大省的优势，提升农业产业链、价值链，推动农业与第二、第三产业融合。

8.2 政策建议与研究启示

纵观城乡关系演变以及城乡差距的分析，随着中国社会主要矛盾的变化，城乡融合不仅需要重视城乡居民收入差距的缩小，更需要从人的全面发展出发，实现基本公共服务供给的均等化、基础设施的一体化。在中国经济进入高质量发展阶段，面对当前世界经济低迷、市场萎缩和大国博弈等外部因素给中国经济造成巨大的风险和挑战以及在国内发展不平衡不充分的现实背景下，以实现城乡全面融合发展为任务，强化农村产业的基础作用，建立农民收入持续、稳定增长的长效机制，补齐农村基本公共服务、基础设施的短板和弱项，实现更高水平的农业农村现代化，加快实现强国发展战略具有重要的意义。推进城乡全面融合发展，可从以下几个方面发力。

第一，拓宽农民增收渠道，实现农民收入持续增长。促进城乡居民收入、消费差距缩减，推动城乡居民收入均衡化的关键点在于增强农村经济发展的内生动力，实现农民收入的多渠道化、多元化。在农业收益方面，不断完善粮食收储制度、农产品价格形成机制，注重发挥市场对价格调控的作用，推动农产品价格的合理化，保障农民收益。通过发展休闲观光农业、乡村旅游业、农产品加工业等挖掘农耕文明、乡土文化的价值，提升农业的价值链，延伸农业的产业链，通过新产业、新业态、新模式增加农业收入。在财产性收入方面，通过盘活农村集体土地、农村建设用地入市等方式实现城乡土地"同价同市"，借鉴成都城乡一体化模式中的地票等方式保障农民的土地收益，增加农民财产性收入。在农业支持政策体系方面，扩大"绿箱政策"实施的范畴，强化对农业、农村新产业、新业态的支持力度。在农业组织方面，通过发展农村合作社、龙头企业、社会化服务组织等方式构建利益联结机制，使农民共享产业链、农业价值链提升的增值收益。

加快推进欠发达地区，尤其是西部地区的经济发展和财政支持。由城乡差距多个维度测度结果可知，当前西部地区城乡差距表现为缓慢下降趋势，但依然高于全国均值，城乡差距多个维度问题值得高度关注。从城乡差距的成因分析可知，经济发展水平表征的地区财政能力有助于缩减城乡社会民生差距。但在经济发展水平较低的情形下，地方政府将更多的财政用于经济发展，而非民生性支出。且随着经济下行压力增大，欠发达地区财政增收困难加大。因此，要解决欠发达地区城乡差距的问题，加快城乡全面融合发展的进程，应该结合区域协调发展的政策，特别是与"推动西部大开发形成新格局，推动东北振兴取得新突破"等结合起来，加大对西部地区、欠发达地区的财政支持，按照城乡融合发展的思路，完善对经济欠发达地区的帮扶机制。

第二，推动区域、城乡之间产业合理布局，实现产业融合发展。作为世界上人口最多的农业大国，在推动城乡融合发展的过程中，应在推动工业化发展的同时加强城乡、工农产业之间的互动和融合，加快实现农业农村现代化。在农村内部的产业结构方面，以绿色、创新理念为指导，通过"种养结合"的方式发展绿色、生态、循环农业，减少化学药品的投入以降低农业对环境的污染，在推动农业绿色化发展的同时提高农业生产效率。通过土地流转等方式实现农地规模经营，积极发展多种形式的农业经营模式提高农业的产出效率。在城乡产业互动和融合发展方面，统筹城乡产业结构和资源配置，针对不同地区的经济发展特色，发展新兴产业和新业态，通过构建现代化的流通体系强化农产品的供需、商贸合作等，延伸农村产业链。利用现代工业、服务业等先进的技术、管理理念为农业发展提供技术服务支撑，推动农业生产机械化，提升农业的生产效率，全面推进农业供给侧结构性改革，促进农村第一产业与第二、第三产业的融合，全面推进农业现代化。

新型城市群、都市圈将成为城乡产业发展、要素配置的重要支撑。随着城镇化的不断推进，区域空间结构从点块状、圈层状转为多极点、网络化、连片的城市群（刘秉镰等，2019）。中国已经进入城市群、都市圈带动的经济发展新阶段。京津冀、长三角、粤港澳大湾区作为三大世界级的城市群，已成为中国经济发展的"增长极"，成渝城市群有望成为支撑西部地区的重要引擎和中国经济的第四级。而其余的中西部地区、东北地区的城市群、都市圈均处于发育阶段或尚未成型。随着高质量发展理念的贯彻和落实，未来要加快培育现代化的都市圈，发挥都市圈在资源要素配置、产业协作等方面的优势，不断优化城市群的空间格局，核心城市发展金融、贸易、科技等多种产业功能，周边多层级的中小城市将发挥生产制造功能，更多周边的地区则承担农业生产、旅游和自然资源等功能。依托基础设施、公共服务等城乡一体化的推进，培育城市群、都市圈的核心城市带动周边中小城市、乡村发展的战略节点，通过城乡一体化的规划优化乡村生产生活的空间布局，发挥乡村的比较优势和特色，提升乡村的功能和价值。

第三，推动城乡要素市场一体化，实现城乡要素的自由、双向流动。围绕城乡要素的双向、自由流动，增强要素配置的合理性，提高要素流通效率。在城乡统一土地要素市场方面，需要政府完善城乡土地制度，转变政府职能，充分发挥市场在土地资源配置中的作用，建立和完善城乡一体化的要素市场。如农村集体产权制度改革、城乡建设用地增减挂钩指标、异地交易等都是构建一体化城乡土地市场的具体表现。在城乡统一的劳动力市场方面，在制度方面，通过法律形式禁止对农民工的歧视，赋予城乡劳动力同等的就业机会和工资待遇，将农村劳动力，尤其是农村失地居民纳入就业失业登记范畴和城乡统一的就业保障、社会保障的范畴，加大对农业转移劳动力的技术培训、就业指导等，提升农村人力资本。在城乡一体的金融市场方面，深化农村信用社、农业银行以及其他商业银行的改革，强化其支持农村、农业、农民发展的职能；创新农村信贷担保抵押方式，发展农业保险，多种方式加强农村金融体系建设和完善，推动城乡金融市场的一体化。

改革和完善中央、地方政府和有效市场之间的关系。迄今为止，城乡关系发展的重要前提是改革开放以来一系列的制度变迁。这些制度安排促使城乡关系发展过程中的劳动力、资本等生产要素流通性增强，通过产业制度改革释放市场经济活力，其中，经济体制改革、财税体制改革、土地制度改革、公共服务供给制度调整等一系列调整政府和市场关系的制度变革发挥了积极作用。改革开放以来，沿着"先农村后城市"的方向逐步放开价格、促进要素流通、推动企业发展等方式实现市场制度建设。从政府—市场关系视角来看，中国城乡关系是政府对城乡经济部门管控程度不断下降，市场在资源、商品和要素流通过程中作用不断增强的过程，市场化导向是政府—市场关系的基调（张海鹏，2019）。政府与市场并非是此消彼长的关系，而是互补的关系，彼此相辅相成（高帆，2019）。首先，在经济领域，应该不断推动市场化的改革，逐步放宽政府对经济的管控力度，最大程度激发城乡两大部门微观主体的经济活力，但需要政府加强产权保护、维护市场秩序。其次，在社会民生领域，需要政府"进驻"，通过财政政策加大对农村基础设施建设、公共服务供给的投入，促使基本公共服务均等化水平提高。采用法律、行政手段维护良好的市场交易秩序。

第四，补齐农村公共服务、基础设施短板弱项，努力实现城乡公共服务普惠共享。在社会民生领域，需要政府"进驻"，加大对农村基础设施建设和公共服务供给的财政支持，补齐农村公共服务的短板和弱项。在基础设施建设方面，统筹城乡基础建设的布局，推动城市交通、网络、供水、供电、排水等基础设施向农村延伸，实现城乡一体的基础设施网络。在基本医疗保障制度方面，进一步完善城乡基本医疗制度，中央、地方财政加大对中西部地区、相对贫困地区的基本医疗补助的标准和待遇，加强基层医疗队伍的建设。在社会保障方面，建立多层次、多模式的农村养老模式，按照统一标准完善城乡统一的社会救助制度、基本养老保险制度。在基本公共服务方面，通过户籍制度改革的方式推动新型城镇化，促进城市文化、教育、医疗等公共服务向农村覆盖，提高农民市民化的意愿。城镇化是农业农村现代化和城乡融合发展的基础（张海鹏，2019）。实践经验表明，只有人口城镇化达到一定的比例，随着农村人口的大规模减少，城镇反哺农业、支持农村发展的能力明显提高，农村基础设施和公共服务的人均占有率明显提高，才能实现城乡的全面融合发展。然而，需要看到的是，由于户籍制度改革尚未完成，中国的人口城镇化是不改变农民身份的职业转变，表现为常住人口城镇化与户籍人口城镇化之间的差别，即便是户籍人口城镇化，也不是通过农民的市民化实现的，而是通过行政区域划分的标准调整实现的。而户籍制度作为计划经济体制最后的"堡垒"，对城乡居民同等享受基本公共服务形成阻碍作用，是需要被破解的难题（蔡昉等，2020）。因此，新的时期，政府要推动新型城镇化，提高农村居民市民化的意愿，亟待进行户籍制度改革，在实现农村人口职业转移的同时，保障转移出来的农村人口在城市"扎根"。一是针对农民落户的问题，逐步放宽中小城市、镇区、县级城市的落户限制，推动特大、超大城市积分落户政策的调整和完善，试行常住人口登记制度以逐步取消现有的户籍制度。二是推动户籍制度与基本公共服务的脱离，建立城镇常住人口与基本公共服务的挂钩机制，推动公共资源按城镇常住人口进行分配。不断完善政府财政投入的制度，缩小城乡社会民生差距，提高进城务工人员在城镇落户的意愿。三是调整城镇化的实现路径，提升三级城市（县级城市）、建制镇的基础设施建设和公共服务供给，通过农村人口的就地城镇化，以中小城市的发展推动新型城镇化建设。

8.3　研究不足与展望

　　本书在城乡差距多个维度的研究分析中还存在不足，未来的研究应该从以下方面进行深入。

　　（1）深化城乡差距多个维度的指标体系研究。纵观文献研究，学者常用居民人均收入为标准对城乡差距进行测度和实证分析，但以收入为标准的测度指标具有一定的局限性，不能反映社会成员的幸福，也不能反映经济、环境等的可持续性。随着经济社会环境、国家战略以及制度政策的变迁，社会的主要矛盾发生明显变化，城乡差距也不断演变，并表现出新的特征和变化趋势，以收入为标准对城乡差距的测度不仅与"以人为本"的发展理念不相适应，也不能全面反映城乡之间的不平等程度，多维视角成为必然的研究方向。然而，在实际研究中，受到数据可获得性的限制以及时间跨度的影响，城乡差距一些维度的测度无法进行。例如，城乡基础设施差距、城乡治理差距等的评价。此外，很多指标都仅是"量"的测度，无法对"质"进行衡量。如，城乡公共服务量的差距逐渐缩减，但在"质"方面还存在明显差距。城乡要素配置，不仅存在"量"的差距，在要素配置效率等方面的差距更为显著。未来，随着信息的完善，将通过更多维度的研究使城乡差距问题的探讨更加深入和全面。

（2）测度城乡差距的方法有限，有待稳健性检验。没有进行多种测度方法的探讨和多个估算结果的比较，与统计学要求的大量分析进行结果的稳健性检验还存在一定的差距。未来研究将从更多视角给出准确估计。对比城乡综合差距、城乡差距多个维度与单个指标的城乡差距的测度结果，对城乡差距多个维度测度结果的稳健性进行检验。

（3）城乡差距多个维度与宏观经济关系的互动效应研究。城乡差距与经济发展之间存在互动关系。但为分析城乡差距多个维度的形成机制以及经济效应，本书将城乡差距与经济的互动关系拆分成两部分：一部分实证分析经济发展水平、城镇化、市场化等因素对城乡差距的影响，目的在于细化各类因素对不同维度城乡差距的短期、长期影响机制；另一部分实证检验城乡差距对经济的影响，细化城乡差距对经济"量"、"质"、驱动力的效应。未来研究将通过 VAR 模型、联立方程模型等对城乡差距与经济高质量发展之间的内在关联性进行实证分析和模拟。

（4）区域异质性探讨。本书在城乡差距的测度结果、形成原因、经济效应分析部分对东部、中部、西部三大区域分别进行探讨，并发现三大区域不仅在城乡差距水平方面存在明显差异，不同的引致因素的影响机制受地区因素的影响，也存在明显的区域异质性。但在指标体系构建时，没有考虑到区域的异质性，按照一套指标体系对三大区域、全国总体的城乡差距进行测度和分析。未来研究将根据地区的特性调整指标体系，对不同区域进行研究分析。

参 考 文 献

［1］阿玛蒂亚·森. 以自由看待发展［M］. 任臣责，于真，译. 北京：中国人民大学出版社，2002.

［2］埃比泥泽·霍华德著，金经元译. 明日的田园城市［M］. 北京：商务印书馆，2010.

［3］岸根卓郎. 迈向21世纪的国土规划：城乡融合系统设计［M］. 高文琛，译. 北京：科学出版社，1985.

［4］白贵. 我国公共福利差距的测定及影响因素研究［J］. 财经理论研究，2016（1）：70-80.

［5］白莹，吴建瓴. 中国收入分配差距的城乡分解分析［J］. 经济体制改革，2011（2）：16-19.

［6］柏培文. 中国劳动要素配置扭曲程度的测量［J］. 中国工业经济，2012（10）：19-31.

［7］［美］保罗·A. 萨缪尔森. 经济学［M］. 高鸿业等，译. 北京：中国发展出版社，1992.

［8］毕宇珠，苟天来，张骞之，胡新萍. 战后德国城乡等值化发展模式及其启示——以巴伐利亚州为例［J］. 生态经济，2012（5）：99-102，106.

［9］卞元超，吴利华，白俊红. 高铁开通是否促进了区域创新？［J］. 金融研究，2019（6）：132-149.

［10］蔡昉，陈晓红，张军，李雪松，洪俊杰，张可云，陆铭. 研究阐释党的十九届五中全会精神笔谈［J］. 中国工业经济，2020（12）：5-27.

［11］蔡昉，都阳. "文化大革命"对物质资本和人力资本的破坏［J］. 经济学（季刊），2003（3）：795-806.

[12] 蔡昉，王美艳. 为什么劳动力流动没有缩小城乡收入差距 [J]. 经济学动态，2009 (8)：4-10.

[13] 蔡昉，杨涛. 城乡收入差距的政治经济学 [J]. 中国社会科学，2000 (4)：11-22，204.

[14] 蔡昉. 中国经济增长如何转向全要素生产率驱动型 [J]. 中国社会科学，2013 (1)：56-71，206.

[15] 常野. 要素流动对城乡发展一体化的影响研究 [D]. 西安：西北大学，2015.

[16] 钞小静，沈坤荣. 城乡收入差距、劳动力质量与中国经济增长 [J]. 经济研究，2014，49 (6)：30-43.

[17] 钞小静，薛志欣. 新时代中国经济高质量发展的理论逻辑与实践机制 [J]. 西北大学学报（哲学社会科学版），2018，48 (6)：12-22.

[18] 晁玉方，郭吉涛，杜同爱. 中国城乡一体化研究综述 [J]. 河海大学学报（哲学社会科学版），2016，18 (1)：71-76，92.

[19] 陈斌开，林毅夫. 发展战略、城市化与中国城乡收入差距 [J]. 中国社会科学，2013 (4)：81-102，206.

[20] 陈斌开，张鹏飞，杨汝岱. 政府教育投入、人力资本投资与中国城乡收入差距 [J]. 管理世界，2010 (1)：36-43.

[21] 陈多长. 非政府主导的就地城镇化模式及其政策启示——山东青州南张楼城镇化案例分析 [J]. 社会科学家，2018 (6)：42-48.

[22] 陈国生，陈威. 关于城乡一体化的评估体系探讨——以重庆市为例 [J]. 湖南财经高等专科学校学报，2009，25 (6)：97-100.

[23] 陈红蕾，覃伟芳. 中国经济的包容性增长：基于包容性全要素生产率视角的解释 [J]. 中国工业经济，2014 (1)：18-30.

[24] 陈南岳. 关于合理调整投资与消费关系的探讨 [J]. 现代经济探讨，2004 (6)：64-66，70.

[25] 陈强. 高级计量经济学及 Stata 应用 [M]. 北京：高等教育出版社，2013.

[26] 陈希玉. 论城乡统筹 [J]. 发展论坛，2003 (10)：50-52.

［27］陈锡文．城乡统筹解决三农问题［J］．改革与理论，2003（3）：10 - 11.

［28］陈锡文．全面深化"三农"问题改革的思考［J］．当代农村财经，2014（6）：7 - 9.

［29］陈艳清．关于城乡融合发展的思考与实践——兼谈城乡融合的五种模式［J］．中国农垦，2015（9）：30 - 32.

［30］陈钊，陆铭．从分割到融合：城乡经济增长与社会和谐的政治经济学［J］．经济研究，2008（1）：21 - 32.

［31］陈宗胜，周云波．城镇居民收入差别及制约其变动的某些因素——就天津市城镇居民家户特征的影响进行的一些讨论［J］．经济学（季刊），2002（2）：563 - 574.

［32］程莉．1978—2011年中国产业结构变迁对城乡收入差距的影响研究［D］．成都：西南财经大学，2014.

［33］程勉中．新苏南模式的演进：统筹、转型与超越［J］．南通大学学报（社会科学版），2013，29（5）：20 - 26.

［34］程名望，张家平．新时代背景下互联网发展与城乡居民消费差距［J］．数量经济技术经济研究，2019，36（7）：22 - 41.

［35］储德银，黄文正，赵飞．地区差异、收入不平等与城乡居民消费［J］．经济学动态，2013（1）：46 - 52.

［36］党国英．亟需清晰界定"城乡"概念［J］．农村工作通讯，2015（24）：50 - 51.

［37］邓金钱，何爱平．政府主导、市场化进程与城乡收入差距［J］．农业技术经济，2018（6）：44 - 56.

［38］邓群钊，石俊，喻登科．户籍制度背景下的社会资本结构与城乡收入差距［J］．管理评论，2020，32（8）：30 - 40.

［39］邓旋．财政支出规模、结构与城乡收入不平等——基于中国省级面板数据的实证分析［J］．经济评论，2011（4）：63 - 69.

［40］邓仲良，张可云．中国经济增长的空间分异为何存在？——一个空间经济学的解释［J］．经济研究，2020，55（4）：20 - 36.

［41］丁宁. 中国特色城乡关系：从二元结构到城乡融合的发展研究
［D］. 长春：吉林大学，2019.

［42］杜军. 城乡收入差距的临界点判定［J］. 农业经济，2006（11）：
26 – 28.

［43］段巍，吴福象，王明. 政策偏向、省会首位度与城市规模分布
［J］. 中国工业经济，2020（4）：42 – 60.

［44］樊纲，王小鲁，马光荣. 中国市场化进程对经济增长的贡献
［J］. 经济研究，2011，46（9）：4 – 16.

［45］范建双，虞晓芬，周琳. 城镇化、城乡差距与中国经济的包容
性增长［J］. 数量经济技术经济研究，2018，35（4）：41 – 60.

［46］方大春，杨义武. 城市公共品供给对城乡人口迁移的影响——
基于动态面板模型的实证分析［J］. 财经科学，2013（8）：75 – 84.

［47］费景汉，尼拉斯. 劳动剩余经济的发展［M］. 王月等，译.
北京：华夏出版社，1989.

［48］费里德里希·奥古斯特·哈耶克. 通往奴役之路［M］. 于明
毅，冯兴元等，译. 北京：中国社会科学出版社，1944.

［49］费孝通. 乡土中国［M］. 上海：上海人民出版社，1948.

［50］冯婧，陈志鸿. 城乡差距对城乡居民主观幸福感影响的实证研
究［J］. 中国人口·资源与环境，2015，25（S2）：150 – 153.

［51］冯林，王家传，蔡超. 金融资源配置差异视角的城乡二元解释
［J］. 农业经济问题，2013，34（1）：34 – 38，110 – 111.

［52］弗·夏菲尔，顾琼，FRANK SCHAFFER. 英国的新城运动
［J］. 城市规划研究，1983（1）：19 – 27.

［53］付娜. 发达国家城乡一体化经验对中国进一步城乡统筹发展的
启示研究［J］. 世界农业，2014（8）：47 – 53.

［54］高波，孔令池. 中国城乡融合发展的经济增长效应分析［J］.
农业技术经济，2019（8）：4 – 16.

［55］高帆，汪亚楠. 城乡收入差距是如何影响全要素生产率的？
［J］. 数量经济技术经济研究，2016，33（1）：92 – 109.

[56] 高帆. 新时代我国城乡差距的内涵转换及其政治经济学阐释 [J]. 西北大学学报（哲学社会科学版），2018，48（4）：5－16.

[57] 高帆. 以城乡融合发展为经济增长赋能 [J]. 国家治理，2020（Z3）：23－30.

[58] 高帆. 中国城乡消费差距的拐点判定及其增长效应 [J]. 统计研究，2014，31（12）：41－46.

[59] 高帆. 中国新阶段城乡融合发展的内涵及其政策含义 [J]. 广西财经学院学报，2019，32（1）：1－12，35.

[60] 龚关，胡关亮. 中国制造业资源配置效率与全要素生产率 [J]. 经济研究，2013，48（4）：4－15，29.

[61] 龚明远，周京奎，张朕. 要素禀赋、配置结构与城乡收入差距 [J]. 农业技术经济，2019（6）：57－69.

[62] 郭俊华，刘奕玮. 贫困山区城乡经济社会一体化的"凤县模式"探析 [J]. 统计与信息论坛，2012，27（11）：67－72.

[63] 郭玮. 城乡差距扩大的表现、原因与政策调整 [J]. 农业经济问题，2003（5）：10－13，79.

[64] 郭星华，刘朔. 中国城乡关系七十年回望：国家权力的下沉、回缩与再进入——有关城乡关系变迁的社会学思考 [J]. 社会科学，2019（4）：81－90.

[65] 国务院发展研究中心课题组，韩俊. "十二五"时期我国农村改革发展的政策框架与基本思路 [J]. 改革，2010（5）：5－20.

[66] 国务院发展研究中心课题组，刘世锦，陈昌盛，许召元，崔小勇. 农民工市民化对扩大内需和经济增长的影响 [J]. 经济研究，2010，45（6）：4－16，41.

[67] 韩超，杨洁. 发达国家城乡融合发展理论与实践研究 [J]. 郑州轻工业学院学报（社会科学版），2019，20（1）：63－68.

[68] 韩军辉，Shakhzod Shokirov，柳洋. 基于熵值法的高质量发展综合评价研究 [J]. 科技和产业，2019，19（6）：79－83.

[69] 韩俊. 建立统筹城乡发展的制度体系 [J]. 经济与管理研究，

2006（11）：14 – 20.

[70] 韩俊.中国城乡关系演变 60 年：回顾与展望 [J].改革，2009（11）：5 – 14.

[71] 郝佳，仇雨临.城乡医疗保障一体化的群众意愿及影响因素研究 [J].经济管理，2011, 33（7）：167 – 173.

[72] 何春丽，曾令秋.要素市场扭曲对我国缩小城乡居民消费差距的影响 [J].改革，2019（7）：150 – 159.

[73] 何秀荣.建立健全城乡融合发展体制机制的几点思考 [J].区域经济评论，2018（3）：117 – 119.

[74] 胡进祥.统筹城乡发展的科学内涵 [J].学术交流，2004（2）：113 – 120.

[75] 胡立君，郑艳.中国收入差距与产业结构调整互动关系的实证分析 [J].宏观经济研究，2019（11）：63 – 73.

[76] 黄伟雄.资源环境与我国可持续发展 [J].中国人口·资源与环境，2002（5）：132 – 134.

[77] 黄小明.收入差距、农村人力资本深化与城乡融合 [J].经济学家，2014（1）：84 – 91.

[78] 惠宁，霍丽.城乡人力资本的投资差距及其制度设计 [J].改革，2008（9）：142 – 147.

[79] 惠宁，熊正潭.城乡固定资产投资与城乡收入差距研究——基于 1980—2009 年时间序列数据 [J].西北大学学报（哲学社会科学版），2011, 41（4）：45 – 52.

[80] 纪江明，张乐天，蒋青云.我国城乡社会保障差异对居民消费影响的实证研究 [J].上海经济研究，2011（1）：46 – 53.

[81] 贾俊雪，梁煊.地方政府财政收支竞争策略与居民收入分配 [J].中国工业经济，2020（11）：5 – 23.

[82] 贾俊雪.公共基础设施投资与全要素生产率：基于异质企业家模型的理论分析 [J].经济研究，2017, 52（2）：4 – 19.

[83] 贾琳.中国城乡教育不平等与城乡收入差距之间关系的研究

[D]. 上海：华东师范大学，2018.

[84] 姜长云. 我国城乡发展的不协调及其深层原因 [J]. 经济研究参考，2006 (9)：34-44.

[85] 姜晓萍，肖育才. 基本公共服务供给对城乡收入差距的影响机理与测度 [J]. 中国行政管理，2017 (8)：84-89.

[86] 蒋殿春，张宇. 经济转型与外商直接投资技术溢出效应 [J]. 经济研究，2008 (7)：26-38.

[87] 焦必方，林娣，彭婧妮. 城乡一体化评价体系的全新构建及其应用——长三角地区城乡一体化评价 [J]. 复旦学报（社会科学版），2011 (4)：75-83.

[88] 解垩. 转移支付与公共品均等化分析 [J]. 统计研究，2007 (6)：63-66.

[89] 金碚. 关于"高质量发展"的经济学研究 [J]. 中国工业经济，2018 (4)：5-18.

[90] 金成武. 城乡融合发展的理论基础：财富可积累性视角 [J]. 经济学动态，2018 (12)：48-63.

[91] 金成武. 中国城乡融合发展与理论融合——兼谈当代发展经济学理论的批判借鉴 [J]. 经济研究，2019，54 (8)：183-197.

[92] 鞠正江，张益刚，房清波. 论"统筹城乡经济社会发展"的丰富内涵和对策措施 [J]. 中共济南市委党校济南市行政学院济南市社会主义学院学报，2003 (3)：65-68.

[93] 孔祥智，张效蓉. 从城乡一体化到乡村振兴——十八大以来中国城乡关系演变的路径及发展趋势 [J]. 教学与研究，2018 (8)：5-14.

[94] 孔祥智. 全面小康视域下的农村公共产品供给 [J]. 中国人民大学学报，2020，34 (6)：14-28.

[95] 匡远凤. 选择性转移、人力资本不均等与中国城乡收入差距 [J]. 农业经济问题，2018 (4)：23-35.

[96] 匡远配. 我国城乡居民收入差距：基于要素收入流的一个解释 [J]. 农业经济问题，2013，34 (2)：76-84，111-112.

［97］雷根强，蔡翔．初次分配扭曲、财政支出城市偏向与城乡收入差距——来自中国省级面板数据的经验证据［J］．数量经济技术经济研究，2012，29（3）：76－89．

［98］雷曜．美国土地制度和土地金融的历史变迁［J］．浙江金融，2020（2）：15－26．

［99］李爱民．我国城乡融合发展的进程、问题与路径［J］．宏观经济管理，2019（2）：35－42．

［100］李春玲．教育不平等的年代变化趋势（1940—2010）——对城乡教育机会不平等的再考察［J］．社会学研究，2014，29（2）：65－89，243．

［101］李丹，裴育．城乡公共服务差距对城乡收入差距的影响研究［J］．财经研究，2019，45（4）：111－123，139．

［102］李德洗．非农就业对农业生产的影响［D］．杭州：浙江大学，2014．

［103］李刚，徐波．城镇化、产业结构升级与中国城乡收入差距［J］．宝鸡文理学院学报（社会科学版），2017，37（4）：36－41．

［104］李广泳，张世晴．人均收入差距对居民消费率的影响研究——基于我国省际动态面板数据和EG两步法的实证分析［J］．上海经济研究，2015（2）：57－67．

［105］李红，梁炳礼，龙雨．对外开放对城乡收入差距的空间溢出效应研究［J］．华东经济管理，2019，33（11）：86－93．

［106］李玲，宋乃庆，龚春燕，韩玉梅，何怀金，阳泽．城乡教育一体化：理论、指标与测算［J］．教育研究，2012，33（2）：41－48．

［107］李明，邵挺，刘守英．城乡一体化的国际经验及其对中国的启示［J］．中国农村经济，2014（6）：83－96．

［108］李庆海，李锐，汪三贵．农户信贷配给及其福利损失——基于面板数据的分析［J］．数量经济技术经济研究，2012，29（8）：35－48，78．

［109］李实，李婷．库兹涅茨假说可以解释中国的收入差距变化吗

[J]. 经济理论与经济管理，2010（3）：5-10.

[110] 李实，朱梦冰. 中国经济转型40年中居民收入差距的变动[J]. 管理世界，2018，34（12）：19-28.

[111] 李同升，库向阳. 城乡一体化发展的动力机制及其演变分析——以宝鸡市为例[J]. 西北大学学报（自然科学版），2000（3）：256-260.

[112] 李晓龙，冉光和. 农村产业融合发展如何影响城乡收入差距——基于农村经济增长与城镇化的双重视角[J]. 农业技术经济，2019（8）：17-28.

[113] 李亚丽. 英国城市化进程的阶段性借鉴[J]. 城市发展研究，2013，21（8）：24-28.

[114] 李增刚. 以城乡等值化实现就地城镇化——山东青州南张楼村的案例研究[J]. 理论学刊，2015（8）：32-42.

[115] 李志杰. 我国城乡一体化评价体系设计及实证分析——基于时间序列数据和截面数据的综合考察[J]. 经济与管理研究，2009（12）：95-101.

[116] 李周. 改革以来的中国农村发展[J]. 财贸经济，2008（11）：82-90，127.

[117] 李子联，朱江丽. 收入分配与自主创新：一个消费需求的视角[J]. 科学学研究，2014，32（12）：1897-1908.

[118] 李子叶，韩先锋，冯根福. 中国城市化进程扩大了城乡收入差距吗——基于中国省级面板数据的经验分析[J]. 经济学家，2016（2）：69-74.

[119] 厉以宁. 初次分配中收入差距缩小的对策[J]. 经济研究参考，2013（36）：30.

[120] 梁漱溟. 乡村建设理论[M]. 上海：上海人民出版社，2011.

[121] 林万龙. 从城乡分割到城乡一体：中国农村基本公共服务政策变迁40年[J]. 中国农业大学学报（社会科学版），2018，35（6）：24-33.

[122] 林万龙. 政府为什么要推行农村税费制度改革——一个关于政府行为的理论模型及其初步分析 [J]. 中国农村观察, 2003 (5): 32 - 38.

[123] 林毅夫, 蔡昉, 李周. 对赶超战略的反思 [J]. 战略与管理, 1994 (6): 1 - 12.

[124] 林毅夫, 陈斌开. 发展战略、产业结构与收入分配 [J]. 经济学 (季刊), 2013, 12 (4): 1109 - 1140.

[125] 林毅夫, 巫和懋, 邢亦青. "潮涌现象" 与产能过剩的形成机制 [J]. 经济研究, 2010, 45 (10): 4 - 19.

[126] 刘秉镰, 边杨, 周密, 朱俊丰. 中国区域经济发展 70 年回顾及未来展望 [J]. 中国工业经济, 2019 (9): 24 - 41.

[127] 刘盾. 中国的经济增长属于 "利润拉动" 还是 "工资拉动"? ——再测功能性收入分配对我国需求增长与结构的影响 [J]. 南开经济研究, 2020 (1): 70 - 95.

[128] 刘飞, 王欣亮, 白永秀. 城乡协调分异、社会保障扭曲与居民消费差距 [J]. 当代经济科学, 2018, 40 (3): 35 - 44, 125.

[129] 刘俸奇. 基础设施投资与中国经济增长: 影响渠道及作用机制研究 [J]. 经济科学, 2018 (2): 16 - 29.

[130] 刘根荣. 基于全局主成分分析法的中国流通产业区域竞争力研究 [J]. 中国经济问题, 2014 (3): 79 - 89.

[131] 刘贯春, 张晓云, 邓光耀. 要素重置、经济增长与区域非平衡发展 [J]. 数量经济技术经济研究, 2017, 34 (7): 35 - 56.

[132] 刘红梅, 张忠杰, 王克强. 中国城乡一体化影响因素分析——基于省级面板数据的引力模型 [J]. 中国农村经济, 2012 (8): 4 - 15.

[133] 刘金全, 王俏茹, 刘达禹. 中国跨越 "中等收入陷阱" 的路径突破——基于增长收敛理论的识别及 "双轮驱动" 检验 [J]. 上海财经大学学报, 2018, 20 (1): 29 - 42.

[134] 刘俊杰. 我国城乡关系演变的历史脉络: 从分割走向融合 [J]. 华中农业大学学报 (社会科学版), 2020 (1): 84 - 92, 166.

[135] 刘美平. 从多维度统筹城乡发展的对策研究 [J]. 经济纵横,

2009 (1)：71 -73.

[136] 刘明成，李娜，金浩．城乡教育一体化的评价体系研究 [J].
教育探索，2012 (4)：101 -102.

[137] 刘明辉，卢飞．城乡要素错配与城乡融合发展 [J]．农业技
术经济，2019 (2)：33 -46.

[138] 刘淑虎，任云英，马冬梅，余咪咪．1949 年以来中国城乡关系
的演进·困境·框架 [J]．干旱区资源与环境，2015，29 (1)：6 -12.

[139] 刘卫红．城乡一体化社会管理创新初探 [J]．农村经济与科
技，2016，27 (16)：212 -213.

[140] 刘伟，张士运，孙久文．我国四个直辖市城乡一体化进程比
较与评价 [J]．北京社会科学，2010 (4)：28 -36.

[141] 刘彦随．城市与乡村应融合互补加速建设"人的新农村"
[J]．农村·农业·农民 (A 版)，2017 (11)：27 -28.

[142] 刘彦随．中国新时代城乡融合与乡村振兴 [J]．地理学报，
2018，73 (4)：637 -650.

[143] 刘应杰．农村城市化的发展与问题 [J]．中国农村经济，
1996 (8)：79 -80.

[144] 刘愿，李娜，刘志铭．农业剩余转移与中国城乡收入差距
——基于统购统销政策的理论与实证研究 [J]．财经研究，2017，43 (8)：
109 -121.

[145] 刘志强，谢家智．户籍制度改革与城乡收入差距缩小：来自
重庆的经验证据 [J]．农业技术经济，2014 (11)：31 -39

[146] 龙少波，丁露，余康．中国式技术变迁下的产业与消费"双
升级"互动机制研究 [J]．宏观经济研究，2020 (10)：71 -84，136.

[147] 陆铭，陈钊，万广华．因患寡，而患不均——中国的收入差
距、投资、教育和增长的相互影响 [J]．经济研究，2005 (12)：4 -
14，101.

[148] 陆铭，陈钊．城市化、城市倾向的经济政策与城乡收入差距
[J]．经济研究，2004 (6)：50 -58.

[149] 陆铭，蒋仕卿．重构"铁三角"：中国的劳动力市场改革、收入分配和经济增长 [J]．管理世界，2007 (6)：14－22．

[150] 陆铭．在发展中实现平衡 [J]．上海国资，2020 (6)：8．

[151] 路乾．中国城乡差距的根源 [N]．企业家日报，2016－06－17 (W01)．

[152] 吕炜，许宏伟．土地财政、城市偏向与中国城乡收入差距 [J]．财贸经济，2015 (6)：45－56．

[153] 罗伯特·诺齐克．无政府、国家与乌托邦 [M]．何怀宏，译．北京：中国社会科学出版社，1991．

[154] 罗澄宇．我国省域绿色创新能力的区域差异及影响因素分析 [D]．西安：西安理工大学，2019．

[155] 罗来军，王永苏．城乡一体化实践的可操作"节点"：观照英法美 [J]．改革，2014 (3)：116－122．

[156] 罗雅丽，李同升．制度因素在我国城乡一体化发展过程中的作用分析 [J]．人文地理，2005 (4)：47－50，86．

[157] 罗媛．产业集聚、城镇化和城乡收入差距 [D]．苏州：苏州大学，2018．

[158] 骆永民．中国城乡基础设施差距的经济效应分析——基于空间面板计量模型 [J]．中国农村经济，2010 (3)：60－72，86．

[159] 马军显．城乡关系：从二元分割到一体化发展 [D]．北京：中共中央党校，2008．

[160] 马克思、恩格斯全集（第46卷上册）[M]．北京：人民出版社，1979．

[161] 马庆斌．推进城乡一体化：新时期的战略选择 [J]．中国市场，2011 (46)：78－80．

[162] 马晓河，余涛．农村产业融合发展阶段分析及其启示 [J]．中国物价，2020 (9)：3－6．

[163] 迈克尔·P. 托达罗．第三世界的经济发展 [M]．印金强，赵荣美，译．北京：中国经济出版社，1999．

[164] 缪小林，高跃光．城乡公共服务：从均等化到一体化——兼论落后地区如何破除经济赶超下的城乡"二元"困局 [J]．财经研究，2016，42（7）：75－86．

[165] 年猛．中国城乡关系演变历程、融合障碍与支持政策 [J]．经济学家，2020（8）：70－79．

[166] 聂飞，刘海云．FDI、环境污染与经济增长的相关性研究——基于动态联立方程模型的实证检验 [J]．国际贸易问题，2015（2）：72－83．

[167] 聂高辉，宋璐．城镇化、基础设施投资与城乡收入差距——基于省级面板数据的实证分析 [J]．华东经济管理，2020，34（2）：86－93．

[168] 农业部产业政策法规司课题组，陈晓华，张红宇，欧阳海洪，夏英，杨菁．统筹城乡和统筹经济社会协调发展研究 [J]．农业经济问题，2004（1）：27－31，79．

[169] 欧万彬．"城乡融合发展"的时代特征与发展逻辑 [J]．北方论丛，2019（4）：1－6．

[170] 欧阳强斌．财政农业支出研究 [D]．北京：中国财政科学研究院，2018．

[171] 漆莉莉．中部地区城乡融合度的综合评价与分析 [J]．江西财经大学学报，2007（4）：10－13．

[172] 秦富，徐卫军，江文涛，弓秀云．"十一五"期间我国农业投资需求研究 [J]．农业技术经济，2006（1）：2－10．

[173] 任重．教育、医疗公共品供给与城乡收入差距的关系研究 [D]．天津：南开大学，2009．

[174] 沈扬扬，Sabina Alkire，詹鹏．中国多维贫困的测度与分解 [J]．南开经济研究，2018（5）：3－18．

[175] 宋洪远，马永良．使用人类发展指数对中国城乡差距的一种估计 [J]．经济研究，2004（11）：4－15．

[176] 宋洪远，庞丽华，赵长保．统筹城乡，加快农村经济社会发展——当前的农村问题和未来的政策选择 [J]．管理世界，2003（11）：

71 – 77，110.

[177] 宋文飞，李国平，韩先锋.供需视角下城乡收入差距对企业全要素生产率的影响效应分析 [J].南开经济研究，2018（5）：19 – 40.

[178] 孙久文，施晓丽，肖春梅.城乡协调的制约因素及实现途径 [J].兰州学刊，2011（7）：41 – 46.

[179] 孙久文.新技术变革下的城乡融合发展前景展望 [J].国家治理，2021（Z4）：33 – 39.

[180] 孙久文.走向2020年的我国城乡协调发展战略 [M].北京：中国人民大学出版社，2010.

[181] 覃成林.区域协调发展机制体系研究 [J].经济学家，2011（4）：63 – 70.

[182] 汤铎铎，刘学良，倪红福，杨耀武，黄群慧，张晓晶.全球经济大变局、中国潜在增长率与后疫情时期高质量发展 [J].经济研究，2020，55（8）：4 – 23.

[183] 唐常春，樊杰.基于城乡统筹的公路交通建设模式与路径研究——以长株潭为例 [J].经济地理，2014，34（8）：61 – 67.

[184] 田新民，王少国，杨永恒.城乡收入差距变动及其对经济效率的影响 [J].经济研究，2009，44（7）：107 – 118.

[185] 万广华，陆铭，陈钊.全球化与地区间收入差距：来自中国的证据 [J].中国社会科学，2005（3）：17 – 26，205.

[186] 万海远，李实.户籍歧视对城乡收入差距的影响 [J].经济研究，2013，48（9）：43 – 55.

[187] 汪昌云，钟腾，郑华懋.金融市场化提高了农户信贷获得吗？——基于农户调查的实证研究 [J].经济研究，2014，49（10）：33 – 45，178.

[188] 王德文，蔡昉.如何避免城乡收入差距进一步扩大——"十五"期间农民收入变化趋势与政策建议 [J].农业经济问题，2003（2）：13 – 18，79.

[189] 王德文，何宇鹏.城乡差距的本质、多面性与政策含义 [J].

中国农村观察，2005（3）：25-37，80.

[190] 王富喜，毛爱华，李赫龙，贾明璐. 基于熵值法的山东省城镇化质量测度及空间差异分析 [J]. 地理科学，2013，33（11）：1323-1329.

[191] 王国刚. 城镇化：中国经济发展方式转变的重心所在 [J]. 经济研究，2010，45（12）：70-81，148.

[192] 王俊. 收入差距对国家自主创新能力影响的实证研究 [J]. 科学学研究，2009，27（5）：776-782.

[193] 王克强，张忠杰. 城乡居民收入差距研究 [J]. 农业技术经济，2012（12）：112-121.

[194] 王克强，赵露，刘红梅. 城乡一体化的土地市场运行特征及利益保障制度 [J]. 中国土地科学，2010，24（12）：52-57.

[195] 王敏. 中国城乡居民收入差距对消费需求影响研究 [D]. 沈阳：辽宁大学，2011.

[196] 王能，李万明. 财政分权、城市化与城乡收入差距动态关系实证分析——基于向量自回归模型 [J]. 农业经济问题，2016，37（9）：32-41，110.

[197] 王青，陈志刚. 中国城乡差距对农地违法非农化的影响 [J]. 资源科学，2019，41（12）：2274-2283.

[198] 王少国，王镇. 中国城乡收入差距适度水平的经济效率分析 [J]. 南开经济研究，2009（6）：138-148.

[199] 王少平，欧阳志刚. 我国城乡收入差距的度量及其对经济增长的效应 [J]. 经济研究，2007，42（10）：44-55.

[200] 王颂吉，白永秀. 城乡要素错配与中国二元经济结构转化滞后：理论与实证研究 [J]. 中国工业经济，2013（7）：31-43.

[201] 王伟光，陈锡文，李扬，刘世锦，刘诗白，刘伟，蔡昉，白钦先，李稻葵.“十二五”时期我国经济社会发展改革问题笔谈 [J]. 经济研究，2010，45（12）：4-22.

[202] 王曦璟. 中国多维不平等的测度及关联性研究 [D]. 太原：山西财经大学，2017.

[203] 王喜成. 试论推动高质量发展的路径和着力点 [J]. 河南社会科学, 2018, 26 (9): 1-6.

[204] 王小华, 温涛, 王定祥. 县域农村金融抑制与农民收入内部不平等 [J]. 经济科学, 2014 (2): 44-54.

[205] 王小鲁, 樊纲. 中国收入差距的走势和影响因素分析 [J]. 经济研究, 2005 (10): 24-36.

[206] 王艳飞, 刘彦随, 李玉恒. 乡村转型发展格局与驱动机制的区域性分析 [J]. 经济地理, 2016, 36 (5): 135-142.

[207] 王垚, 年猛. 政府 "偏爱" 与城市发展: 以中国为例 [J]. 财贸经济, 2015 (5): 147-161.

[208] 王永钦, 张晏, 章元, 陈钊, 陆铭. 中国的大国发展道路——论分权式改革的得失 [J]. 经济研究, 2007 (1): 4-16.

[209] 王勇辉, 管一凡. 英国城乡统筹政策及其对我国城乡一体化战略的启示 [J]. 长江论坛, 2014 (4): 86-91.

[210] 魏后凯. 从全面小康迈向共同富裕的战略选择 [J]. 经济社会体制比较, 2020 (6): 18-25.

[211] 魏后凯. 深刻把握城乡融合发展的本质内涵 [J]. 中国农村经济, 2020 (6): 5-8.

[212] 魏后凯. 新常态下中国城乡一体化格局及推进战略 [J]. 中国农村经济, 2016 (1): 2-16.

[213] 魏后凯. 中国城市行政等级与规模增长 [J]. 城市与环境研究, 2014, 1 (1): 4-17.

[214] 魏后凯等. 全面推进乡村振兴: 权威专家深度解读十九届五中全会精神 [J]. 中国农村经济, 2021 (1): 2-14.

[215] 魏佳容. 城乡一体化导向的生活垃圾统筹治理研究 [J]. 中国人口·资源与环境, 2015, 25 (4): 171-176.

[216] 魏君英, 何蒲明. 城乡居民收入差距对农村居民消费影响的实证研究 [J]. 农业技术经济, 2011 (3): 84-88.

[217] 温涛, 王小华, 宜文. 城乡居民收入差距的时空演化与区域差

异——基于收入结构的视角 [J]. 当代经济研究, 2012 (11)：20 - 26.

[218] 温涛, 王永仓. 中国的金融化对城乡收入差距施加了怎样的影响 [J]. 农业技术经济, 2020 (4)：4 - 24.

[219] 温涛, 王煜宇. 政府主导的农业信贷、财政支农模式的经济效应——基于中国 1952 ~ 2002 年的经验验证 [J]. 中国农村经济, 2005 (10)：20 - 29.

[220] 吴春霞, 何忠伟, 郑小平. 城乡公共品财政投入差距及影响因素分析——以农村义务教育为例 [J]. 农村经济, 2009 (5)：66 - 70.

[221] 吴丰华, 韩文龙. 改革开放四十年的城乡关系：历史脉络、阶段特征和未来展望 [J]. 学术月刊, 2018, 50 (4)：58 - 68.

[222] 吴昊. 试论我国统筹城乡发展的基本路径 [D]. 成都：西南财经大学, 2013.

[223] 吴愈晓. 中国城乡居民的教育机会不平等及其演变 (1978—2008) [J]. 中国社会科学, 2013 (3)：4 - 21, 203.

[224] 武小龙, 谭清美. 城乡生态融合发展：从"策略式治理"到"法治化治理" [J]. 经济体制改革, 2018 (5)：67 - 72.

[225] 习近平. 推动形成优势互补高质量发展的区域经济布局 [EB/OL]. 求是网, 2019 - 12 - 15.

[226] 夏良科. 人力资本与 R&D 如何影响全要素生产率——基于中国大中型工业企业的经验分析 [J]. 数量经济技术经济研究, 2010, 27 (4)：78 - 94.

[227] 夏永祥. "苏南模式"的演进轨迹与城乡关系转型思考 [J]. 苏州大学学报 (哲学社会科学版), 2011, 32 (4)：169 - 172, 192.

[228] 肖侬. 城乡统筹发展中的农村建设：国外经验与启示 [D]. 武汉：华中师范大学, 2011.

[229] 谢伏瞻. 中国经济发展与发展经济学创新 [J]. 中国社会科学, 2018 (11)：5 - 11.

[230] 谢志强, 姜典航. 城乡关系演变：历史轨迹及其基本特点 [J]. 中共中央党校学报, 2011, 15 (4)：68 - 73.

[231] 邢祖礼，陈杨林，邓朝春．新中国70年城乡关系演变及其启示 [J]．改革，2019 (6)：20 – 31.

[232] 徐博，庞德良．从"善制"走向"善治"：现代财政体制构建的系统思维与价值取向 [J]．经济学家，2017 (8)：80 – 88.

[233] 徐家鹏，张丹．城镇化转型与中国城乡收入差距的收敛 [J]．地域研究与开发，2019，38 (1)：17 – 21.

[234] 徐倩，李放．财政社会保障支出与中国城乡收入差距——理论分析与计量检验 [J]．上海经济研究，2012，24 (11)：81 – 88，111.

[235] 许彩玲，李建建．城乡融合发展的科学内涵与实现路径——基于马克思主义城乡关系理论的思考 [J]．经济学家，2019 (1)：96 – 103.

[236] 许宪春，郑正喜，张钟文．中国平衡发展状况及对策研究——基于"清华大学中国平衡发展指数"的综合分析 [J]．管理世界，2019，35 (5)：15 – 28.

[237] 薛强，王帅，王玉茹，芮雪．2008～2012年国家高新区发展水平的动态轨迹分析 [J]．管理学报，2015，12 (11)：1654 – 1657，1664.

[238] 薛晴，任左菲．美国城乡一体化发展经验及借鉴 [J]．世界农业，2014 (1)：13 – 16.

[239] 薛晴，孙怀安．国外城乡一体化发展成功经验举隅 [J]．农业经济，2014 (1)：61 – 63.

[240] 杨红燕．我国城乡居民健康公平性研究 [J]．财经科学，2007 (3)：69 – 75.

[241] 杨荣南．城乡一体化及其评价指标体系初探 [J]．城市研究，1997 (2)：20 – 24.

[242] 杨天宇，柳晓霞．满足消费最大化的最优居民收入差距研究 [J]．经济学家，2008 (1)：77 – 85.

[243] 杨天宇，朱诗娥．我国居民收入水平与边际消费倾向之间"倒U"型关系研究 [J]．中国人民大学学报，2007 (3)：49 – 56.

[244] 杨晓杰，王红艳，姜宁，孙丽新．山东三种新农村建设模式解析 [J]．山东农业科学，2013，45 (6)：142 – 147.

[245] 杨晓妹，侯姝婧. 地方财政支出结构对城乡居民收入差距的影响研究——基于湖南省的实证分析 [J]. 长春理工大学学报（社会科学版），2019，32（1）：93－99.

[246] 杨永恒，胡鞍钢，张宁. 中国人类发展的地区差距和不协调——历史视角下的"一个中国，四个世界" [J]. 经济学（季刊），2006（2）：803－816.

[247] 姚洋. 中国30年高增长的背景 [J]. 招商周刊，2008（20）：20－21.

[248] 姚耀军. 金融发展与城乡收入差距关系的经验分析 [J]. 财经研究，2005（2）：49－59.

[249] 姚毓春，梁梦宇. 新中国成立以来的城乡关系：历程、逻辑与展望 [J]. 吉林大学社会科学学报，2020，60（1）：120－129，222.

[250] 叶剑平，毕宇珠. 德国城乡协调发展及其对中国的借鉴——以巴伐利亚州为例 [J]. 中国土地科学，2010，24（5）：76－81.

[251] 叶文辉，楼东玮. 资源错配的经济影响效应研究 [J]. 经济学动态，2014（11）：47－57.

[252] 叶兴庆，程郁，于晓华. 德国如何振兴乡村 [J]. 农业工程技术，2019，39（21）：49－52.

[253] 叶兴庆. 关于促进城乡协调发展的几点思考——在中国农业经济学会第七届理事会上的主题发言 [J]. 农业经济问题，2004（1）：14－18.

[254] 尹成杰. 推进系统性改革，实现农业农村高质量发展 [J]. 经济导刊，2020（Z1）：51－55.

[255] 应舒. 我国东西部城乡一体化发展模式比较研究 [D]. 苏州：苏州大学，2014.

[256] 于晓华，钟晓萍，张越杰. 农村土地政策改革与城乡融合发展——基于中央"一号文件"的政策分析 [J]. 吉林大学社会科学学报，2019，59（5）：150－162，222－223.

[257] 余斌，罗静，靳军. 城市化与城乡发展：世界不同类型国家

比较与启示 [J]. 地域研究与开发, 2005 (5): 17 - 20.

[258] 余春苗, 任常青. 金融包容与城乡收入差距——基于中国省级面板数据的实证检验 [J]. 农村经济, 2020 (3): 54 - 60.

[259] 余菊, 刘新. 城市化、社会保障支出与城乡收入差距——来自中国省级面板数据的经验证据 [J]. 经济地理, 2014, 34 (3): 79 - 84, 120.

[260] 余泳泽, 潘妍. 高铁开通缩小了城乡收入差距吗? ——基于异质性劳动力转移视角的解释 [J]. 中国农村经济, 2019 (1): 79 - 95.

[261] 袁志刚, 解栋栋. 统筹城乡发展: 人力资本与土地资本的协调再配置 (英文) [J]. 中国特色社会主义研究, 2011, 2 (S2): 31 - 42.

[262] 约翰·罗尔斯. 正义论 [M]. 何怀宏, 何包钢, 廖申白, 译. 北京: 中国社会科学出版社, 2001.

[263] 曾赛丰. 论中国农村工业向城市工业的转换 [J]. 贵州社会科学, 2004 (2): 22 - 24, 31.

[264] 曾万明. 我国统筹城乡经济发展的理论与实践 [D]. 成都: 西南财经大学, 2011.

[265] 占绍文. 农村人文发展的测度与解析 [D]. 武汉: 华中农业大学, 2008.

[266] 张国峰, 李强, 王永进. 大城市生产率优势: 集聚、选择还是群分效应 [J]. 世界经济, 2017, 40 (8): 167 - 192.

[267] 张果, 任平, 周介铭, 何景熙. 城乡一体化发展的动力机制研究——以成都市为例 [J]. 地域研究与开发, 2006 (6): 33 - 36, 42.

[268] 张海鹏, 朱钢. 中国城乡发展一体化实现程度、存在问题及政策启示——以 2020 年全面建成小康社会为目标 [J]. 开发研究, 2017 (2): 10 - 16.

[269] 张海鹏. 中国城乡关系演变 70 年: 从分割到融合 [J]. 中国农村经济, 2019 (3): 2 - 18.

[270] 张红宇. 协调城乡关系的制度创新 [J]. 战略与管理, 2003 (6): 118 - 120.

［271］张军，吴桂英，张吉鹏. 中国省际物质资本存量估算：1952—2000 ［J］. 经济研究，2004 (10)：35 - 44.

［272］张克俊，杜婵. 从城乡统筹、城乡一体化到城乡融合发展：继承与升华 ［J］. 农村经济，2019 (11)：19 - 26.

［273］张克中，陶东杰. 交通基础设施的经济分布效应——来自高铁开通的证据 ［J］. 经济学动态，2016 (6)：62 - 73.

［274］张强，曹朝晖，刘伟. 城乡发展一体化进程的阶段性 ［J］. 经济与管理评论，2014，30 (2)：12 - 17.

［275］张庆文，叶丹，韩洁，张凤. 城乡一体化综合评价与聚类分析——以北京市为例 ［J］. 农村经济，2010 (12)：49 - 52.

［276］张秋玲. 德国乡村多元化发展对我国乡村振兴的启示 ［J］. 农家书屋，2019 (4)：42 - 43.

［277］张晓山. 关于走中国特色农业现代化道路的几点思考 ［J］. 经济纵横，2008 (1)：58 - 61.

［278］张晓山. 全面建成小康社会：乡村振兴 ［J］. China Economist，2020，15 (1)：26 - 47.

［279］张兴华，熊菊喜. 我国农业劳动力供求状况与粮食安全 ［J］. 改革与战略，2014，30 (8)：61 - 63.

［280］张学良. 中国交通基础设施与经济增长的区域比较分析 ［J］. 财经研究，2007 (8)：51 - 63.

［281］张延群，万海远. 我国城乡居民收入差距的决定因素和趋势预测 ［J］. 数量经济技术经济研究，2019，36 (3)：59 - 75.

［282］张义博，刘文忻. 人口流动、财政支出结构与城乡收入差距 ［J］. 中国农村经济，2012 (1)：16 - 30.

［283］张应禄. 中国城乡经济差距与一体化研究 ［D］. 北京：中国农业科学院，2011.

［284］张永岳. 我国城乡一体化面临的问题与发展思路 ［J］. 华东师范大学学报 (哲学社会科学版)，2011，43 (1)：24 - 31，151.

［285］张志宏，傅东平. 美国经验借鉴视角下我国城乡建设用地增

减挂钩政策探讨 [J]. 农业经济, 2017 (10): 127-128.

[286] 章国荣, 盛来运. 城乡居民收入差距扩大化及对策 [J]. 调研世界, 2003 (8): 6-9.

[287] 赵剑波, 史丹, 邓洲. 高质量发展的内涵研究 [J]. 经济与管理研究, 2019, 40 (11): 15-31.

[288] 折晓叶, 艾云. 城乡关系演变的研究路径——一种社会学研究思路和分析框架 [J]. 社会发展研究, 2014, 1 (2): 1-41, 243.

[289] 中国社会科学院农村发展研究所课题组, 魏后凯, 于法稳. 农村全面建成小康社会及后小康时期乡村振兴研究 [J]. 经济研究参考, 2020 (9): 5-45.

[290] 钟腾, 吴卫星, 玛西高娃. 金融市场化、农村资金外流与城乡收入差距 [J]. 南开经济研究, 2020 (4): 144-164.

[291] 周佳宁, 秦富仓, 刘佳, 朱高立, 邹伟. 多维视域下中国城乡融合水平测度、时空演变与影响机制 [J]. 中国人口·资源与环境, 2019, 29 (9): 166-176.

[292] 周江燕, 白永秀. 中国城乡发展一体化水平的时序变化与地区差异分析 [J]. 中国工业经济, 2014 (2): 5-17.

[293] 周江燕. 中国省域城乡发展一体化水平评价研究 [D]. 西安: 西北大学, 2014.

[294] 周黎安. 中国地方官员的晋升锦标赛模式研究 [J]. 经济研究, 2007 (7): 36-50.

[295] 周少甫, 舒鹏. 城乡二元结构下的土地价格波动与溢出效应 [J]. 城市问题, 2020 (1): 53-64.

[296] 周绍杰, 王洪川, 苏杨. 中国人如何能有更高水平的幸福感——基于中国民生指数调查 [J]. 管理世界, 2015 (6): 8-21.

[297] 朱玲, 何伟. 工业化城市化进程中的乡村减贫40年 [J]. 劳动经济研究, 2018, 6 (4): 3-31.

[298] 朱喜, 史清华, 盖庆恩. 要素配置扭曲与农业全要素生产率 [J]. 经济研究, 2011, 46 (5): 86-98.

［299］朱喜群. 中国城乡一体化实现路径研究［D］. 苏州：苏州大学，2014.

［300］朱星宇，陈勇强. SPSS 多元统计分析方法及应用［M］. 北京：清华大学出版社，2011.

［301］邹勇文，汤慧. 中国式"巴伐利亚试验"的实践及对新农村建设的启示［J］. 江西社会科学，2006（10）：151－154.

［302］Alkire S, Seth S. Selecting a targeting method to identify BPL households in India［J］. Social indicators research, 2013, 112（2）：417－446.

［303］Anderson J E. A theoretical foundation for the gravity equation［J］. The American economic review, 1979, 69（1）：106－116.

［304］Anselin L, Varga A, Acs Z. Local geographic spillovers between university research and high technology innovations［J］. Journal of urban economics, 1997, 42：422－448.

［305］Arellano M, Bover O. Another look at the instrumental variable estimation of error-components models［J］. Journal of econometrics, 1995, 68（1）：29－51.

［306］Banerjee A V, Duflo E. Growth theory through the lens of development economics［J］. Handbook of economic growth, 2005（1）：473－552.

［307］Barro R J. Government spending in a simple model of endogenous growth［J］. Journal of political economy, 1990, 98（5）：103－126.

［308］Barro R J. Inequality and growth in a panel of countries［J］. Journal of economic growth, 2000（5）：5－32.

［309］Behrens K G. Duranton F Robert-Nicoud. Productive cities：sorting, selection and agglomeration［J］. Journal of political economy, 2014, 122（3）：507－553.

［310］Bengs C, Schmidt-Thomé K. Urban-rural relations in europe［R］. ESPON 1.1.2 Final Report, 2005.

［311］Benhabib J, Rustichini A. Social conflict and growth［J］. Journal of economic growth, 1996, 1（1）：125－142.

［312］Blundell R. and Bond S. Initial conditions and moment restrictions in dynamic panel data models ［J］. Journal of econometrics, 1998（87）：115 – 143.

［313］Boeke J H. Economics and economic policy of dual societies, as exemplified by Indonesia ［M］. International secretariat, institute of pacific relations, 1953.

［314］Bourguignon F, Chakravarty S R. The measurement of multidimensional poverty ［J］. The journal of economic inequqlity, 2003, 1（1）：25 – 49.

［315］Chao Zhang, Ruifa Hu. Does fertilizer use intensity respond to the urban-rural income gap? Evidence from a dynamic panel-data analysis in China ［J］. Sustainability, 2020, 12（1）：430.

［316］Chen Y, Yin Z, Xie Q. Suggestions to ameliorate the inequity in urban/rural allocation of healthcare resources in China ［J］. Journal of equity health, 2014, 13：34.

［317］Chu C Y, Tsai Y C. Productivity, investment in infrastructure and population size：formalizing the theory of ester boserup ［J］. Review of development economics, 1997（1）：294 – 304.

［318］Clark B D. Garden cities of tomorrow ［J］. Urban studies, 1967, 4（1）：88.

［319］Cliff A, Ord J. Spatial autocorrelation ［M］. London, UK：Pion limited, 1973.

［320］Combes P P G, Duranton L, Gobillon D, Puga S. Roux. The productivity advantages of large cities：distinguishing agglomeration from firm selection ［J］. Econometrica, 2012, 80（6）：2543 – 2594.

［321］Connie Chan-Kang, Anit Mukherjee. Rural and urban dynamics and poverty：Evidence from China and India ［R］. 2005, No. 583 – 2016 – 39611.

［322］Dees, Stephane. Foreign direct investment in China：determinants and effects ［J］. Economics of planning, 1998（31）：175 – 194.

［323］Demirgüç-Kunt A, Levine R. Finance and inequality：theory and evidence [J]. Annual review of financial economics, 2009, 1 (1): 287 - 318.

[324] Douglass C. North. Economic performance through time [J]. The American economic review, 1998a, 84 (3): 359 - 368.

[325] Eastwood R, Lipton M, Newell A. Farm size [R]. Handbook of agricultural economics, 2010, 4: 3323 - 3397.

[326] Epstein T S, Jezeph D. Development—there is another way: a rural-urban partnership development paradigm [J]. World development, 2001, 29 (8): 1443 - 1454.

[327] Fishman A, Simhon A. The division of labor, inequality and growth [J]. Journal of economic growth, 2002 (7): 117 - 136.

[328] Fiva J H, Ratts J. Welfare competition in Norway: norms and expenditures [J]. European journal of political economy, 2006, 22 (1): 202 - 222.

[329] Friedmann J, Douglas M. Regional planning and development: the agropolitan approach. UNCRD, Growth role strategy and regional development planning in Asia [R]. Nagoya, Japan: United Nations Center for Regional Development, 1975.

[330] Galor O, Moav O. From physical to human capital accumulation: inequality in the process of development [J]. Review of economic studies, 2004, 71 (4): 1001 - 1026.

[331] Galor O, Zeira J. Income distribution and macroeconomics [J]. The review of economic studies, 1993 (60): 35 - 52.

[332] Geary R C. The contiguity ratio and statistical mapping [J]. Incorporated statistician, 1954, 5 (3): 115 - 145.

[333] Greene J P, Winters M A. Revisiting grade retention: an evaluation of Florida's test - based promotion policy [J]. Education finance and policy, 2007, 2 (4): 319 - 340.

[334] Gustav Ranis, John C H. Fei. A theory of economic development

[J]. The American economic review, 1961, 51 (4): 533 –565.

[335] Halfacree K H, Boyle P J. The challenge facing migration research: the case for a biographical approach [J]. Progress in human geography, 1993, 17 (3): 333.

[336] Halliday F. The genesis of the Iranian revolution [J]. Third world quarterly, 1979, 1 (4): 1 –16.

[337] Hannum E. Political change and the urban-rural gap in basic education in China, 1949 – 1990 [J]. Comparative education review, 1999, 43: 193 –211.

[338] Harrist J R, Todaro M P. Migration, unemployment & development: a two-sector analysis [J]. American economic review, 1970, 60 (1): 126 –142.

[339] Hayami Y, Ruttan V W. Agricultural development: an international perspective [J]. Economic development & cultural change, 1985, 82 (2): 123 –141 (19).

[340] Hudalah D, Zulfahmi F, Firman T. Regional governance in decentralizing indonesia: learning from the success of urban-rural cooperation in Metropolitan Yogyakarta [C] //Bunnell T. , Parthasarathy D, Thompson E. Cleavage, connection and conflict in rural, urban and contemporary Asia. ARI-springer asia series, 2013 (3): 65 –82.

[341] Islam S N. Will inequality lead China to the middle income trap? [J]. Frontiers of economics in China, 2014, 9 (3): 398 –437.

[342] Jeanneney S G, Hua P. How does real exchange rate influence income inequality between urban and rural areas in China? [J]. Journal of development economics, 2001, 64 (2): 529 –545.

[343] Jiantuo Yu. Multidimensional poverty in China: findings based on the CHNS [J]. Social indicators research, 2012, 112 (2): 315 –336.

[344] Johnston R B R J. Megalopolis revisited: 25 years later [J]. Geographical journal, 1988, 154 (2): 269.

［345］Jorgenson D W. Surplus agricultural labor and the development of a dual economy ［J］. Oxford economic paper, 1967, 19: 288 – 312.

［346］Kazal M M H. Spatio-temporal disparities in agricultural development——a study on major states and all india ［J］. Bangladesh journal of agricultural economics, 2005, 28 (2): 17 – 31.

［347］Keen M, Marchand M. Fiscal competition and the pattern of public spending ［J］. Journal of public economics, 1997 (66): 33 – 53.

［348］Klasen S. Measuring and monitoring inclusive growth: multiple definition, open questions, and some constructive proposals ［R］. Asian development bank sustainable development working paper, 2010.

［349］Knight J, Song L. The rural-urban divide: economic disparities and interactions in China ［R］. OUP Catalogue, 1999.

［350］Krugman P. Scale economies, product differentiation, and the pattern of trade ［J］. The American economic review, 1980, 70 (5): 950 – 959.

［351］Lawrence S. Social mobility in england, 1500 – 1700 ［J］. Past & present, 1966 (1): 16 – 55.

［352］Levin J. China's divisive development ［J］. Harvard international review, 2001, 23 (3).

［353］Lewis W A. Economic development with unlimited supply of labor ［J］. The manchester school of economic and social studies, 1954, 5: 139 – 191.

［354］Li H, Zhou L A. Political turnover and economic performance: the incentive role of personnel control in China ［J］. Journal of public economics, 2005 (89): 1743 – 1762.

［355］Lin J Y, Chen B. Urbanization and urban-rural inequality in china: a new perspective from the government's development strategy ［J］. Frontiers of economics in China, 2011, 6 (1): 1 – 21.

［356］Lipton R, Gobbi B, Keren J, et al. Search for leptons produced in association with prompt muons in hadronic interactions ［J］. Physical review letters, 1977, 41 (8): 598.

[357] Liu J, Nijkamp P, Huang X, et al. Urban livability and tourism development in China: analysis of sustainable development by means of spatial panel data [R]. Habitat international, S0197397516307317, 2017.

[358] Liu Yansui et al. Spatio-temporal change of urban-rural equalized development patterns in China and its driving factors [J]. Journal of rural studies , 2013, 32: 320 - 330.

[359] Lowe P, Talbot H. Policy for small business support in rural areas: a critical assessment of the proposals for the small business service [J]. Regional studies, 2000, 34 (5): 479 - 487.

[360] Lu M, Chen Z. Urbanization, urban-biased policies, and urban-rural inequality in China, 1987 - 2001 [J]. Chinese economy, 2006, 39 (3): 42 - 63.

[361] Ma Xiao, Wang Feiran, Chen Hongna. The measurement of income gap between urban and rural areas in China: the application of a new idea [J]. Finance & economics, 2017 (8): 10.

[362] Maunier R. The definition of the city [J]. American journal of sociology, 1910, 15 (4): 536 - 548.

[363] McGee T G. The emergence of desa-kota regions in Asia: expanding a hypothesis [J]. The extended metropolis: settlement transition in Asia, 1991, 3 - 25.

[364] Milton F, Rose F. Free to choose: a personal statement [M]. New York: Harcourt Brace Jovanovich , 1980.

[365] Molero-Simarro, Ricardo. Inequality in China revisited. The effect of functional distribution of income on urban top incomes, the urban-rural gap and the Gini index, 1978 - 2015 [J]. China economic review, 2017: 101 - 117.

[366] Moorsteen R H. On measuring productive potential and relative efficiency [J]. The quarterly journal of economics, 1961, 75 (3): 151 - 167.

［367］Moran P A P. The distribution of the multiple correlation coefficient ［J］. Mathematical proceedings of the cambridge philosophical society, 1950, 46（3）: 521.

［368］Myrdal G, Sitohang P. Economic theory and under-developed regions ［M］. New York: harper & row, 1957.

［369］Myrdal G. Facets of the negro problem ［R］. Social class and stratification: classic statements and theoretical debates, 1998: 215－226.

［370］Natural Environment Research Council. An integrated assessment of countryside survey data to investigate ecosystem services in Great Britain ［R］. Countryside survey technical report, No. 10/07, 2010.

［371］Ng S, Ng Y K. Income disparities in the transition of China: reducing negative effects by dispelling misconception ［J］. Journal of international trade & economic development, 2000, 9（1）: 55－68.

［372］Nolan P, White G. Socialist development and rural inequality: the Chinese countryside in the 1970s ［J］. The journal of peasant studies, 1979, 7（1）: 3－48.

［373］OECD. How's life? 2017: Measuring well-being ［M］. Paris OECD publishing, 2017.

［374］Okun A M. The predictive value of surveys of business intentions ［J］. The American economic review, 1962, 52（2）: 218－225.

［375］Pastor J T, C A Lovell. A global malmquist productivity index ［J］. Economic letters, 2005, 88（3）: 266－271.

［376］Paul Claval. The nature of cities and the analysis of their cultural problems ［J］. Journal of economic and human geography, 2007, 98（2）: 153－164.

［377］Piketty T, Saez E. Income inequality in Europe and the United States ［J］. Science, 2014, 344（6186）: 838－843.

［378］Piketty T, Yang L, Zucman G. Capital accumulation, private property and rising inequality in China, 1978－2015 ［R］. CEPR discussion papers, 2017.

［379］ Poletti T, Balabanova D, Ghazaryan O, et al. The desirability and feasibility of scaling up community health insurance in low-income settings—lessons from Armenia ［J］. Social science & medicine, 2007, 64 （3）: 509 – 520.

［380］ Ranis G, Fei J C. A theory of economic development ［J］. American economic review, 1961, 51 （4）: 533 – 565.

［381］ Rosas J G. Foreign direct investment and income inequality in Mexico, 1990 – 2000 ［J］. International organization, 2007, 61 （3）: 467 – 487.

［382］ Schmookler J. Invention and economic growth ［J］. Economic history review, 1966, 20 （1）: 135.

［383］ Schultz T W. Agricultural economics. （Economics and the social sciences: transforming traditional agriculture） ［J］. Science, 1964, 144.

［384］ Shannon C E. A mathematical theory of communication ［J］. The bell system technical journal, 1948, 27 （3）: 379 – 423.

［385］ Sicular Terry, Yue Ximing, Björn Gustafsson, and Li Shi. The urban-rural income gap and inequality in China ［J］. Review of income and wealth, 2007, 53 （1）: 93 – 126.

［386］ Simar L, Wilson P W. Estimation and inference in two-stage, semiparametric models of productive efficiency ［J］. Journal of econometrics, 2007, 136 （1）: 31 – 64.

［387］ Sorokin P A, Zimmerman C C. Principles of rural-urban sociology ［M］. New York: Herry Holt, 1929.

［388］ Stöhr W, Taylor D R F. Development from above or below? The dialectics of regional planning in developing countries ［J］. Public administration & development, 1981, 488.

［389］ Sui Yubing, Niu Geng. The urban-rural gap of Chinese household finance ［J］. Emerging markets finance and trade, 2018, 54 （2）: 377 – 392.

［390］ Sui Yubing, Niu Geng. Urban-rural divide in Chinese household finance [J]. Emerging markets finance & trade, 2018, 54 (2): 377 – 392.

[391] Tao Yang D, Zhou H. Rural-urban disparity and sectoral labor allocation in China [J]. Journal of development studies, 1999, 35 (3): 105 – 133.

[392] Taylor K, Driffield N. Wage inequality and the role of multinationals: evidence from UK panel data [J]. Labour economics, 2005, 12 (2): 223 – 249.

[393] Thompson C W, Warber G P. Social and economic survey of a rural township in southern Minnesota [J]. American journal of sociology, 1913, 19 (5): 676 – 678.

[394] Tinbergen J. Shaping the world economy: suggestions for an international economic policy [R]. The twentieth century fund, New York, 1962.

[395] Todaro M P. Model of labor migration and unemployment in less developed countries [J]. American economic review, 1969, 59 (1): 138 – 148.

[396] Townsend R M, Ueda K. Financial deepening, inequality, and growth: a model-based quantitative evaluation [J]. The review of economic studies, 2006, 73 (1): 251 – 293.

[397] Treiman D J. The difference between heaven and earth: urban-rural disparities in well-being in China [J]. Research in social stratification & mobility, 2012, 30 (1): 33 – 47.

[398] Ulubaşoğlu M A, Cardak B A. International comparisons of rural-urban educational attainment: data and determinants [J]. European economic review, 2007, 51 (7): 1828 – 1857.

[399] Wang Xiaobing, Piesse J, Weaver N. Mind the gaps: a political economy of the multiple dimensions of China's rural-urban divide BWPI [D]. The University of Manchester, 2011.

[400] Wei H, Chunming Z. The comparative advantage of Chinese manufactured exports [J]. Journal of Chinese economic and foreign trade studies,

2012, 5 (2): 107 - 126.

［401］ Wirth L. Urbanism as a way of life ［J］. American journal of sociology, 1938, 44 (1): 1 - 24.

［402］ Wu J X, He L Y. Urban-rural gap and poverty traps in China: a prefecture level analysis ［J］. Applied economics, 2018, 50 (30): 3300 - 3314.

［403］ Wu X. The household registration system and rural-urban educational inequality in contemporary China ［J］. Chinese sociological review, 2011, 44 (2): 31 - 51.

［404］ Xiaogang Wu. Educational inequality ［J］. Labour, 2014, 17 (3): 317 - 335.

［405］ Yang D T. Urban-biased policies and rising income inequality in China ［J］. American economic review, 1999, 89 (2): 306 - 310.

［406］ Zhu J. Quantitative models for performance evaluation and benchmarking ［M］. New York: Springer, 2009.

［407］ Zweimuller J, Brunner J K. Innovation and growth with rich and poor consumers ［J］. Metroeconmica, 2005 (56): 233 - 262.

图书在版编目（CIP）数据

城乡差距的多维测度、成因及经济效应分析/叶璐，
王济民著. —北京：经济科学出版社，2021.12
ISBN 978 - 7 - 5218 - 3209 - 9

Ⅰ.①城…　Ⅱ.①叶…②王…　Ⅲ.①城乡差别 - 研
究 - 中国　Ⅳ.①F126.2

中国版本图书馆 CIP 数据核字（2021）第 250630 号

责任编辑：初少磊　赵　芳
责任校对：李　建
责任印制：范　艳

城乡差距的多维测度、成因及经济效应分析
叶璐　王济民　著
经济科学出版社出版、发行　新华书店经销
社址：北京市海淀区阜成路甲 28 号　邮编：100142
总编部电话：010 - 88191217　发行部电话：010 - 88191522
网址：www. esp. com. cn
电子邮箱：esp@ esp. com. cn
天猫网店：经济科学出版社旗舰店
网址：http：//jjkxcbs. tmall. com
北京季蜂印刷有限公司印装
710 × 1000　16 开　15.75 印张　230000 字
2022 年 8 月第 1 版　2022 年 8 月第 1 次印刷
ISBN 978 - 7 - 5218 - 3209 - 9　定价：70.00 元
（图书出现印装问题，本社负责调换。电话：010 - 88191510）
（版权所有　侵权必究　打击盗版　举报热线：010 - 88191661
QQ：2242791300　营销中心电话：010 - 88191537
电子邮箱：dbts@ esp. com. cn）